令和の時代を拓く

心を寄せ合う
理科教育法

学校図書株式会社

はじめに

●やる気スイッチオン！

　令和2年4月1日より、改正された小学校学習指導要領が施行されました。グローバル化とかVRとかAIとかソサエティー5.0とかSDG'sとかGIGAとか…ホント、わけワカメの時代をたくましく生き抜く（ための資質・能力を育成する）教育がスタートしてしまいました。

　指導要領、とにかく中身が大きく変わりました。全体では、「学力の3要素」が「育てたい資質・能力の柱」として位置付きましたよね。そして、理科においては、「理科の見方とか考え方」を考えたり、「プログラミング」の体験を価値付けたりと、今までとは異なる内容でそりゃあもう椀飯振舞です。

　そんなにいっぱい消化できないよ…とあきらめそうになりますが、誰にとっても「初めての学習指導要領」のわけですから、大切なことを・簡単なことから・ひとつずつ理解していけば問題ありません。でも、どこが大切でどれが簡単なことなのか、それがわからないからやる気が出ないんですよね？

●どの章から読み進めてもスキルアップ！

　ということで、そんなみなさんの「痒い所に手が届くテキスト」が本書なのです。1ページずつ読み進めることで、新しい時代に相応しい教員の資質・能力が身に付くこと間違いなし！です。ただし、痒い所だけをピックアップしていますので、ふつうの理科教育法の教科書とは思わないでくださいね。

　でも、ふつうではないからこそ（学習指導要領の解説だけでなく）、「国語科と理科」、「道徳と理科」、「特別支援教育と理科」についてもまとめています。もちろん、「ICT活用授業とプログラミング教育」、「小学校理科と中学校理科とのつながり」についても抜かりありません。正に理想的な章立てです。

　どの章から読み進めても「いいね！」になっています。だからといってバラバラではありません。それぞれの章が有機的につながり、教員としての資質・能力が確実にレベルアップするように構成しています。

●令和の時代を拓くたくましい子どもの育成を目指して！

　「令」という文字からは、まず、「命令」や「指令」をイメージしますよね。そして、「令嬢」「令息」とか「月令」（月齢ではない）を思い出せるかどうか。日本人でもそんな様子ですから、外国のメディアが「Order」や「Command」と考えたのは自然でしょう。

　一方の「和」ですけど、日本人のすきな漢字として必ずランクインしてくる大御所です。なんてったって「大和」の国ですし、「十七条の憲法」の第一条が「和を以て貴しと為す」ですし、「和室」で「和食」の文化や精神や心が染み込んでいますし…。

　というような擦った揉んだがあったからか、外務省は、「『令和』の意味を英語で表す場合は「beautiful harmony（美しい調和）」で統一するように」と、各国在外公館に「指令」を出しましたよね。なんだかずいぶんと昔のような気がしますか？

● Beautiful Harmony ＝心を寄せ合う！

　「和を以て貴しと為す」を超訳すれば、「問題があっても、それぞれが主体的に、対話を通して解決していこう。そして、決まったことは『協調』して進めよう‼」みたいなもんだと思います。ただし、「和を大切にする」ことが「同調を強いる」にならないように常に注意しましょうね。お互いに…。

　思い出してください。ＲＰＧにおいても、勇者は１人じゃ勝てないですよね。小ボス、中ボス、大ボス、ラスボスを攻略するためには、仲間を集めてパーティを組んでレベルを上げてスキルを身に付けて諍いを乗り越えて…。様々な問題解決を繰り返しながら「心を寄せ合う」ことが必須じゃありませんでしたか？

　本書の各章を９人の掛け替えのないメンバーとして読み進めてください。しっかりと読み込めば、爽やかな読後の満足感と共に「心を寄せ合う理科教育法」の極意を会得することができるはずです。

　さあ、スタートです‼

　最高のハッピーエンディングを目指してがんばりましょう‼

もくじ

令和の時代を拓く
心を寄せ合う理科教育法

【 小学校・中学校理科の「エネルギー」，「粒子」を柱とした内容の構成 】

校種	学年	エネルギー		
		エネルギーの捉え方	エネルギーの変換と保存	エネルギー資源の有効利用
小学校	第3学年	**風とゴムの力の働き** ・風の力の働き ・ゴムの力の働き　　**光と音の性質** ・光の反射・集光 ・光の当て方と明るさや暖かさ ・**音の伝わり方と大小**	**磁石の性質** ・磁石に引き付けられる物 ・異極と同極　　**電気の通り道** ・電気を通すつなぎ方 ・電気を通す物	
	第4学年		**電流の働き** ・乾電池の数とつなぎ方	
	第5学年	**振り子の運動** ・振り子の運動	**電流がつくる磁力** ・鉄心の磁化，極の変化 ・電磁石の強さ	
	第6学年	**てこの規則性** ・てこのつり合いの規則性 ・てこの利用	**電気の利用** ・発電（光電池（小4から移行）を含む），蓄電 ・電気の変換 ・電気の利用	
中学校	第1学年	**力の働き** ・力の働き（2力のつり合い（中3から移行）を含む）　　**光と音** ・光の反射・屈折（**光の色**を含む） ・凸レンズの働き ・音の性質		
	第2学年	**電流** ・回路と電流・電圧 ・電流・電圧と抵抗 ・電気とそのエネルギー（電気による発熱（小6から移行）を含む） ・静電気と電流（電子，放射線を含む） **電流と磁界** ・電流がつくる磁界 ・磁界中の電流が受ける力 ・電磁誘導と発電		
	第3学年	**力のつり合いと合成・分解** ・水中の物体に働く力（水圧・浮力（中1から移行）を含む） ・力の合成と分解 **運動の規則性** ・運動の速さと向き ・力と運動 **力学的エネルギー** ・仕事とエネルギー ・力学的エネルギーの保存	**エネルギーと物質** ・エネルギーとエネルギー資源（放射線を含む） ・様々な物質とその利用（プラスチック（中1から移行）を含む） ・科学技術の発展	**自然環境の保全と科学技術の利用** ・自然環境の保全と科学技術の利用〈第2分野と共通〉

学年	粒子			
	粒子の存在	粒子の結合	粒子の保存性	粒子のもつエネルギー
第3学年			**物と重さ** ・形と重さ ・体積と重さ	
第4学年	**空気と水の性質** ・空気の圧縮 ・水の圧縮			**金属，水，空気と温度** ・温度と体積の変化 ・水の三態変化
第5学年			**物の溶け方**（溶けている物の 均一性（中1から移行）を含む） ・温度と体積の変化 ・水の三態変化	
第6学年	**燃焼の仕組み** ・燃焼の仕組み		**水溶液の性質** ・酸性，アルカリ性，中性 ・気体が溶けている水溶液 ・金属を変化させる水溶液	
第1学年	**物質のすがた** ・身の回りの物質とその性質 ・気体の発生と性質		**水溶液** ・水溶液	**状態変化** ・状態変化と熱 ・物質の融点と沸点
第2学年	**物質の成り立ち** ・物の分解 ・原子・分子	**化学変化** ・化学変化 ・化学変化における酸化と還元 ・化学変化と熱 **化学変化と物質の質量** ・化学変化と質量の保存 ・化学変化における酸化と還元 ・質量変化の規則性		
第3学年	**水溶液とイオン** ・原子の成り立ちとイオン ・酸・アルカリ ・中和と塩 **化学変化と電池** ・金属イオン ・化学変化と電池			

【 小学校・中学校理科の「生命」，「地球」を柱とした内容の構成 】

校種	学年	生命		
		生物の構造と機能	生命の連続性	生物と環境の関わり
小学校	第3学年	**身の回りの生物** ・身の回りの生物と環境との関わり ・昆虫の成長と体のつくり ・植物の成長と体のつくり		
	第4学年	**人の体のつくりと運動** ・骨と筋肉 ・骨と筋肉の働き		**季節と生物** ・動物の活動と季節 ・植物の成長と季節
	第5学年		**植物の発芽，成長，結実** ・種子の中の養分 ・発芽の条件 ・成長の条件 ・植物の受粉，結実　**動物の誕生** ・卵の中の成長 ・母体内の成長	
	第6学年	**人の体のつくりと働き** ・呼吸 ・消化・吸収 ・血液循環 ・主な臓器の存在　**植物の養分と水の通り道** ・でんぷんのでき方 ・水の通り道		**生物と環境** ・生物と水，空気との関わり ・食べ物による生物の関係（水中の小さな生物（小5から移行）を含む） ・<u>人と環境</u>
中学校	第1学年	**生物の観察と分類の仕方** ・生物の観察 ・<u>生物の特徴と分類の仕方</u> **生物の体の共通点と相違点** ・植物の体の共通点と相違点 ・<u>動物の体の共通点と相違点</u> 　（中2から移行）		
	第2学年	**生物と細胞** ・生物と細胞 **植物の体のつくりと働き** ・<u>葉・茎・根のつくりと働き</u> 　（中1から移行） **動物の体のつくりと働き** ・生命を維持する働き ・刺激と反応		
	第3学年		**生物の成長と殖え方** ・細胞分裂と生物の成長 ・生物の殖え方 **遺伝の規則性と遺伝子** ・遺伝の規則性と遺伝子 **生物の種類の多様性と進化** ・<u>生物の多様性と進化（中1から移行）</u>	**生物と環境** ・自然界のつり合い ・生物の殖え方 **自然環境の保全と科学技術の利用** ・自然環境の保全と科学技術の利用〈第1分野と共通〉

学年	地　球		
	地球の内部と地表面の変動	地球の大気と水の循環	地球と天体の運動
第3学年		**太陽と地面の様子** ・日陰の位置と太陽の位置の変化 ・地面の暖かさや湿り気の違い	
第4学年	**雨水の行方と地面の様子** ・地面の傾きによる水の流れ ・土の粒の大きさと水のしみ込み方	**天気の様子** ・天気による1日の気温の変化 ・水の自然蒸発と結露	**月と星** ・月の形と位置の変化 ・星の明るさ，色 ・星の位置の変化
第5学年	**流れる水の働きと土地の変化** ・流れる水の働き ・土川の上流・下流と川原の石 ・雨の降り方と増水	**天気の変化** ・雲と天気の変化 ・天気の変化の予想	
第6学年	**土地のつくりと変化** ・土地の構成物と地層の広がり 　（化石を含む） ・地層のでき方 ・火山の噴火や地震による土地の変化		**月と太陽** ・月の位置や形と太陽の位置
第1学年	**身近な地形や地層，岩石の観察** ・身近な地形や地層，岩石の観察 **地層の重なりと過去の様子** ・地層の重なりと過去の様子 **火山と地震** ・火山活動と火成岩 ・地震の伝わり方と地球内部の働き **自然の恵みと火山災害・地震災害** ・自然の恵みと火山災害・地震災害(中3から移行)		
第2学年		**気象観測** ・気象要素(圧力(中1の第1分野から移行)を含む ・気象観測 **天気の変化** ・霧や雲の発生 ・前線の通過と天気の変化 **日本の気象** ・日本の天気の特徴 ・大気の動きと海洋の影響 **自然の恵みと気象災害** ・自然の恵みと気象災害(中3から移行)	
第3学年			**天体の動きと地球の自転・公転** ・日周運動と自転 ・年周運動と公転 **太陽系と恒星** ・太陽の様子 ・惑星と恒星 ・月や金星の運動と見え方

第 **1** 章

新しい時代における
学習指導要領

1章　新しい時代における学習指導要領

Ⅰ　平成 29 年版学習指導要領の特徴

■ 4 つのキーワード

平成 29 年版学習指導要領の特徴を 4 点にまとめてみましょう。

> **POINT　4 つのキーワード**
> ● 「社会に開かれた教育課程」の実現
> ● 資質・能力の明確化
> ● 主体的・対話的で深い学び
> ● カリキュラム・マネジメントの推進

1　「社会に開かれた教育課程」の実現

　現在の児童生徒が、成人して社会で活躍する頃には、生産年齢人口の減少や絶え間ない技術革新などにより、社会構造や雇用環境は大きく、また急速に変化していることが予想されます。また、急激な少子高齢化が進んでいることもあり、一人一人が持続可能な社会の担い手として、自身の個性を生かして、個人と社会の成長につながる新たな価値を生み出していくことが求められています。このため、学校教育にあっては、児童生徒が様々な変化に積極的に向き合い、他者と協働して課題を解決していくという経験を、これまで以上に積んでいく

ことが必要となってきています。また、様々な情報を精査しつつ、既有の知識と関連付けながら新たな情報を再構成するなどして新たな価値を創造していくことなどができるようにすることが求められているのです。

一方、学校が抱える課題も複雑化・困難化し、家庭や地域が担っていた事柄まで学校が担うようになっています。そのため、学校の工夫だけに教育の実現を委ねることは困難になってきているともいえます。このような状況にあるため、“よりよい学校教育を通じてよりよい社会を創る”という目標を学校と社会が共有し、連携・協働しながら、新しい時代に求められる資質・能力を子供たちに育む「社会に開かれた教育課程」の実現を目指す必要が生じてきているのです。

学校の運営は、教育課程編成によってなされるといっても過言ではありません。現職の先生方ならわかっていると思いますが、教育課程は、いわば学校の教育計画全体であり、各学校において教育の内容等を組織的かつ計画的に組み立てたものです。実際、運動会をいつ実施するか、始業の日や終業の日をいつにするか、授業に関してはそれぞれの学年で何時間の国語の授業を行うかなどはすべて教育課程編成になります。

このため、各学校の教育目標を含めた教育課程の編成についての基本的な方針を、家庭や地域とも共有していくことが必要となってきます。さらに、学校の経営方針を公開したり、学校のグランドデザインなどをつくって公表したりするなど、方針の共有を効果的に行っていくことが大切となってきます。このようにして、目指すべき教育の在り方を家庭や地域と共有し、その連携及び協働のもとに教育活動を充実させていくという「社会に開かれた教育課程」を実現していくことが重要となってきています。

2 資質・能力の明確化

平成 29 年版学習指導要領では、教育課程全体を通して育成すべき資質・能力を 3 つの柱で明確に示しています。3 つの柱というのは、具体的には「知識

及び技能」、「思考力，判断力，表現力等」、「学びに向かう力，人間性等」です。各教科等の目標や内容についてもこの三つの柱で再整理されています。

　この資質・能力の３つの柱は、学校教育法の第30条の２項と整合性がとれるようにしてあります。学校教育法には次のように「学力の要素」が示されています。

前項の場合において，生涯にわたり学習する基盤が培われるよう，<u>基礎的な知識及び技能を習得させる</u>とともに，これらを活用して課題を解決するために必要な<u>思考力，判断力，表現力その他の能力</u>をはぐくみ，<u>主体的に学習に取り組む態度を養う</u>ことに，特に意を用いなければならない。

●学校教育法　第30条２項（下線は筆者による）

　平成20年版学習指導要領もこれを受けて作成されたのですが、評価の観点はそれまでの流れを受けて、国語は５観点、他の教科は４観点のまま整理されました。平成29年版学習指導要領においては、表のように、学力の三要素を評価する観点として「知識・技能」「思考・判断・表現」「主体的に学習に取り組む態度」の三つに再整理しています。

●表 1-1 学教法での学力の要素と学習指導要領における評価の観点

学校教育法第30条２項	平成20年版	平成29年版
基礎的な知識及び技能	「知識・理解」「技能」	「知識・技能」
思考力，判断力，表現力その他の能力	「思考・判断・表現」	「思考・判断・表現」
主体的に学習に取り組む態度	「関心・意欲・態度」	「主体的に学習に取り組む態度」

「知識及び技能」というのは「何を理解しているか、何ができるか」という観点で、特定の単元等で習得する知識や技能のことを示していると考えられます。しかしながら、これらが生きて働く知識や技能とするには、「理解していること・できることをどう使うか」という段階にしていくことが必要となります。すなわち、「未知の状況にも対応できる思考力、判断力、表現力等」を育成していく必要がでてくるのである。このような学習の成果を「どのように社会・世界と関わり、よりよい人生を送るか」に関連付ける力として、自らの学びを人生や社会に生かそうとする「学びに向かう力・人間性等」の涵養が必要となってくるのです。

3　主体的・対話的で深い学び

　子供たちが時代に求められる資質・能力を身に付けて、生涯にわたって能動的に学び続けるようにするためには、学習の質を一層高める必要があります。そのために授業改善の取組を活性化していくことが必要です。実際、平成29年版学習指導要領においては「主体的・対話的で深い学び」の実現に向けた授業改善を推進することが求められています。そして、その中で今回強調されていることは、1時間1時間の授業は元より、数時間にわたる内容のまとまりの中で、単元を構想することを重視していることです。さらに、深い学びの鍵として、

●図1-1　学習指導要領の趣旨のイメージ

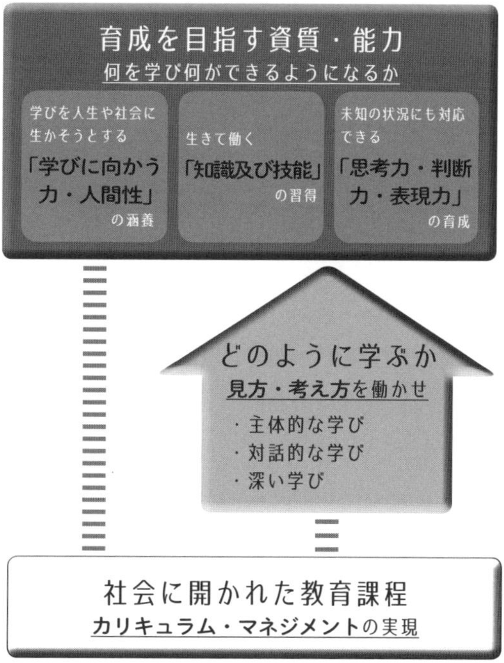

各教科等の「見方・考え方」を働かせることの重要性が指摘されています。

これらの関係を図示したものが図 1-1 です。

4　カリキュラム・マネジメントの推進

　図 1-1 に示したように、育成すべき資質・能力を明確にするとともに、授業方法の改善を加えながら、社会に開かれた教育課程を実現していくためには、その教育課程を評価・改善していくことが大切になってきます。実際、学習の基盤となる資質・能力（言語能力、情報活用能力、問題発見・解決能力等）や現代的な諸課題に対応して求められる資質・能力の育成のためには、教科横断的な学習の充実や児童生徒の実態、地域の実態などを踏まえて教育課程を編成していくことがこれまで以上に重要になってきています。このため、教育課程に基づき組織的かつ計画的に各学校の教育の質の向上を図っていく「カリキュラム・マネジメント」を行っていくことが大切になってきます。

　学校の様々な活動は、主として教育課程の編成で規定されることを示してきました。ですので、学校教育の目的・目標の実現を支えるため、各学校において教育課程を軸に学校教育の改善・充実を図っていくことが考えられます。その一つの方法が「カリキュラム・マネジメント」です。教育課程編成をしっかりと計画し、実行し、評価し、改善していく。いわゆるPDCAサイクルにそって実施していくことで、学校教育の好循環を生み出すのです。

　これまでも、理科でグラフを扱った後に、算数でグラフのことを学ぶ

知っているとかっこいい　KEYword
「PDCAサイクル」って？

　PDCAサイクルとは，Plan(計画)・Do(実行)・Check(評価)・Action(改善)を繰り返すことによって，生産管理や品質管理などの管理業務を行うために使われていたものですが，教育界においても積極的に紹介されるようになってきています。学校のカリキュラムは，児童，地域の実態等に応じて毎年改善していくものですから，PDCAサイクルが求められるようになってきたのです。

ときに関連付けたり、社会で学んだ気候の学習と理科の天気の学習を結び付けたり、理科の消化の内容を家庭科の学習に関連付けたりしてきたことがあると思います。これらを組織的・計画的に行って、評価をして、改善していけばカリキュラム・マネジメントしたことになるでしょう。ただ、これまでの関連付けというのはどちらかというと、それぞれの教科等の内容、主として知識・技能での関連付けが多かったように思います。今回の改訂の趣旨からすると、資質・能力の３つの柱を意識しつつ、能力や態度面においての関連付けがより重要になってきていると思います。

5　カリキュラム・マネジメントで学校をよりよくする

　カリキュラム・マネジメントとは具体的にどのように行えばよいでしょうか。例えば、自校で熱心に環境教育に取り組んでいたとしましょう。環境教育には、環境教育をすることで育てたい児童の資質・能力があります。国立教育政策研究所が作成している『環境教育指導資料［幼稚園・小学校編］』では、「環境教育を通して身に付けさせたい能力や態度」として

```
１．環境を感受する能力
２．環境に興味・関心をもち，自ら関わろうとする態度
３．問題を捉え，その解決の構想を立てる能力
４．データや事実，調査結果を整理し，解釈する能力
５．情報を活用する能力
６．批判的に考え，改善する能力
７．合意を形成しようとする態度
８．公正に判断しようとする態度
９．自ら進んで環境の保護・保全に寄与しようとする態度
```

　　　　　　　　●国立教育政策研究所：環境教育指導資料［幼稚園・小学校編］

の９つの能力や態度があげられています。１番目、２番目、９番目の項目は、環境教育に特化した目標ですが、その他の３番目から８番目の項目はこれからの社会に広く必要とされる能力や態度ではないでしょうか。そして、これらの能力や態度はいろいろな教科等でそれぞれ育まれているはずです。ですので、それぞれの教科等でどの能力や態度を育てているのか、どの学年が中心なのか、どの単元が関わるのかなどを明確にします。そして、１年次から６年次までどのように能力がどのように伸長していくのかの流れなどを学校全体で大づかみして、イメージを共有することも大切になります。

　全体イメージを共有した上で、実際には学年ごとに年間あるいは学期ごとぐらいの各教科の内容とそこで育てる能力を視覚化して、教科を関連付けたり、教科を横断するような能力を意識したりして授業を実施するとよいでしょう。それらの教育が実施された際にどのような児童になっていればよいのでしょう。先にあげた環境教育で身に付けたい能力や態度（・問題を捉え、その解決の構想を立てる能力・データや事実，調査結果を整理し、解釈する能力・情報を活用する能力・批判的に考え、改善する能力・合意を形成しようとする態度・公正に判断しようとする態度）はやや抽象度が高いため、具体的な児童の姿でどのような姿になれば当該学年としておおむね満足な状況なのかを学年で共有化します。ここが具体的でしっかり共有されている場合は、教育課程としての評価も明確になるはずです。

　環境教育の例で、カリキュラム・マネジメントの手続きを示してみました。学校には、学校の教育目標があると思います。学校目標から、自校で育てたい資質・能力を明確にしていく方法もあると思います。ただ、学校目標は，抽象度が高すぎたり、一面的だったりすることもあるので、育てたい能力や態度が具体的に示されているものの方が学校全体でビジョンを共有する際には向いていると思います。

1 学習指導要領と学習指導要領解説

　学習指導要領は、学校教育法施行規則の第52条に「小学校の教育課程については、この節に定めるもののほか、教育課程の基準として文部科学大臣が別に公示する小学校学習指導要領によるものとする。」と記されていて、法的な拘束力・強制力を有しているものです。したがって、学習指導要領の趣旨を逸脱したり、指導漏れなどがあったりすると、法律違反になるのです。

知っていると かっこいい **KEYword**

「学習指導要領」を短く呼ぶと？

　学習指導要領の英訳は、Course of Study といいます。そのため、文部科学省内部では、学習指導要領を略して、**CS**（または **COS**）などと呼ぶことがあります。皆さんもノートやメモを取るときは、学習指導要領を CS とか、COS って略して書くと、ちょっと格好いいかも?!

　学習指導要領解説は、「学習指導要領」という法律を解釈・解説したものと考えるとよいでしょう。教科ごとに解説は作成され、総則、外国語活動、総合的な学習の時間、特別活動についても作成されています。学習指導要領には、法的な拘束力がありますが、解説に掲載されている授業の展開の方法や教材などは例示されたものであり、法的な拘束力はありません。児童の実態や地域の実態になどに応じて、教員が創造的に工夫を加えていってよいのです。

2 学習指導要領の読み方

　小学校、中学校、高等学校の校種によっても書かれ方は少しずつ異なり、教科によっても少しずつ異なる部分もありますが、およそ学習指導要領は統一して書かれています。「学習指導要領（学習指導要領解説も含む）をよく読むこと」

と言われることもあるでしょう。しかし，学習指導要領にも読み方のようなものがあって，そのルールを知らないと理解できない部分もあるのです。それは，よく知らないスポーツを観戦しても，「ルールが不案内」であれば，そこで何が起こっているのか正確に把握することが難しいのと同じことです。学習指導要領にも読み方のルールのようなものがあるのです。それでは，小学校学習指導要領を中心に読み方について，見ていきましょう。

1　理科の学習指導要領の構成

　　まず，理科についていえば，「第1　目標」「第2　各学年（中学校では各分野）の目標及び内容」「第3　指導計画の作成と内容の取扱い」の3つの部分からなっています。「第1」では，理科の教育を行うことで，どのようなことが目指されているのか（目標）が示されています。「第2」の部分は，さらに3つの部分からなり，「目標」「内容」「内容の取扱い」から構成されています。ここの「目標」には，学年の目標などが記されています。「内容」には，理科でいう単元にあたる部分の指導される事項や育成すべき資質・能力が示されています。「第3」では，教育課程を編成する際の配慮事項，理科を指導する際の全般的な配慮事項や安全に関する留意事項などが記されています。

2　「第2　各学年の目標及び内容」の構成
a)「目標」

　　ここには，学年の目標が「(1) 物質・エネルギー」区分と「(2) 生命・地球」区分ごとに記されています。平成29年版では，目標の部分に育成すべき資質・能力が，小学校では区分ごとにそれぞれ「知識及び技能」「思考力，判断力・表現力等」「学びに向かう力，人間性等」の3つの柱に基づいて示されています。

b)「内容」

「内容」では、どのような学習項目を指導して、どのような資質・能力を育成するのか、学習のまとまり（単元）ごとに示しています。例えば、理科の第5学年の「生命・地球」区分最初の学習項目においては次のように記されています。

---

(1) 植物の発芽，成長，結実

植物の育ち方について，発芽，成長及び結実の様子に着目して，それらに関わる条件を制御しながら調べる活動を通して，次の事項を身に付けることができるよう指導する。

ア　次のことを理解するとともに，観察，実験などに関する技能を身に付けること。

(ア) 植物は，種子の中の養分を基にして発芽すること。

(イ) 植物の発芽には，水，空気及び温度が関係していること。

(ウ) 植物の成長には，日光や肥料などが関係していること。

(エ) 花にはおしべやめしべなどがあり，花粉がめしべの先に付くとめしべのもとが実になり，実の中に種子ができること。

イ　植物の育ち方について追究する中で，植物の発芽，成長及び結実とそれらに関わる条件についての予想や仮説を基に，解決の方法を発想し，表現すること。

●文部科学省　小学校学習指導要領

「ア」の部分には「知識及び技能」、「イ」の部分には「思考力，判断力，表現力等」でそれぞれ育成すべき資質・能力が示されています。また、「ア」と「イ」を関連付けて指導することが求められています。

c)「内容の取扱い」

「内容の取扱い」には、「内容」を指導する際の軽重の付け方や授業を実施する際の留意事項などが記されています。先に記した「(1) 植物の発芽，成長，

結実」の部分に関連する「内容の取扱い」は次のようです。

---

(3) 内容の「B生命・地球」の (1) については，次のとおり取り扱うものとする。

ア　アの (ア) の「種子の中の養分」については，でんぷんを扱うこと。

イ　アの (エ) については，おしべ，めしべ，がく及び花びらを扱うこと。また，受粉については，風や昆虫などが関係していることにも触れること。

（下線は筆者）

　文末が「〜を扱う」とあれば、その対象をじっくり取り上げ、「〜に触れる」であれば軽く取り上げます。上記の例でいえば、花の基本的なつくりにあたる、おしべ、めしべ、がく、花びらについては、この学習項目の重要な内容であり、実際の観察なども含めてしっかりと授業で取り上げることになります。一方で受粉については、花粉を運ぶものとして風が関係していることもあれば、昆虫が関係していることもあるという事実だけを伝えればよいということになります。このようなルールは、教科書の執筆等にかかわったり、教育委員会の仕事にかかわったりすると知るチャンスがあるのですが、そうでないと意外に知らされていない部分かもしれません。このように学習指導要領を繰り返し読んだからといって、このようなニュアンスが読み取れるわけではないのです。

🔢 学習項目の変化

●追加した内容

- 音の伝わり方と大小〔第３学年〕
- 雨水の行方と地面の様子〔第４学年〕
- 人と環境〔第６学年〕

- ●**学年間で移行した内容**
  - ・光電池の働き〔第6学年（第4学年から移行）〕
  - ・水中の小さな生物〔第6学年（第5学年から移行）〕
- ●**中学校へ移行した内容**
  - ・電気による発熱〔第6学年〕

Ⅲ 深い学びと見方・考え方

1 主体的・対話的で深い学び

　平成29年版学習指導要領においては、「アクティブ・ラーニング」の視点からの授業改善が強調されています。ここでの授業改善は、形式的に対話型を取り入れた授業や特定の指導の型を目指した技術の改善にとどまるものではありません。子供たちそれぞれの興味や関心を基に、一人一人の個性に応じた多様で質の高い学びを引き出すことを意図するものです。さらに、それを通してどのような資質・能力を育むかという観点から、学習の在り方そのものの問い直しを目指すものなのです。そのため、1時間1時間の授業を大切にするのは当然ですが、従前よりも、単元や題材のまとまりという長い時間の中で、子供たちが「何ができるようになるか」を明確にしながら、「何を学ぶか」という学習内容と、「どのように学ぶか」という学びの過程を明確にしておく必要があります。すなわち，先生方一人一人が、前述した「カリキュラム・マネジメント」を通じて単元や授業を組み立てていくことが重要になります。

1　主体的な学び

　学びにはなんといっても、主体性が重要です。好きなことや主体的に取り組んでいる時には、記憶力も高まります。ヒトの脳は好きなことをしている際に

は活性化して、記憶の定着もよくなるようにできているのです。理科でいえば、次のようなことが児童から読み取れれば、主体的な学びが起こっている可能性が高いと考えてよいでしょう。

> ・何か面白そう。
>
> ・難しそうだけど、チャレンジしてみたい。
>
> ・何とかできそうな気がする。
>
> ・この前学んだことの応用でできるかな？
>
> ・やってみたい。やらせて、やらせて。
>
> ・最近、理科の時間が面白い。
>
> ・えーっ、なんで？不思議！
>
> ・（先生じゃなく）自分もやってみたい。
>
> ・はやくやらせてよ。

2　対話的な学び

　対話的な学びは、深い学びを起こりやすくする手段として、新しい情報だったり自分とは違う見方だったりを知ったり気付いたりする過程といえます。対話は、自分だけでは気付かないことに気付かせてくれることで、自分の考えを広げていったり、深めていったりする際に有効な手段です。対話の場面としては、次のようなものが考えられます。

> ・児童同士で話し合う
>
> ・教職員や地域の人と話し合う
>
> ・書物（先哲の考え）から学ぶ
>
> ・自己内対話を行う（じっくり時間をかけて考える）

　児童から同じような意見しか出てこない場合、同じ実験結果が出て話し合っ

ても確認以上の価値がないような場合であれば，対話的に授業を進める意味はないでしょう。「なるほどそんな考えがあったのか」とか「自分では観察してもそんなところは見ていなかった」とか「確かに，その意見を聞いたら，そっちの方が正しい気がしてきた」などの児童に新たな発見やゆさぶりがかかってこその対話なのです。

3 深い学び

中央教育審議会答申には，次のようなことが記されています。

　習得・活用・探究という学びの過程の中で，各教科等の特質に応じた「見方・考え方」を働かせながら，知識を相互に関連付けてより深く理解したり，情報を精査して考えを形成したり，問題を見いだして解決策を考えたり，思いや考えを基に創造したりすることに向かう「深い学び」が実現できているか。

　子供たちが，各教科等の学びの過程の中で，身に付けた資質・能力の三つの柱を活用・発揮しながら物事を捉え思考することを通じて，資質・能力がさらに伸ばされたり，新たな資質・能力が育まれたりしていくことが重要である。

この中から深い学びとは何かを読み取ろうとすると，まず「各教科の特質に応じた『見方・考え方』を働かせながら」ということが前提となっていることがわかります。その上で，

• 知識を相互に関連付けてより深く理解したり，

• 情報を精査して考えを形成したり，

• 問題を見いだして解決策を考えたり，

• 思いや考えを基に創造したり，

などの姿が子供たちに見られることが大切となります。「知識を相互に関連付ける」というのは学習の本質であり、この姿を子供たちから引き出すことが大切になると思います。そして、最後には育成すべき資質・能力を子供たちに育成できているかどうかが深い学びには必要ということになるのです。

2 見方・考え方

　児童は、それぞれの教科の授業において、習得・活用・探究という学びの過程を繰り返し経験しています。その中で育成すべき資質・能力を身に付けていきます。一方、この過程の中で、“どのような視点で物事を捉え，どのような考え方で思考していくのか”という、物事を捉える視点や考え方も同時に鍛えられています。そしてこうした視点や考え方には、教科等それぞれの学習の特質が表れます。実際例えば算数では、事象を「数量」という見方で捉えることで問題を明確にしたり、「論理的に」考えることで一般性を引き出したりします。気になる事象を何とか数字で表せないか、という見方を使って、算数の方法で問題の解決の方法を探っているともいえます。

　このような教科の特質に応じた物事を捉える視点や考え方が「見方・考え方」というものです。これらの「見方・考え方」は，教科等の学習の中で働くだけではなく、将来大人になって生活していくに当たっても重要な働きをするものがあるはずです。実際、私たちが社会生活の中で、データを見ながら考えたり、データを論理的に考えて一般化したりする際には算数の見方・考え方，理科の見方・考え方を働かせているのです。すなわち、学校教育を通じて、教科等の学びの中で鍛えられた「見方・考え方」を働かせることで、世の中の様々な物事を理解し思考し、よりよい社会や自らの人生を創り出していると考えられるのです。

　「見方・考え方」には教科によって特質があるものの、その教科を学ぶ本質的な意義の中核をなすものです。そして、教科の教育と社会をつなぐものとも

いえる大切なものです。子供たちが学習や人生において「見方・考え方」を自在に働かせられるようにすることは，平成29年版学習指導要領がまさに目指すところです。そして、そのような子供たちをつくることにこそ，教員の専門性の発揮が求められているのです。

　物事を理解するために考えたり、具体的な課題について探究したりするに当たって、思考や探究に必要な道具や手段として資質・能力の三つの柱が活用・発揮され、その過程で鍛えられていくのが「見方・考え方」であるといえるでしょう。

あまからコラム（仮題）

カリキュラム・マネジメント
は能力や態度で

　カリキュラム・マネジメントというと教科横断的な視点でカリキュラムの編成を見直していくことが多くなります。そうした協議の過程ではどうしても関連する学習内容に目がいきがちです。しかし、内容に着目すると学習内容が当該の教科で重複して指導される分、授業時数の確保が難しくなることが起きがちです。ですので、思い切って内容ではなく、育成する能力や態度の視点で教科横断を行っていくのがよいと思います。

　国立教育政策研究所で作成した『学校における持続可能な発展のための教育（ESD）に関する研究』（最終報告書）では、今後重視される持続可能な社会のための教育の視点にたった学習指導で重視する能力・態度として、右の7点をあげています。

①批判的に考える力
②未来像を予測して計画を立てる力
③多面的，総合的に考える力
④コミュニケーションを行う力
⑤他者と協力する態度
⑥つながりを尊重する態度
⑦進んで参加する態度

　未来に必要とされる能力や態度で教科横断を図ってみるのはどうでしょうか。

第 2 章

平成 29 年版学習指導要領における理科

I 学習指導要領における変更点のポイント

2章 平成29年版学習指導要領における理科

I 学習指導要領における理科の変更点のポイント

1 資質・能力の明確化（目標の明確化）

平成20年版小学校学習指導要領の理科の目標には、次のように書かれています。

> 　自然に親しみ，見通しをもって観察，実験など行い，問題解決の能力と自然を愛する心情を育てるとともに，自然の事物・現象についての実感を伴った理解を図り，科学的な見方や考え方を養う。
>
> ●平成20年版小学校学習指導要領

一方、平成29年版学習指導要領の理科の目標には、次のように記されています。

> 　自然に親しみ，理科の見方・考え方を働かせ，見通しをもって観察，実験を行うことなどを通して，自然の事物・現象についての問題を科学的に解決するために必要な資質・能力を次のとおり育成することを目指す。
> (1) 自然の事物・現象についての理解を図り，観察，実験などに関する基本的な技能を身に付けるようにする。
> (2) 観察，実験などを行い，問題解決の力を養う。
> (3) 自然を愛する心情や主体的に問題解決しようとする態度を養う。
>
> ●平成29年版小学校学習指導要領

平成 20 年版の際には、一文で目標が表されていましたが、平成 29 年版では育成すべき３つの資質・能力が分けて記されています。(1) には「知識及び技能」、(2) には「思考力，判断力，表現力等」、(3) には「学びに向かう力，人間性等」の目標が示されています。このように育成すべき資質・能力が明確に示されるように改訂されています。

　また、平成 20 年版では末尾に記されていた「科学的な見方や考え方を養う」という大きな目標は、平成 29 年版では「理科の見方・考え方を働かせ」と記されて、３つの資質・能力を育成するための手段としての位置づけとなっています。これは見方・考え方をわかっているだけでなく、実際に活用していくことの重要性が強調されたと考えればよいでしょう。見方・考え方は使うことで鍛えられ、習熟の度合いも高まっていくと考えればよいでしょう。これからの時代には「何を知っているか」だけではだめで、それを使って「何ができるか」ということが重要になってきていることが強調された結果、このような表現になったと考えることができます。このような経緯で、３つの育成すべき資質・能力に基づいて理科の目標が明確化されたのです。

２ 理科の見方・考え方

　理科の見方・考え方ですが、「見方」と「考え方」を便宜的に分けるのは、理解を深める上でもよいと思います。しかし、そもそも問題解決の過程の中で両者は切っても切れない関係にあり、厳密に区別することには弊害もあります。例えば、「比較・比較する」などは、問題解決を進める際の視点でもあり、考え方でもあります。このことを前提としつつ、まずは「見方」、次に「考え方」で説明をしてみましょう。

1　理科の「見方」

　中央教育審議会答申（p.146）においては、理科の見方については次のようにまとめられています。

> 　「エネルギー」領域では、自然の事物・現象を主として量的・関係的な視点で捉えることが、「粒子」領域では、自然の事物・現象を主として質的・実体的な視点で捉えることが、「生命」領域では、生命に関する自然の事物・現象を主として多様性と共通性の視点で捉えることが、「地球」領域では、地球や宇宙に関する自然の事物・現象を主として時間的・空間的な視点で捉えることが、それぞれの領域における特徴的な視点として整理することができる。
>
> ●中央教育審議会答申(p.146)

　「エネルギー」「粒子」「生命」「地球」の４つの領域に分けて視点を整理してあります。しかし、それぞれの領域に特徴的な視点ではあるものの、その他の領域においても当然用いられる視点です。

　もう少し具体的に示せば、「エネルギー」の柱でいう「量的・関係的に捉える」というのは、例えば「豆電球の明るさ」を扱う単元であれば、電池の数や豆電球の数という「量」の視点で捉えたり、電池の数と豆電球の明るさとを「関係」という視点で捉えたりするということになるでしょう。「粒子」の柱でいえば、「実体的」というのはわかりづらいですが、「水溶液」の単元で、水に食塩を溶かします。完全に溶かすと食塩は見えなくなってしまいますが、重さ（質量）を測れば食塩の分だけ重くなっていてちゃんと食塩の実体はなくならず存在しています。このように物質には、見えなくなくなってもその実体はなくならないというのが小学校段階での実体的と考えればよいでしょう。「生命」の柱でいえば、「昆虫や植物の成長や体のつくり」の単元で、「昆虫は頭、胸、腹からなる」とか「昆虫のあしは６本である」という昆虫の共通性を学びます。でも、共通性があるのに昆虫は実に多様で形も色も大きさも違います。このように生

き物には、共通している部分と異なる部分があるという「多様性と共通性」の視点で捉えることが大切なのです。「地球」の柱では、「土地のつくりや変化」の単元でいえば、侵食・運搬・堆積の関係を時間的な変化で捉えたり、空間的な変化で捉えたりすることになります。他の３つの柱でも時間的な変化や空間的な変化はありますが、「地球」の柱の場合、多くは長い時間、広い空間の現象を取り上げることになになり、また時間変化とともに空間的な変化も起こる現象が多いというのが特徴といえるでしょう。

　しかしながら、理科の資質・能力の育成という観点からいうと、領域横断的に用いることができる見方の方が、汎用性が高いためより重要だと捉えることもできます。例えば、「原因と結果」、「部分と全体」、「構造と機能」などの視点がそれにあたります。「原因と結果」は、「このような結果が生じたのは何か原因があるはずだ」という理科においてはもっとも本質的な見方といえるものです。

　もう一つ例をあげると「構造と機能」という視点は、「生物のつくりと働きには深い関わりがある」というような見方です。複雑なつくりのものを見たら何かすごい働きが隠されているに違いないと推察したり、何か特別な働きがあった場合には、それを支える特別なつくりがあるに違いないと推察したりする見方です。具体的には、光があたると植物は葉ででんぷんをつくります。葉はでんぷんをつくるという働き、機能をもっているのです。また、葉は平たくて薄いですが、植物を上からみると葉が重ならないようにきれいに並んでいるつくりをしています。こういう構造、つくりをしているからこそ、葉はたくさんの光を受けてでんぷんをたくさんつくることができるのです。このように葉の付き方やつくりは、葉がでんぷんをつくる働きを行うために実にうまくできているのです。生き物では、じっくり観察すると、つくりと働きが関連していることがわかることが頻繁にあります。

　こういった「構造と機能」という見方は、これまで知らなかった深海の生物や宇宙からの生物に私たちが出会ったときにも使うことができます。調査のた

めにこれらの生き物の体を調べていたと仮定してみましょう。体に見たことも
ない複雑な構造をしたつくりを発見したとすれば、これだけ複雑な構造をして
いるのだから何か重要な機能を持っているに違いないとか、この構造からする
とおそらくこの働きをしているに違いないと推察するのではないでしょうか。
また、未知の生物が暑いところも避け寒いところも避け、いつも 24℃のとこ
ろに移動するという習性があるとしたら、おそらく体のどこかに温度を感じる
部分があるに違いないと推察することができるでしょう。そういう働きがある
のだから、その機能を果たすつくりがあると推察するのです。見方は、このよ
うに出会ったことのないものにも適用できるのです。だから、「見方」が大切
なのですね。

　このように何か事象を見る際に、私たちはその事象を把握するための視点、
すなわちフィルターというものを通して事象を理解しています。その理科の学
習を支える価値あるフィルター（視点や捉え方の枠組み）を理科の見方と考え
ることができるでしょう。

2　理科の考え方

　考え方については、

> 　理科の学習における考え方については，探究の過程を通じた学習活動の
> 中で，比較したり，関係付けたりするなどの科学的に探究する方法を用いて，
> 事象の中に何らかの関連性や規則性，因果関係等が見いだせるかなどにつ
> いて考えることであると思われる。この「考え方」は，物事をどのように
> 考えていくのかということであり，資質・能力としての思考力や態度とは
> 異なることに留意が必要である。
>
> ●中央教育審議会答申(p.146)

と答申（p.146）の中で整理されています。これを受けて『小学校学習指導要

領解説　理科編』（p.13）では、

> 　問題解決の過程において，どのような考え方で思考していくかという「考え方」については，これまで理科で育成を目指してきた問題解決の能力を基に整理を行った。児童が問題解決の過程の中で用いる，比較，関係付け，条件制御，多面的に考えることなどといった考え方を「考え方」として整理することができる。
>
> ●小学校学習指導要領解説　理科編 p.13

としています。

　具体的には、探究の過程の中で、児童が「比較」という考え方を意図的に働かせることで、きっかけとなる自然の事物・現象とそれとは異なる他の自然の事物・現象とを「比較」することが考えられます。こうすることで、両者の差異点や共通点を明らかにすることができるのです。その差異点や共通点を手がかりとして、気付きや疑問が生じ、その気付きや疑問を理科で解決できる問題とすることができれば、探究が始まります。同様に、生き物の成長のように時間的経過での前後について「比較」したり、実験前の自分の予想と実際の実験の結果とを「比較」したりすることも考えられますね。

　「関係付け」という考えを児童が探究の過程の中で働かせれば、自然事象の変化とそれに関わる要因を結び付けたり、既習の内容や生活経験を結び付けたりすることなどができるはずです。具体的には、「関係付け」という考え方を働かせることで、解決したい問題についての予想や仮説を発想する際に、これまでに経験した生活や既習事項とを関連付けられないかと考えるようになります。また、追究しようとしている自然の事物・現象を、観察される変化とそれに関わる要因とで関係付けて捉えることはできないかと考えるようになります。

　「条件制御」という考えを児童が働かせれば、自らが調べたいと思っている要因の影響を把握するためには、変化させる要因と変化させない要因とを明確

に区別することが意識されます。すなわち、自らの問題について解決の方法を発想する際に、「条件制御」という考え方を働かせることで、制御すべき要因と制御しない要因を区別しながら計画的に観察、実験などを行おうとすることが考えられるのです。

　「多面的に考える」という考え方を児童が働かせれば、自然の事物・現象を複数の側面から考えることが意識されます。児童は、実験の結果が得られると安心してしまいます。しかしここで、「多面的に考える」という考え方を働かせることで、自らの出した結果は解決したい問題について本当に正対したものなのかと考えたり、他班の結果などを基に自らの班の結果の妥当性を検討したりすることになります。さらには、探究の過程において、それぞれの予想や仮説の違いを意識しながら追究したり、複数の観察、実験などから得た結果を基に考察をしたりするようになることが考えられます。

1 学習内容の系統性と理科の見方

　理科の学習内容については、4つの柱「エネルギー」「粒子」「生命」「地球」からなっているのはご存じかと思います（6〜9ページ「理科の内容構成」）。ここでは、粒子の柱での「見方」の働かせ方の例をみてみましょう。

　小学校第3学年の「物と重さ」の学習で、児童は粘土などを使って、粘土を変形したり、ちぎったりくっつけたりします。こうすることで、物には重さがあり、変形しても重さが変わらないこと、バラバラにしてもちゃんと集めれば重さが変わらないことなどを学ぶのです。答申で示された実体的な視点から、ここでは「物が存在しているときには重さや体積がある」という見方を学んでいると考えられます。また、物の種類が粘土ではなく、鉄の玉やビー玉、木の玉、ピンポン玉と異なれば、体積が同じでも重さが異なることも体感しています。

　第4学年の「空気と水の性質」においては、空気は目には見えないものです。しかし、ポリスチレンの袋に空気を入れて閉じ込めれば、体積があることを感じることはできます。また、注射筒に空気を入れれば、押し込むことができますが押し込んでも元通りの体積に戻るし、押し込むことに限界があり、最後までは押し込めないことを体験します。こうして、目には見えなくても、空気のように実体があるものがあることに気付きます。第3学年で体感している「物があるときには体積がある」という見方をここで生かすことができます。また、学習指導要領上は取り上げる必要がない学習ですが、同じ体積の水をいろいろな形の容器に入れると児童にとっては量が多く見えたり少なく見えたりします。しかし、メスシリンダーなどで体積を量れば、体積には違いがなく同じであるという学習を追加してみます。あるいは、タイヤに空気をたくさん詰め込んだり、空気を抜いたりすることで、質量に差がでることから空気に重さがあることを示す学習を追加したりすることもできます。このような学習を加える

ことで、「実体的」という視点が広がったり、強化されたりすることにつながるのです。

　第５学年では、「物の溶け方」の学習において、水に塩（塩化ナトリウム）を溶かしても、水と塩とを合わせた重さは変わらないという学習を行います。児童の中には、塩が水に溶けて見えなくなったのだから、なくなってしまったと思う児童も出てきます。しかしながら、日常生活の中で塩水をなめれば塩辛いことは知っていることから、溶けてなくなったように見えても、ただの水とは異なることについては認識していると思われます。だとすれば、なくなったように見えても存在を確かめる方法がないかを考えることになるでしょう。このときに、これまで学んだ実体的（「物には体積がある。物には重さがある」）という見方を用いることができます。水の重さと塩の重さを量り、水に塩を加えると、重さは減ることなく、水の重さと塩の重さを足したものとなります。このことから「物はみえなくなっても、存在している」という実体的な見方が形成されるのです。さらに、塩がなくなっているわけじゃないとわかれば、水をなくせば（蒸発させれば）再び塩を取り出すことができるという考え方につながります。そして実際に蒸発させて、塩の結晶を得ることができることで、この見方はさらに強固なものとなっていくのです。

　この後、中学校や高等学校の学習を経て、実体的な見方は「物質は粒子からできていて、化学反応も粒子の振る舞いによって説明できる」というような見方に次第に置き換わっていきます。既習の知識や体験などを通じて、理科の見方は変化し、より適応性の広い強固なものに変化していくのです。ですから、見方を児童が使えるようにするためには、事前に学習内容のつながり（系統）を意識して単元の流れを考え、授業づくりをしていくことが大切となります。

❷ 問題解決と資質・能力

　『小学校学習指導要領解説　理科編』には、「問題解決の過程」の例として、①自然の事物・現象に対する気付き、②問題の設定、③予想や仮説の設定、④実験計画の立案、⑤観察・実験の実施、⑥結果の処理、⑦考察、⑧結論の導出と８つの流れで探究の過程が示されています。このように探究の過程を明確に示すのはよい面がありますが、一方で弊害としては問題解決型の授業を目指すときに、例えば授業を無理矢理この８つの流れに合わせようとしたり、どの単元でもすべて８つの流れを盛り込もうとしてしまったりすることが生じます。これまで、そうしてきてはいませんか。

　探究の際には試行錯誤、迷いや躊躇、考え直しなどが起こります。実験を計画する段階になって、やはり問題の設定を変える必要を感じたり、予想や仮説を変更した方がよいことに気付いたりすることがあります。このように探究の過程を行ったり来たりすることも起こるのです。また、探究の過程の一部が欠落することもあります。探究には柔軟性が必要なのです。そもそも本来の探究は、思い描いたとおりの流れや段階を通ることはなかなかないといってよいと思います。このため、中央教育審議会(2016)の別添資料5-4においても脚注に、「探究の過程は、必ずしも一方向の流れではない。また、授業では、その過程の一部を扱ってもよい。」と記されています。学習項目によっては、探究的に授業を行う際でも、探究の過程の一部だけを扱ってもよいということです。

　平成29年版学習指導要領では、このような探究の過程を児童に経験させていく中で、資質・能力を育成していくことを求めています。探究の過程そのものを経験すること自体にも大きな教育的な価値は存在していると考えられます。しかし、平成29年版学習指導要領においては、表2-1に示したように資質・能力の育成という目的を達成するための手段としての「探究の過程」という位置付けもあることに注意しなければいけません。

●表 2-1 問題解決の過程と資質・能力の関係　※答申「別添 5-4」をもとに筆者が改変

	問題解決の過程	理科における資質・能力の例
課題の把握（発見）	自然の事物・現象に対する気付き	●主体的に自然事象とかかわり、それらを科学的に探究しようとする態度（以後全ての過程に共通） ●自然事象を観察し、必要な情報を抽出・整理する力 ●抽出・整理した情報について、それらの関係性（共通点や相違点など）や傾向を見いだす力
	問題の設定	●見いだした関係性や傾向から、問題を設定する力
課題の探求（追求）	予想や仮説の設定	●見通しを持ち、検証できる仮説を設定する力
	検証計画の立案	●仮説を確かめるための観察・実験を立案する力
	観察，実験の実施	●観察・実験を実行する力
	結果の処理	●観察・実験の結果を処理する力
課題の解決	考察	●観察・実験の結果を分析・解釈する力 ●全体を振り返って推論したり、改善策を考えたりする力 ●学んだことを次の課題や、日常生活に活用しようとする態度
	結論の導出	●考察・推論したことや結論を発表したり、レポートにまとめたりする力

次の探究の過程

●問題解決の過程は、必ずしも一方向の流れではない。また、授業では、その過程の一部を扱ってもよい。

●全ての過程において、今までに身につけた資質・能力や既習の知識・技能を活用する力が求められる。

●意見交換や議論の際には、あらかじめ個人で考えることが重要である。また、他者とのかかわりの中で自らの考えをより妥当なものにする力が求められる。

●自然事象には、日常生活に見られる事象も含まれる。

Ⅲ 新しい理科の授業

１ 新しい理科の授業とは

これからの新しい授業は、これまでと何が異なるのでしょうか。キーワードとしては、①理科の「見方・考え方」を授業に生かす、②問題解決の過程を授業に生かす、③主体的・対話的で深い学びを意識した授業を行う、の３点です。繰り返しになる面もありますが、一つずつ説明していきましょう。

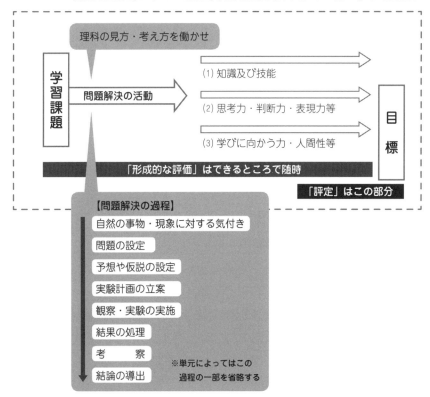

●図 2-1 平成 29 年版学習指導要領における理科の授業イメージ

❷ 理科の「見方・考え方」を生かす

　やや不正確になるとは思いますが、「見方・考え方」をこんな風に例えて考えるとわかりやすいかもしれません。「見方・考え方」とは、ロールプレイングゲームのアイテムのようなものだと考えるのです。アイテム（item）とは、コンピュータゲーム等において、プレイヤーの操作するキャラクターがゲーム中で何らかの方法で入手することができ、また、使用することによって何らかの効果が得られる道具全般のことをいうようです。

　ロールプレイングゲームでは、旅の途中で様々なアイテムを得ることができます。相手を攻撃するピストルや手裏剣、光線銃だったり、自らの身を透明にしたり、相手の攻撃を避ける盾だったり、呪いや魔術などだったりします。これらのアイテムを得たプレイヤーには、①それを自分が持っていることを自覚し、②その使い方を知っている上で、③さらに実践で使用してその習熟の度合いを高めていくことが求められるのです。「見方・考え方」も一種のアイテムのようなもので、①自らが持っていることを自覚し、②使い方を知っている上で、③使うことで習熟の度合いを高めていくのです。つまり、前提として、児童が自ら使用できる道具（見方・考え方）を認識していることが必要になるのです。ここでいう道具とは、探究を行う際に用いることができる思考スキルのようなものととらえればよいでしょう。児童は、自らのもつ思考スキルをメタ認知していることが重要なのです。これまでの授業では、教師側が「見方・考え方」をヒントや視点として提示してしまうことが多かったと思います。初めて使う「見方・考え方」を児童に示すことは必要でしょう。しかし、最後の目標は教師が何も言わなくても児童自らが「見方・考え方」を自在に使っている姿なのです。

私たち教師は児童に比べて、理科に関しては熟練しているために、この便利な道具である「見方・考え方」を無意識に使ってしまうことが多くなります。だから「見方・考え方」をあえて顕在化させて、その見方や考え方を児童が使いやすい形に翻訳したりフレーズ化したりして示していく必要があります。例えば、「生命」の柱では、「共通性・多様性の視点で捉える」という「見方」が例示されていますが、例えばこれを児童用に翻訳して「違うメガネ」「同じメガネ」というような形で説明します。そして、実際に児童に使わせて、そのメガネの効果を体験させ、繰り返し使うことで、児童自ら使えるようにすることだと捉えればよいのです。そのためには、この見方が実際に有効に働く場面を授業中に設定する必要が出てくるわけです。

　「見方・考え方」は、教科を学ぶ本質的な意義の中核をなすものです。そして、教科の学習と社会とをつなぐものでもあります。だから、児童が学習や人生において「見方・考え方」を自在に働かせることができるようにすることが重要なのです。これからの時代は、そのような児童を育成していくことが、教師の仕事として求められることなのです。　理科の「見方・考え方」は、具体的な問題解決の過程の中で「見方・考え方」を実際に使ってみるという体験が重要です。理科の「見方・考え方」は、自転車や水泳と同じで、実際に使って体に覚えさせていくことが有効なのです。

❸ 問題解決の過程を授業に生かす

1　日常生活の探究の過程

　疑問や真理を追究していく過程は、探究の過程であり、その過程には共通する部分があります。理科で言えば科学的な探究の過程（小学校では問題解決の過程と呼んでいる）となり、原則として観察や実験を通しての過程となります。それは、観察や実験で実証できること、繰り返し観察・実験を行っても同じ結果が再現されることなどから、客観性を担保するのが科学（理科）のやり方だ

からです。しかし、この科学的な探究は日常生活でもごく普通に経験していることでもあるのです。探究の過程を①～⑦の流れと考えて例示してみます。まず、①あなたの目の前に私が懐中電灯を置いたとしましょう。置かれたので懐中電灯のスイッチを押しましたが、電気がつきません。②なぜつかないのか、原因をさぐろうとします。③つかない原因は、電池切れではないかと推察します。④もし電池切れだという仮説（予想）が正しいとしたらどうすればよいか確かめる方法を考えます。⑤そして、新しい電池に交換してみます。⑥ところがやはり電気がつきません。

③′再度原因を考えて、電球が切れているのではないかと推察します。④′電球切れが電気のつかない原因であることを確かめる方法を考えます。⑤′新しい電球と交換してみます。⑥′今度は懐中電灯がつきました。⑦この懐中電灯の電気がつかなかったのは、電池切れのせいではなく、電球が切れていたからだったと結論づけるでしょう。

このように探究の過程については、日常生活においても実は無意識に使っているのです。理科で行う探究については、観察や実験を伴うのが他の探究の過程とは異なりますが、探究の過程自体にはかなり共通点があるのです。しかし、例にもあげたとおり、探究の過程の流れは必ずしも一方向ではありません。流れを遡ってしまうこともあれば、過程の一部は省略されてしまうこともあります。このことは授業を行う際にもとても重要なことになります。もともと探究というのはフレキシブルな自由度の高いものです。探究の過程を意識しすぎるあまり、すべての過程を無理矢理に詰め込むようなものではないことを注意してもらう必要があります。

2 小学校理科での問題解決の過程

問題解決を行っている際に、今自分は問題解決の過程のどの辺りのことをやっているのかをわかっていることは重要です。その理由は、その先の探究の進むべき方向の見通しがもてることなどから、結果として探究が推進されるこ

とにつながるからです。したがって、理科という教科の中での「導かれた探究」ではあっても、問題解決の過程を児童に意識させることは大切なことになります。そのため、児童の思考や活動がこの流れに沿って起こりやすくなるように支援していくことが大切なのです。その支援のための環境づくりを行うのが教師の役割となります。環境づくりというのは、具体的には児童への再考を促すような質問であったり、時には実験道具の提示であったり、これまでの経験を想起させることだったり、様々な支援が考えられます。

●表 2-2 振り子の運動の授業の流れ

順序	問題解決の過程	児童の活動
1	自然の事物現象に対する気付き	いろいろな振り子（実物や映像）を見せて、振り子の速さが異なることに気付かせる。
2	問題の設定	どうしたら振り子の速さを速くできるかな？
3	予想や仮説の設定	・振り子の振り幅を広げれば速くなる ・振り子のひもの長さを長くすれば速くなる ・振り子の重りを重くすれば速くなる
4	検証計画の立案	◎振り幅の場合 （振り子のひもの長さと重りの重さは同じにして） 振り幅を 30 度のものと 45 度のものとで比較する。 振り子が 10 往復する時間を計る。
5	観察・実験の実施	実験を 3 回ずつ繰り返して行う。
6	結果の処理	3 回分の結果それぞれと 3 回分の平均時間を計算して、結果を表にまとめる。
7	考察	振り幅は 30 度、45 度では差がなく、他班の結果から重りの重さを変えても速さに差がなかった。振り子のひもの長さは、予想と違って短い方が速く振れた。
8	結論の導出	振り子の速さは、ひもの長さで決まり、ひもを短くすると速く振れる。

　ただ、単純に授業の流れを問題解決の過程を形式的になぞっただけでは、児童の思考の流れが問題解決の過程に沿って行われるとは限らないので、注意が必要です。

　第５学年のＡ区分「(2) 振り子の運動」では、例えば次のような流れで授業は進んでいくことが考えられます。

　このようにＡ区分の単元では、問題解決の過程を意識して授業を進めやすいです。一方、小学校第３学年の「(1) 身の回りの生物」のア(イ)には「昆虫の育て方には一定の順序があること。また、成虫の体は頭、胸及び腹からできていること。」と学習指導要領に記されています。この単元では、昆虫と出会わせて、検証できるような問題を児童が設定することは難しいと思われます。昆虫のこ

●図 2-2 問題解決の過程の多様性

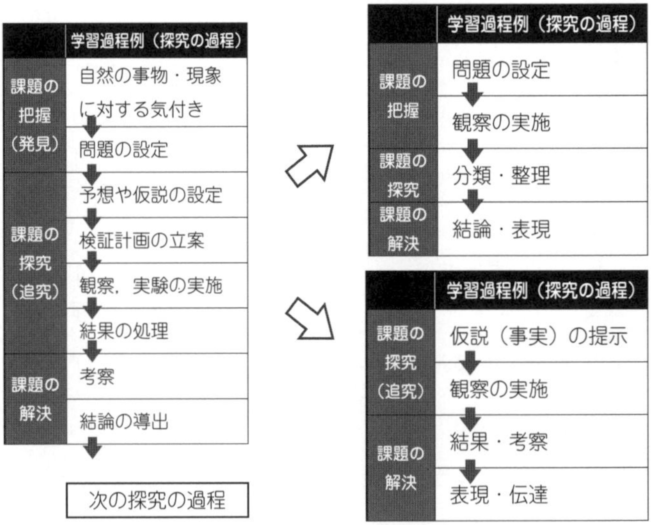

小学校理科における探究の過程は、問題解決の過程と呼ばれ、これまでも大切にされてきました。これからの授業においては、課題の把握（発見）、課題の探究（追究）、課題の解決という探究（問題解決）の過程を通じた学習活動を行い、図2-1 で示したようにそれぞれの過程において、理科で育成すべき資質・能力が育まれるよう指導の改善を図ることが必要です

とをよく知らないのに、「昆虫は、おそらく頭、胸、腹からできている」と児童が予想するようなことはありえないですよね。とすれば、児童を主体的にするような探究型の授業を行うとすればどのようにすればよいのでしょう。例えば、何種かの昆虫を提示して異なる部分や共通する部分を見つけさせていく中で、昆虫の共通性を引き出したりすることが考えられます。（図2-2 右上）

あまからコラム

自然の事物・現象に関する 気付きとは？

ほっておいて児童に気付きが生じるわけではありません。そこには、<u>教師からの仕掛け</u>が必要です。理科の場合、単元の中で指導する事項が定められているので、そこに向けての気付きを児童にしてもらう必要があります。気付きからは疑問が生じることもあります。疑問の中には、観察実験で解決することができる理科としての問題になるものがあります。つまり、問題解決の過程に児童がスムーズに入るためには良質の気付き（疑問）が必要なのです。

単元で学ぶ事項に関係する道具（例えば、電池や豆電球、コードなど）を児童に渡して自由に作業させる中で、児童に気付きを導くという方法もあるでしょう。また、少し日常とは異なる物や現象・反応などを取り上げて話をしたり、実際に教師が演示したりして、気付きを生じさせることも考えられます。しかし、気付きや疑問を生じさせる王道は、なんといっても「比較」です。しおれかかっているインゲン豆と元気なインゲン豆、電気がつく回路とつかない回路、強力な磁石と弱い磁石・・・「どうして片方は○○なのに、もう片方は△△なんだろう」という気付きや疑問が生じるのです。

　ただ、実際は差異点をみつけるのは児童にとっても易しいですが、共通点を見つけ出すのは意外に難しいものです。もう一つの方法としては、「昆虫というのは、あしが６本なんだって」と教師から事実（これは児童にとっては一種の仮説に相当します）を与えます。その後、じゃあ、どれが昆虫でどれが昆虫じゃないかを調べてみよう（検証していることになります）と授業をした方が自然です（図2-2左下）。このように単元によっては、そもそも８つの過程を想定すること自体が難しいものもあるのです。

3　主体的・対話的で深い学びと評価

　理科の授業であれば、問題解決（科学的な探究）の過程を体験する中で、「理科の見方・考え方」を働かせる場面を設定して、様々な知識がつながって、児童生徒の「素朴な思いや考え」がより「科学的な概念」となっていることが深い学びには必要となってきます。「主体的・対話的で深い学び」を実現する中で、理科の目標に記された(1)〜(3)の育成すべき資質・能力を育んでいくことになるのです。

　そして、授業を受けたことで深化した「理科の見方・考え方」を、児童が次の学習や日常生活などにおける問題発見・解決の場面で働かせているかなどを教師が見取っていく必要があります。児童生徒がどのような場面で「理科の見方・考え方」を働かせることができそうかを把握するためには、6〜9ページで示している『小学校・中学校理科の「エネルギー」、「粒子」、「生命」、「地球」を柱とした内容の構成』を参考にして小中学校を通しての単元間のつながりを意識して授業を行うことが大切となります。理科の「見方・考え方」については、児童が自ら用いることができているかどうかを様々な観点から評価して、それを児童にフィードバックしていくことが大切です。しかしながら、いわゆる評定に関しては資質・能力と示された「知識及び技能」「思考力，判断力，表現力等」「学びに向かう力，人間性等」に対して行うということなります。（図2-1）

あまからコラム

考察と結論

　結果と考察を意識的に分けることは、論理的な思考を行う上で重要です。科学的な思考は、当然論理的な思考を前提として成り立つので、結果と考察を意識的に分けておくことは大切なことです。<u>結果とは、実験や観察から直接得られた事実のこと</u>です。<u>その事実を基にして、解釈を加えたものが考察です。</u>実際には、この境界は明確でないこともあります。しかし、<u>大切なことは、言葉や文章で表現する際に、結果と考察との違いを意識しているかどうか</u>です。

　一方、結果と考察に比べれば、考察と結論との区別はそれほどこだわる必要はないと個人的には考えています。結論は、解決したいと思っていた問題や課題が自分の立てた予想や仮説に照らして検証されたのかどうかを述べる部分といえます。しかし、実験を一つだけ行って確かめる場合、児童は考察の中で自分の予想や仮説に照らして発言したり書いたりするので、考察の中で結論まで述べてしまうことになります。ただし、少し大きな学習課題や問題では、複数の実験を行って、検証するような場合（例えば、第5学年の「振り子の運動」など）があります。その場合には、それぞれの実験の結果と考察があって、その後それらの実験結果や考察をまとめて、結論を述べるという場合があります。

第3章

理科の授業をつくる

理科の授業をつくる

3章

Ⅰ 教員としてのお作法

　ここでは、小学校の理科の授業をつくる作法について、小学校学習指導要領（平成29年告示）（以下「指導要領」とします）及び同指導要領解説理科編（以下「解説」とします）を引用したり参考にしたり横道にバンバン外れたりしながら、各章との重複お構いなしにそのお作法となるポイントを説明していきます。

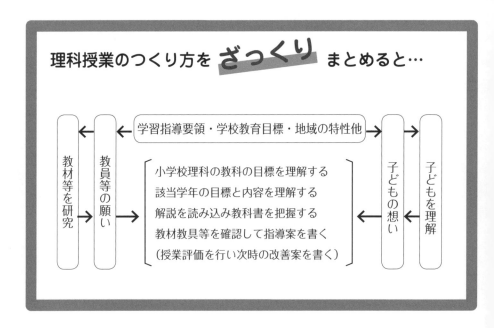

理科授業のつくり方を **ざっくり** まとめると…

学習指導要領・学校教育目標・地域の特性他

教材等を研究 → 教員等の願い →

- 小学校理科の教科の目標を理解する
- 該当学年の目標と内容を理解する
- 解説を読み込み教科書を把握する
- 教材教具等を確認して指導案を書く
- （授業評価を行い次時の改善案を書く）

← 子どもの想い ← 子どもを理解

❶ とりあえず‼
ーちゃんと指導要領（理科の目標）を読む

1 理科の目標を理解する

第2章　理科の目標及び内容　第1節　教科の目標

　自然に親しみ、理科の見方・考え方を働かせ、見通しをもって観察、実験を行うことなどを通して、自然の事物・現象についての問題を科学的に解決するために必要な資質・能力を次のとおり育成することを目指す。

(1) 自然の事物・現象についての理解を図り、観察、実験などに関する基本的な技能を身に付けるようにする。

(2) 観察、実験などを行い、問題解決の力を養う。

(3) 自然を愛する心情や主体的に問題解決しようとする態度を養う。

　何はともあれ、小学校で理科の授業をするからには、小学校理科の教科の目標については（もう暗記するぐらい理解しているから十分だよっていうまで）常に確認しましょう。

　とにもかくにも、「自然に親しませ」「理科の見方・考え方を働かせて」「科学的に解決するために必要な資質・能力を育成する」ということが先生の使命なのです。また、理科ですから学習の対象は自然事象です。もちろん、観察や実験を行うのは当然ですし、そのような中で自然事象に関する問題を発見して解決していくのが学習の過程になります。

　そして、その過程（学習活動）を通して身に付けさせる資質・能力については、学力の三要素（3つの柱）に沿ったものになります。［図3-1］に示したイメージを頭に描きつつ、理科という教科は、自然に親しんで、理科の見方・考え方

を働かせて、見通しを持って観察、実験などを行って、自然に関する問題を科学的に解決するために、「3つの柱に沿った資質・能力」を育成する教科なんだ!!と納得してください。

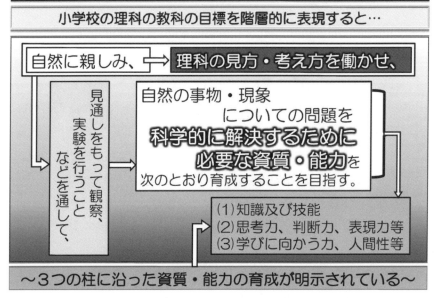

●図 3-1 小学校の理科の目標（イメージ図）

2　小学校の理科の「評価・評定」を意識する

　　小学校の理科の指導に関する学習の記録については、観点別学習状況及び評定について記入することになっています。

　　観点別学習状況については、理科の目標に照らして、その実現状況を観点ごとに評価して記入します。その際、「十分満足できる」状況と判断されるものを「A」、「おおむね満足できる」状況と判断されるものを「B」、「努力を要する」状況と判断されるものを「C」のように区別して評価を記入します。

　　評定については、理科の目標に照らして、その実現状況を総括的に評価して

記入します。「十分満足できる」状況と判断されるものを「3」、「おおむね満足できる」状況と判断されるものを「2」、「努力を要する」状況と判断されるものを「1」のように区別して評価を記入します。

　では、[表3-1]に示した「(仮想)通信簿」を例に考えてみましょう。一般的に、保護者も子供も（間違いなく）「評定」に着目します。まずは、3段階評定で「2」であることを確認するでしょう。そして（一呼吸おいてから）観点別評価に目を移すはずです。本来（観点別評価というのは）、3段階評定の根拠になっているわけですから、きちんとしたフィードバックが必要になります。

　また、「社会に開かれた教育課程」を実現するためには、このような評価・評定の考え方を明確にしていく必要があります。さらに、地域の人材に学習支援をお願いする場面も増えますから、評価に関する情報交換もオープンにしていく必要が生じるでしょう。

　評価・評定、責任重大です。子どもの一生を左右するかも知れません。覚悟が必要です。子どもの未来を拓くための学習評価や評定を実現するために、正しい知識と確かな技能を身に付けましょう。生涯自己研鑽、学び続けましょう！！

●表3-1 観点別学習評価と評定のイメージ

	観　点	評　価	評　定
理科	知識・技能	B	2
	思考・判断・表現	B	
	主体的に学習に取り組む態度	B	

● **観点別評価と評定ってどうちがうの** ●

　観点別評価とか評定は「指導要録」に記載（作成）されます。一般的には「通信簿」とか「成績表」とか「内申書」のように捉えられているかもしれません。この指導要録を作成しなければならない根拠の法令は次のとおりです。

学生の
みなさんへ

学校教育法施行規則第 24 条

校長は、その学校に在学する児童等の<u>指導要録</u>（学校教育法施行令第31 条に規定する<u>児童等の学習及び健康の状況を記録した書類の原本を</u>いう。以下同じ。）を作成しなければならない。　　　　　　※下線は筆者

3　理科の目標の「難語」に立ち向かう

　さて、本道に戻り理科の目標に記された言葉について説明していきます。

自然に親しみ、

　自然に「親しむ」のです。親しむというのは、きっと、「睦まじくする＝分け隔てなく気持ちをつなぐ」ということでしょう。親しくすることで不思議なことが見えてきたり、解決したくなったり、もっと観察や実験をしたくなったりするのでしょう。ということは、「自然に親しむ」場を作ることが授業を作る前提になるわけですね。

理科の見方・考え方を働かせ、

・理科の見方

　理科の見方とは、自然との「出会い」です。「視点」と表現されることが多いと思いますが、「目で見る」という意味ではありません。自然の事物・現象について「自分の知識や経験と照合する」ためのスキル（事象を自分の中に取り入れるためのものさし）だと考えればいいでしょう。

例えば、目の前にジャガイモがあるとします。大きさは？形は？色は？においは？重さは？体積は？手触りは？質感は？どこで？どのくらいの時間で？などなど、ジャガイモを認識するための「ものさし」がありますよね。状況に応じて様々なものさしを使い分けながら、矛盾や疑問から問題を発見していく、その過程の初期段階からずっと位置付くのが「理科の見方を働かせる」という活動なのです。何度も何度も「出逢い」を重ねていくことで、自然の事象に対する理解が深まるとともに「理科の見方」というスキルそのものもレベルアップするのです。

　「理科の見方」を働かせて「自然事象を認識する（自分の中に取り入れる）」イメージを［図 3-2］に示しました。いろいろな「ものさし」を（意識して・主体的に）使いこなす子どもの育成が大きなポイントになるでしょう。

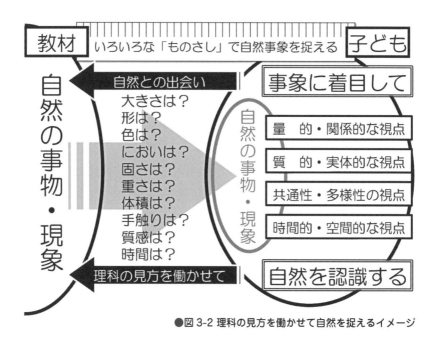

●図 3-2 理科の見方を働かせて自然を捉えるイメージ

理科の見方

　解説では、「理科の見方」について領域ごとの特徴から次のように整理してい
ます。

「エネルギー」を柱とする領域では、主として**量的・関係的な視点**で捉えること。

「粒子」を柱とする領域では、主として**質的・実体的な視点**で捉えること。

「生命」を柱とする領域では、主として**共通性・多様性の視点**で捉えること。

「地球」を柱とする領域では、主として**時間的・空間的な視点**で捉えること。

　これらの視点で自然の事物・現象を捉えることが、「理科の見方を働かせる」
ことになると考えておきましょう。　　　　　　　　　　　　　　　（**太字**は筆者）

- 理科の考え方

　理科の考え方とは、問題解決の過程で用いる「想いの寄せ方」です。「なぜ・
どうして」に対して「こうすれば・どうなるかな」と寄り添っていくスキル（自
然への寄り添い方、自然への親しみ方）だと考えればオシャレですね。これ
までの理科教育を作り上げてきた先達が最も大切にしてきた「問題解決のた
めの能力」と言ってもいいでしょう。

　「理科の考え方」を働かせて「自然事象を認識する（自分の中に取り入れる）」
イメージを［図3-3］に示しました。いろいろな「ものさし」を（意識して・
主体的に）使いこなす子どもの育成が大きなポイントになるでしょう。

　例えば、目の前にジャガイモがあるとします。様々な視点で捉えたあと（あ
るいは捉えたと同時に）、他のイモとの違いは？この窪んでいるところは？
土に植えたら？育てるのに肥料はいるの？切ったら？ゆでたら？味は？ヨウ
素液で調べたら？などなど、いろいろな想い（疑問）が生まれますよね。こ
のような問題を見いだす段階において「理科の考え方」が働きます。

そして、問題を解決するために「他のものと比べ」てみたり、「原因と結果を結びつけて考え」てみたり、「条件を変えて調べ」てみたり、「いろいろな側面から考え」てみたりする際にも「理科の考え方」が働きます。いや、働かせるように場を構成する（授業をつくる）のが教員の使命です。「条件を変えて結果を比較してみようよ」というような言葉が飛び交う理科を目指しましょう！

3

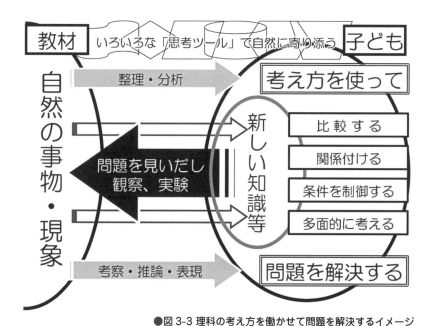

●図3-3 理科の考え方を働かせて問題を解決するイメージ

知っているとかっこいい **KEYword**

理科の考え方

解説では、比較、関係付け、条件制御、多面的に考えることなどといった「理科の考え方」のキーワードを次のように説明しています。

「比較」：複数の自然の事物・現象を**対応させ比べる**こと。

「関係付け」：自然の事物・現象を**様々な視点から結び付ける**こと。

「条件制御」：自然の事物・現象に影響を与えると考えられる要因について、どの要因が影響を与えるかを調べる際に、**変化させる要因と変化させない要因を区別する**こと。

「多面的」：自然の事物・現象を**複数の側面から考える**こと。

これらの考え方を活用しながら問題を解決していくことが、「理科の考え方を働かせる」ことになると考えておきましょう。

(**太字**は筆者)

 役に立ったり立たなかったりする話

「とりあえずビール‼」っていうけど、ビールに失礼なんじゃないですか？

居酒屋で、「お飲み物は何にしましょうか」と聞かれて「とりあえずビール！」と答えてしまうのはなぜでしょうか。いつ頃から・どういう状況で・どんな人が言い出したのでしょうか。世の中の事象に疑問を持つって、面白いですよね！ビールで続けるならば、なぜ「麦」ではなく「麦芽」を原料にするのでしょうか。「あの泡は何の泡？」「琥珀色になるのはなんで？」「風味と香りはどこから？」などなど疑問が沸いてきますよね。これらは立派な「理科の見方・考え方」なのです‼ただ飲みたくて飲んでるわけじゃないんです！勤務地以外で時間とお金をかけて教材研究をしているのですよ！… ねぇ、同輩・同士のみなさん？

　「科学」という人間が築き上げてきた（物心両面の）成果、それを他の文化と区別する基本的な条件を［表3-2］に示しました。ここから、「科学的に解決する」という文言に対しては、実証性、再現性、客観性が満たされているかを検討すると考えましょう。

　簡単に言えば、「観察や実験などで調べられないようなものは科学じゃないよ」「科学なら、いつ・どこで・何回やっても（同じ条件なら）結果が同じになるはずでしょ」「みんなに説明して『おお、それなら納得できるよ』『うん、言うとおりだね』って言ってもらえなきゃダメだよ」っていうことです。結果が違う班がひとつでもあったら、立ち止まり追究するのが科学（理科）なのです。

　まあ、正直なところ小学校の理科では（この３つ全てを）求めることは難しいと思います。しかし、「科学」というものの厳しさについては常に意識させるようにしてくださいね。ここを疎かにすると、似非（詐欺）科学に惑わされる人間になってしまい、お金を失ったり健康を害したりすることにつながります。「科学」というレベルに高めるためには相当な観察、実験の積み重ね（時間や手続き）が必要なことを体験・体感できるようにしましょう。

●表 3-2 科学的とはどういうことか

科学を他の文化と区別するための基本的な条件	
実証性	考えられた仮説が観察、実験などによって検討することができるという条件。
再現性	時間や場所を変えて複数回行っても同一の実験条件下では同一の結果が得られるという条件。
客観性	実証性や再現性を満足することにより、多くの人々によって承認され、公認されるという条件。

❷ その次に！！－カリキュラム・マネジメントを意識する

指導要領の総則では「カリキュラム・マネジメント」について、次のように定義するとともにその充実について説明しています。

　各学校においては，児童や学校，地域の実態を適切に把握し，教育の目的や目標の実現に必要な教育の内容等を教科等横断的な視点で組み立てていくこと，教育課程の実施状況を評価してその改善を図っていくこと，教育課程の実施に必要な人的又は物的な体制を確保するとともにその改善を図っていくことなどを通して，教育課程に基づき組織的かつ計画的に各学校の教育活動の質の向上を図っていくこと（以下「カリキュラム・マネジメント」という。）に努めるものとする。

1　教科横断的な視点を持つ

　何はさておき、指導要領、自分が担当している学年の「他教科等」を読みましょう。斜め読みレベルでもOKです。これは、カリキュラム・マネジメントの観点から、特に重要な（授業創りの）ポイントになります。

　特に、「教育の目的や目標の実現に必要な教育の内容等を教科等横断的な視点」で組み立てるという部分を十分に意識して、「組織的かつ計画的」に教育活動の質の向上を図るように努めましょう。

　理科で身に付けた（身に付けつつある）資質・能力を他教科等の学習活動で意識（想起）させれば、記憶としても強化されるのは間違いないわけです。学校として、学年団として（専科の教員とも連携しながら）組織的・計画的に教育活動を創り上げましょう。

　[図3-4] を見てください。真ん中に理科で育てたジャガイモがあります。このジャガイモをいろいろとつないでいきますよ。産地を社会科の視点で考え

ます（なぜ、その都道府県の特産品なのか？）。家庭科で調理します（なぜ、水から茹でるのか？）。図画工作科で感じたことを表します（ジャガイモを立体で表すのに相応しい材料は？）。国語科においてジャガイモから想像したことを基に詩をつくります（感じたことを伝えるためには？）。そして、その詩を基に音楽科で音楽づくりをします（創作用ソフトウェアを使えないかな？）。最後に、総合的な学習の時間を活用して「ジャガイモなんでも学習発表会」を開催します。このジャガイモのように（できるできないはともかく）、理科の素材を他の教科等で教材化しながら「資質・能力でつなぐ」イメージを想い描いてみましょう。

　もちろん、他教科等の素材を理科の教材として結びつけるのもいいですね。当然ですが、指導要領から大きく逸脱するようなものや子どもの負担過重になるようなものは御法度です。ただし、萎縮することはありません。子どもの未来を拓く目的において、可能な範囲でのびのびとイメージを描きましょう。カリキュラム・マネジメントは、これまでの枠にとらわれない授業創り（みなさんのアイディア）を期待しているのです！

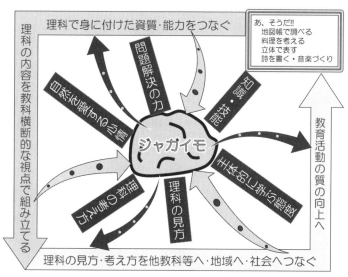

●図3-4 ジャガイモから考えるカリキュラム・マネジメント

2　地域の実態を把握＋人材発掘の視点を持つ

　学校全体として（適材適所で）日々授業改善を行い、教育活動の質を向上させるとともに、学習の効果の最大化を図るカリキュラム・マネジメントに努めることは教員の使命です。しかしながら、学校だけ、教職員だけの取り組みには限界があるのも事実です。

　だからこそ、地域の実態を適切に把握しながら、よりよい教育活動を実現するための物的（様々な施設など）・人的（ちょっとした支援者、その道の達人などの）「お宝」を発掘しましょう。数え切れないほどの支援施設・支援者・支援体制が埋まっているはずです。

　封建的・閉鎖的・癒着的な学校運営は負の遺産です。未来の子どもたちのために真の意味における「社会に開かれた教育課程」を実現させましょう！

あまからコラム
カリキュラム・マネジメントのための
時間を生み出すことができません‼

　小学校の場合は全教科を担任が指導する（のが前提の）はずですから、他教科等の目標や内容はもちろんのこと、学習時期及び時間のまとまりを見通しているのはあたり前田のクラッカーと言われてしまいます。もちろん、カリマネ（←筆者内の通称です）の価値はわかっていますから勉強したい。もっと子どもを笑顔にするために研究したい。それでこそプロの教員です。しか〜し！働き方改革が進んでも、勤務時間中に授業を深く研究することは不可能でしょう。学校に残りたくても「早く帰れ！」と追い出されたり？

　となると、勤務時間外に時間を作り出すしかないですよね。つまり、勤務地ではない場所で自分の時間（と場合によってはお金）を使って授業研究やスキルアップに取り組まざるを得ない…教育界でもこのような行為を「努力」と呼んでいます。もちろん、努力は義務ではありませんから、別にいいんですよ、時間内にできることだけをしっかりやって、午後5時過ぎたら居酒屋行って「とりあえずビール！」…ねぇ。

1 まずは、指導要領 !!
－学年目標と学年内容を理解する

1　授業をする学年の目標を理解する

　　小学校の理科の教科の目標について（とりあえず）理解できたとしましょう。次は、学年目標と学年内容の理解です。それぞれの正当な読み込み方については、第2章で述べていますので、ここでは、軽く流しながら（実は深く）説明をしていきます。で、ここからは例となる学年と内容があったほうがわかりやすいので、第3学年の「磁石の性質」の「授業をつくる」と想定して進めていきます。

●学年の目標

　　まず、第3学年の目標を見てみましょう。

〔第3学年〕 1 目標

(1) 物質・エネルギー

①　物の性質，風とゴムの力の働き，光と音の性質，磁石の性質及び電気の回路についての理解を図り，観察，実験などに関する基本的な技能を身に付けるようにする。

②　物の性質，風とゴムの力の働き，光と音の性質，磁石の性質及び電気の回路について追究する中で，主に差異点や共通点を基に，問題を見いだす力を養う。

③　物の性質，風とゴムの力の働き，光と音の性質，磁石の性質及び電気の回路について追究する中で，主体的に問題解決しようとする態度を養う。

---

(2) 生命・地球

①　身の回りの生物，太陽と地面の様子についての理解を図り，観察，実験などに関する基本的な技能を身に付けるようにする。

②　身の回りの生物，太陽と地面の様子について追究する中で，主に差異点や共通点を基に，問題を見いだす力を養う。

③　身の回りの生物，太陽と地面の様子について追究する中で，生物を愛護する態度や主体的に問題解決しようとする態度を養う。

　各学年の目標は、学習の対象となる教材等（自然の事物・現象）の特性や、それに対峙したときの子どもの反応・活動等（見方・考え方）により、⑴に「Ａ物質・エネルギー」の内容区分、⑵に「Ｂ生命・地球」の内容区分が示されています。

　そして、それぞれの内容区分ごとに、①から③に分けて、理科で育成する資質・能力の３つの柱（学力の３要素）を整理して示しています。

　①には習得する知識の内容、②には重点を置いて育成を目指す問題解決の力、③には主体的に問題解決しようとする態度と（Ｂ領域においては）生物を愛護する態度や生命を尊重する態度が示されています。

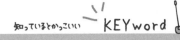

知っているとかっこいい　KEYword

内容の構成の系統性

　「Ａ 物質・エネルギー」は中学校理科の「第１分野」に、「Ｂ生命・地球」は中学の「第２分野」につながります。

　また、高等学校では全体が「科学と人間生活」につながるとともに、物質が「化学基礎・化学」等に、エネルギーが「物理基礎・物理」等に、生命が「生物基礎・生物」等に、地球が「地学基礎・地学」等へとつながっていきます。

●学校教育法と目標●

　学年の目標（①～③）が学力の３要素と結び付く根拠の法令は次のとおりです。第３０条第２項については、授業づくりのお作法として諳んずることができるようにしましょう。

学校教育法第 29 条，第 30 条

第 29 条　小学校は、心身の発達に応じて，義務教育として行われる普通教育のうち基礎的なものを施すことを目的とする。

第 30 条　小学校における教育は，前条に規定する目的を実現するために必要な程度において第 21 条各号に掲げる目標を達成するよう行われるものとする。

2　前項の場合において，生涯にわたり学習する基盤が培われるよう，①基礎的な知識及び技能を習得させるとともに，②これらを活用して課題を解決するために必要な思考力，判断力，表現力その他の能力をはぐくみ，③主体的に学習に取り組む態度を養うことに，特に意を用いなければならない。

　●下線及び○番号は筆者（第30条第２項は中学校及び高等学校に準用）

●学年の目標を「磁石の性質」の見方で絞れば…

　第３学年の理科の目標から、「磁石の性質」の単元に関連する部分のみを強引に抽出して下に示してみます。

〔第３学年〕

１　目標　　　　　　　　　　　※「磁石の性質」の単元に限定して筆者が編集

(1) 物質・エネルギー

　① 磁石の性質についての理解を図り、観察、実験などに関する基本的な技能を身に付けるようにする。

　② 磁石の性質について追究する中で、主に差異点や共通点を基に、問題を見いだす力を養う。

　③ 磁石の性質について追究する中で、主体的に問題解決しようとする態度を養う。

　ここから、さらに「評定」までを観点にして、「教員として育てなければならない資質・能力の３つの柱」をスッキリさせると、

第３学年「磁石の性質」

　① 磁石の性質についての理解、磁石の実験に関する基本的な技能

　② 主に差異点や共通点を基に、問題を見いだす力

　③ 主体的に問題解決しようとする態度

が抽出できます。これがこの単元の目標として明確になるわけです。

　これで、学年の目標から単元の目標をイメージすることができました。次は、学年の内容（「磁石の性質」の内容）を読み取っていきましょう。

2 授業を考える学年の内容を把握する

●第３学年「磁石の性質」の内容を読み取る

　学年の内容という表現をしていますが、実際はそれぞれの単元（あるいは大単元）の学習目標（育成を目指す資質・能力、目指すべき子どもの姿、評価する際の項目）が示されていると考えてもいいでしょう。

> ２ 内容　A 物質・エネルギー
>
> (4) 磁石の性質
>
> 　磁石の性質について，磁石を身の回りの物に近付けたときの様子に着目して，それらを比較しながら調べる活動を通して，次の事項を身に付けることができるよう指導する。
>
> ア 次のことを理解するとともに，観察，実験などに関する技能を身に付けること。
>
> 　(ア) 磁石に引き付けられる物と引き付けられない物があること。また，磁石に近付けると磁石になる物があること。
>
> 　(イ) 磁石の異極は引き合い，同極は退け合うこと。
>
> イ 磁石を身の回りの物に近付けたときの様子について追究する中で，差異点や共通点を基に，磁石の性質についての問題を見いだし，表現すること。
>
> （内容の取り扱い）
>
> (1) 内容の「A 物質・エネルギー」の指導に当たっては，３種類以上のものづくりを行うものとする。
>
> (2) 内容の「A 物質・エネルギー」の (4) のアの(ア)については，磁石が物を引き付ける力は，磁石と物の距離によって変わることにも触れること。

この学年の内容を読み取る観点とマーカー・キーワードは、［表3-3］に示した「6型＋1（内容の取り扱い）」になります。どの単元も同様に構成されているので、「読み取り型」として身に付けましょう。

では、ひとつずつ説明を加えていきます。

●表 3-3 指導要領の「読み取り型 6+1」

順序	読み取り項目	🖊マーカー・キーワード
1	学習の対象	～について
2	理科の見方（視点）	～に着目して
3	理科の考え方	～調べる活動を通して
4	習得する知識と身につける技能	ア　　　…大文字
5	もつことが期待される対象についての知識	(ア)(イ)(ウ)　…小文字
6	育成を目指す思考力・判断力・表現力等	イ　　　…大文字
+	内容の取り扱い	（単元による）

1）学習の対象

「磁石の性質について…」のように、「ついて」までの部分にこの単元で「学習する対象」が示されています。

2）事物・現象を捉えるための視点

「磁石を身の回りの物に近付けたときの様子に着目して…」のように、「着目して」までの部分にこの単元で働かせる「理科の見方」が示されています。

この「磁石の性質」の単元は「エネルギー」を柱とする領域なので、主として「量的・関係的」な視点で捉えようとしたときに、磁石を身の回りの物に近付けたときの様子に着目して、問題解決の活動を行うと考えましょう。

3）資質・能力を身に付けるために考え方を働かせた活動

「…比較しながら調べる活動を通して…」のように、「活動を通して」までの部分にこの単元で働かせる「理科の考え方」が示されています。

4）習得する知識と身に付ける技能

アについては（⑦⑦も含めて）、育成を目指す資質・能力のうち、「習得する知識」と観察、実験などに関する「技能」を身に付けることが示されています。

5）もつことが期待される対象についての知識

⑦、⑦の内容は、学習の結果として子どもがもつことが期待される「対象（磁石の性質）」についての知識が示されています。

6）思考力、判断力、表現力等

イについては、育成を目指す資質・能力のうち、「思考力、判断力、表現力等」の内容が示されています。

＋）内容の取り扱い

内容の取り扱いが付されている単元について（ここに示された内容の範囲や程度等を示す事項）は、全ての子どもに対して指導するものと考えましょう。もちろん、「学校において」特に必要のある場合は発展的な内容を加えても問題ありません。（あなたの「学級だけで」好き勝手したりするのもちのロンロン御法度ですよ。）

さて、ここまで述べてきた６つの観点と、その「マーカー・キーワード（下線を付した部分）」を指導要領に無理矢理入れ込むと次のようになります。

🖊 **マーカー・キーワードと指導要領**

２ 内容　Ａ 物質・エネルギー

(4) 磁石の性質　　　　　　　　　※キーワード等に着目して筆者が編集

学習の対象 ＝ 磁石の性質について、

理科の見方 ＝ 磁石を身の回りの物に近付けたときの様子に着目して、

理科の考え方 ＝ それらを比較しながら調べる活動を通して、
次の事項を身に付けることができるよう指導する。

習得する知識と身につける技能 ＝ ア
　次のことを理解するとともに、観察、実験などに関する技能を身に
付けること。

もつことが期待される対象についての知識

　(ｱ) 磁石に引き付けられる物と引き付けられない物があること。
　　また、磁石に近付けると磁石になる物があること。

　(ｲ) 磁石の異極は引き合い、同極は退け合うこと。

思考力・判断力・表現力 ＝ イ
　磁石を身の回りの物に近付けたときの様子について追究する中で、差異点や共通点を基に、磁石の性質についての問題を見いだし、表現すること。

---

❷ そして、解説!!−正しく読み取り教科書を研究する

1 授業をつくる単元の解説を制覇する

　理科の目標、学年の目標、そして、学年の内容（該当する単元の内容）と、ここまでは指導要領があれば読み取ることができる内容でした。ここからは「解説」の出番です。第3学年「磁石の性質」の解説を読み取っていきましょう。

　各学年の内容の解説を読み取る観点とマーカー・キーワードは、［表 3-4］に示した「7型」になります。どの単元（あるいは大単元）の解説もほぼ同様に構成されているので、「読み取り型」として身に付けましょう。それぞれの「型」の説明後に、「マーカー・キーワード」や重要単語に下線を付した解説を示しますので、読み取りの練習資料として活用してください。

●表 3-4 解説の「読み取り型 7」

順序	読み取り項目	✏ マーカー・キーワード
1	概念と系統性	本内容は〜つながるものである
2	学習のねらい	ここでは〜ねらいである
3	学習活動の解説	(ア)(イ)(ウ)　…小文字
4	学習の対象とその扱い方	対象としては〜考えられる：対象 使用する際には〜指導する：扱い方
5	学習の留意点	当たっては〜ようにする
6	日常生活との関連	関連として〜考えられる
7	事故防止	なお、〜指導する

1）概念と系統性

　「本内容は…つながるものである。」の文において、「エネルギー」、「粒子」、「生命」、「地球」の科学の基本的な概念等の柱のうち、どの概念等に関わるのかを示すとともに内容の系統性を示しています。「磁石の性質」では、エネルギーの「エネルギーの捉え方」と「エネルギーの変換と保存」に関わるものであり、第5学年「A(3) 電流がつくる磁力」への系統性が示されています。

> 　本内容は、「エネルギー」についての基本的な概念等を柱とした内容のうちの「エネルギーの捉え方」、「エネルギーの変換と保存」に関わるものであり、第5学年「A(3) 電流がつくる磁力」の学習につながるものである。

2）学習のねらい

　「ここでは… ねらいである。」の長い一文において、「磁石の性質」の学習のねらいが示されています。まず、「…着目して（理科の見方＝量的・関係的な視点）」があり、「…活動を通して（理科の考え方＝比較しながら調べる活動）」が示され、育成を目指す「理解（習得する知識）と技能」と「力（差異点や共通点を基に問題を見いだす）」と「態度（主体的な問題解決）」の3つの柱が明示されています。このことより、この部分を「磁石の性質」の学習における単元目標と考えることができます。

> 　ここでは、児童が、磁石を身の回りの物に近付けたときの様子に着目して、それらを比較しながら、磁石の性質について調べる活動を通して、それらについての理解を図り、観察、実験などに関する技能を身に付けるとともに、主に差異点や共通点を基に、問題を見いだす力や主体的に問題解決しようとする態度を育成することがねらいである。

3）学習活動の解説

　「磁石の性質」の内容で示された㋐、㋑のそれぞれについて（アとイを一体化させた形で）、学習活動の具体を解説しています。「…着目して」までの部分において「磁石の性質」を捉える視点（理科の見方）を示すとともに、「…調べる」までの部分において（３年で重視する）「比較」という理科の考え方と活動が説明されています。そして、「これらの活動を通して…捉えるようにする（触れるようにする）」といういくつかの文において、育成を目指す思考力、判断力、表現力等と、もつことが期待される対象についての知識などが示されています。実際は、この部分を中心として「教科書」が作成されていると考えてください。「なにを教材として・どのくらいの時間配分で・どのような学習活動が組まれているか」を観点として教科書を研究しましょう。

● ㋐の内容について

㋐ 磁石を身の回りの物に近付けたときの、物の様子や特徴に着目して、それらを比較しながら、磁石に引き付けられる物や引き付けられない物を調べる。これらの活動を通して、差異点や共通点を基に、磁石の性質についての問題を見いだし、表現するとともに、磁石に引き付けられる物と引き付けられない物があることや、磁石に引き付けられる物には、磁石に近付けると磁石になる物があることを捉えるようにする。また、磁石に物が引き付けられる力を手ごたえなどで感じとったり、磁石を方位磁針に近付けて、その動き方を調べたりして、磁石と物との間を開けても引き付ける力が働いていることを捉えるようにする。その際、磁石が物を引き付ける力は、磁石と物の距離によって変わることにも触れるようにする。

> **●(イ)の内容について**
>
> (イ) 二つの磁石を近付け、磁石が相互に引き合ったり、退け合った
> りする様子に着目して、それらを比較しながら、磁石の極を調
> べる。これらの活動を通して、差異点や共通点を基に、磁石の
> 性質についての問題を見いだし、表現するとともに、磁石の異
> 極は引き合い、同極は退け合うことを捉えるようにする。また、
> 磁石を自由に動くようにしたときの、磁石が動いたり止まった
> りする様子から、磁石には形や大きさが違っていてもいつも南
> 北の向きに止まるという性質があることを捉えるようにする。
> その際、北の方向を指している端を「Ｎ極」、南の方向を指して
> いる端を「Ｓ極」と名付けていることに触れるようにする。

　(ア)と(イ)に記載されている学習活動の解説を読むと、指導要領の学年の内容からは読み取ることができなかった具体が見えてきます。例えば、「手ごたえなどで感じ取ったり」「方位磁針に近付けて」などの部分です。また、指導要領には記載されていなかった事項にも気が付くと思います。例えば、「磁石を自由に動くようにしたときの…いつも南北の向きに止まるという性質」や「北の方向を指している端を「Ｎ極」、南の方向を指している端を「Ｓ極」と名付けている」の部分です。この指向性の内容については、解説を読み込むことで（初めて）浮かび上がってくるのです。

4）学習の対象とその扱い方

　「ここで扱う対象としては… 考えられる」の文において、「磁石の性質」を学ぶ学習の対象が示されています。そして、「これらを使用する際には…指導する」の文では、「磁石の性質」を学ぶ学習の対象に対する扱い方が解説されています。

> ここで扱う対象としては、児童が扱いやすい棒磁石やU字型磁石などが考えられる。これらを使用する際には、磁気カードなど磁気の影響を受けやすい物に近付けないなど、適切な取扱いについて指導する。

5）学習の留意点

「ここでの指導に当たっては…ようにする」の文において、「磁石の性質」の指導に当たって留意すべき点などが示されています。この単元では表の活用や説明する活動など言語活動の充実が記されています。他の学年や内容においては、コンピュータや情報通信ネットワークなどの活用、直接体験の充実、他教科等との関連、博物館や科学学習センターなどとの連携などといった観点から、指導に当たって留意すべき点などが示されています。

> ここでの指導に当たっては、磁石に引き付けられる物、引き付けられない物を調べる際に、実験の結果を表などに分類、整理するなど、磁石の性質について考えたり、説明したりする活動の充実を図るようにする。

6）日常生活との関連

「日常生活との関連として… 考えられる」の文において、「磁石の性質」と日常生活をどのように関連させるかが示されています。

> 日常生活との関連として、身の回りには、磁石の性質を利用した物が多数あることを取り上げることが考えられる。

7）事故防止

「磁石の性質」の解説には示されていませんが、安全上の配慮が必要な単元では、「なお、…指導する」という文が解説の最後に位置付いています。例えば、同じ3年生の「電気の通り道」では、「なお、豆電球などを使わ

ないで、乾電池の二つの極を直接導線でつなぐことのないようにするなど、安全に配慮するように指導する。」と示されています。事故防止のために留意すべき点が示されていると覚えておいてください。

> なお、…指導する。（「磁石の性質」では示されていません。）

2　授業で使う教科書を研究する

では、これまでに説明してきた指導要領及び解説の内容を頭に浮かべながら、教科書の該当単元「じしゃくのひみつ」をサクッと研究していきましょう。

●単元名●

　指導要領や解説で示されている「磁石の性質」という単元名は、教科書では「じしゃくのひみつ」のように子ども主体の単元名に変えています。また、内容が多い大単元については、いくつかの単元に分けて記載しています。

●導入段階における「理科の見方・考え方」を働かせる授業

まずは、第1次の導入（の授業）をどのように作っているかを見てみましょう。［図3-5］に教科書の例を示しました。磁石を身の回りの物に近付ける活動では、「何を」身の回りの物として準備しているか、「理科の見方・考え方」を働かせるための工夫（指導法）はどのようになされているかなどをチェックしていきましょう。解説に示されている内容と教科書を照合しながら「なるほど、この記述をこのような学習で実現させているのか」と納得できるようになれば、導入段階は（ある程度）理解できたと考えていいでしょう。

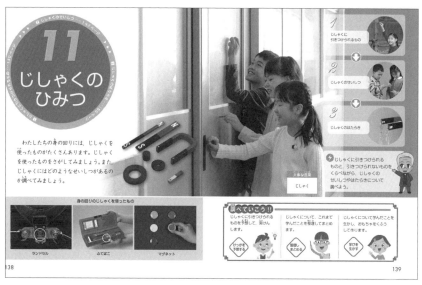

●図 3-5 教科書例－差異点や共通点を意識する活動へ

●図 3-6 教科書例－問題を見いだし表現する活動へ

●「思考力、判断力、表現力等」を育成する授業

　次に、第1次における資質・能力の育成場面（授業）を見てみましょう。［図3-6］に示したのは、磁石に引き付けられる物を探す活動を通して「じしゃくは、どのようなものを引きつけるのかな？」という問題を見いだす場面です。

　子どもは、磁石に引き付けられる物を探すときに様々な「着目点＝理科の見方」を働かせています。「銀色の物」「固い物」「冷たい物」「金属の物」「電気を通す物」「重い物」など、様々な「ものさし」を使いながら磁石につく物を追究していきます。「銀色でもプラスティックは…」「10円玉は電気を通したけど…」「黒板は木で作られていると思うけど…」のように「比較しながら調べる」理科の考え方を働かせ、差異点や共通点を基に問題を見つけ表現するのです。

　ここでは簡単に説明しましたが、「思考力、判断力、表現力等」という資質・能力を育成する授業は容易に作れるものではありません。教科書の構成、使われている写真や図、キャラクターの発言など、ひとつひとつの「意味」を解説に示された内容と関係付けながら読み解いていきましょう。

学生の
みなさんへ

●教科書の使用義務●

　教科書とは「教科課程の構成に応じて組織排列された教科の主たる教材として、教授の用に供せられる児童又は生徒用図書」と定められています。それはともかく、教科書に「使用義務」があることだけは下の根拠法とともに（お作法として）覚えておきましょう。

学校教育法　第34条

第21条　小学校においては、文部科学大臣の検定を経た教科用図書又は文部科学省が著作の名義を有する教科用図書を使用しなければならない。（第34条は中学校及び高等学校に準用）

●言語活動を充実を図る授業

　最後に、第1次における指導上の留意点を、教科書ではどのように表現しているかを見ておきましょう。[図3-7]では、「じしゃくに引きつけられるもの」を調べた結果を表に分類、整理する授業を想定しています。「表を作成する・活用する」という言語活動を充実させることも大切な目標です。子どものノートやそれを補う板書を考えながら（自分の）授業をイメージしていきましょう。

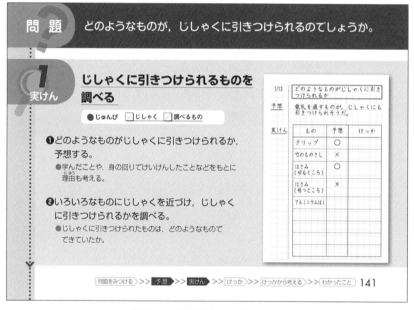

●図 3-7 教科書例－ 実験の結果を表に分類、整理する活動へ

Ⅲ　理科指導案の書き方

🔟 教員に見習い期間はない!! −まずは型を理解する

1　教員として一人前であることをアピールするために

　教員になると、生涯付いて回るのが「学習指導案を書いてくださいね」という上司の指図です。「え〜、また指導案を書くの〜、働き方改革に逆行してない?」と思うかも知れませんが、これは「プロ」の仕事なのですから「喜んで!!」書くように心がけましょう。

　さらに、これからの時代は「社会に開かれた教育課程」を実現していくわけですから、誰が読んでも(教育界から遠い世界にいる人々にも)わかるような指導案を書けるようになるといいですね。もちろん、誰にでもわかるように書くということは難儀なことです。指導要領や解説をより深く理解していなければできません。でも大丈^{ブイ}Ⅴ。ここまでの読み取り方を確実に実行すれば可能です。

　では、何を・どのように書けばいいのでしょうか。ここでは、「公式」と思われる様式を例に、イメージをつくっておきます。

●オーソドックスな項目から考えてみましょう

　教育界というのはなかなか封建的で保守的な世界ですから、指導案の書き方(項目等)も県や地域や学校で守り続けていることが多いと思います。旧態を守るというのは決して悪いことではありません。意味があり、教育効果があり、有効的だからこそ、その書き方を踏襲しているはずです。「郷に入っては郷に従え」。四の五の言わずに書いてみましょう。書いて書いて書いてみてから、子どもの実態や時代に即したより良い指導案を提案できるといいですね。

　ということで、オーソドックスな項目を見ていきましょう。[表3-5]を

見てください。通常、私が書く指導案の項目等を提示しました。日本全国で理科の授業をしていますが、だいたいこの程度を記載しておけば問題なく受け入れられます。

●表 3-5 学習指導案の一般的な記載項目例

第３学年３組　理科学習指導案

授業者（指導者）　常葉太郎左衛門

日　時：2024 年 5 月 28 日（火）第 3 校時 10:30-11:15
場　所：常葉大学教育学部附属橘小学校　第 3 理科室
児　童：第 3 学年 3 組 32 名（4 名×8 班）
単元名：「じしゃくのひみつ」（A ⑷「磁石の性質」）
教科書：学校図書小学校理科 3 年 138 〜 155 ページ

1. 単元について、単元の系統性
2. 単元の目標、単元のねらい、この単元で育てる資質・能力
3. 単元の内容、この単元の学習活動、単元の学習上の留意点
4. 単元の評価、この単元における学力の三要素の評価
5. 単元と児童、学級経営と理科、児童の実態、クラスのこれまで
6. 日常生活との関連、他教科等との関連、学校目標との関連
7. 単元の指導計画（○○時間計画）
   第 1 次（○時間）この次を通して育てる資質・能力...
   第 2 次（○時間）この次を通して育てる資質・能力...
   第 3 次（○時間）この次を通して育てる資質・能力...
8. 本時の計画（第○次−第○時、○／○）
   ⑴ 本時の目標、本時で育てる資質・能力
   ⑵ 本時の展開、４５分間の流れ、学習の過程、事故防止
   ⑶ 本時の評価、学習到達度と評価基準、評価規準と評価方法
9. 板書計画、視聴覚機器の活用、スライドショー
10. ノート計画、資料、ワークシート、ルーブリック
11. 座席表、個別支援、座席配置の意味

2　まずは指導要領と解説を引用して書いてみる

　それぞれの項目については、Ⅱで詳細に述べてきた内容を理解すれば書き進められると思います。大概、指導要領や解説に述べられている順を意識して「指導案の項目」が成立していますから、読み取りながら該当部分に記載していけば問題ありません。

　特に「フォーマルな場合（研究授業とか指導主事が訪問するとか）」は、指導要領及び解説の文言を引用して書きましょう。（若いうちは）異論があったとしても、真っ向から反対するような内容は指導案には書かないのが通常（教育界の流儀）です。「守・破・離」＝まずは、型をしっかり身に付けてから「型破り」の可能性を検討するといいですね。

　ということで、実際に指導案を書く際には、Ⅱで示した **[表1-4] 解説の「読み取り型7」**（p.29）を活用してください。さらに（学生のみなさんのレベルアップを考えて）、[表3-6] に「解説に記載されている内容」と「指導案に書く場合の該当項目」を「対照表」として示しますので、それぞれを参照しながら、あるいは先輩の指導案を参考にしながら、「自分の力で」書いてみましょう。

●表3-6 解説の内容と指導案の項目との対照例

記載順	解説に記載されている内容	指導案に書く場合の項目例
1	概念と系統性	単元について、単元の系統性
2	学習のねらい	単元目標、単元のねらい
3	学習活動の解説	単元の指導計画、本時の計画
4	学習の対象とその扱い方	単元の内容、単元の学習活動
5	学習の留意点	単元の学習上の留意点
6	日常生活との関連	日常生活との関連
7	事故防止	本時の展開（事故防止）

もっと詳しく、単元とは何かを学びたい、単元の指導計画の書き方を知りたい、本時の展開の具体的な内容を教えてほしいなど、ノウ - ハウやハウ - ツーを身に付けたい場合は、本書と「一対」になる『言語力を重視したみんながわかる理科教育法（レベルアップ授業力−小学校理科）』を参照してください。旧指導要領を前提としていますが、基礎・基本的且つ本質的な部分を知りたい場合（あるいは学部生のみなさん）はこちらから読むといいでしょう。

3　教科書と教師用指導書（＋赤刷り）を大いに参考にする

　Ⅱの最後で説明したように、指導案を書く際に「教科書」を研究するのは「至極当然」のことです。教科書の該当単元をよく読み込み、指導案に活かしていきましょう。また、学校では「教師用指導書」を購入していると思います。学年で１セットの場合もあると思いますが、大いに参考にしてください。

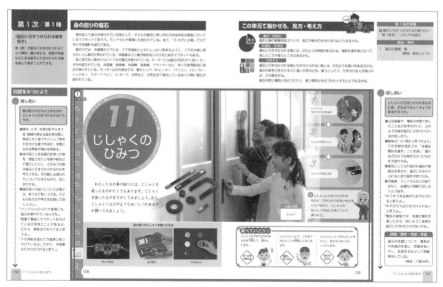

●図 3-8 教師用指導書の一例

[図3-8] に「教師用指導書」の一例を示しました。これは通称「赤刷り＝教師用虎の巻」と揶揄されている指導書です。どうぞ、遠慮無く、堂々と引用してください。すべてを自分で研究して、教材も人数分開発して…という「ゆとり」と「理科に関する知識や技能」のある先生は別ですが、能力と意欲は十分にあったとしても、時間はないでしょう。

　もちろん、赤刷りを読んだだけで指導案が書けるわけではなく、ましてや授業ができるわけではありません。しかし、教科書の使い方や発問のコツ、実験のために準備する物や注意点、板書の方法やノートへのまとめ方、そして、教員として知っておきたい知識事項など、様々な「ヒント」が書かれていますので、何はともあれ「一読」するようにしましょう。様々な参考文献を調べる時間はありません。何は無くとも「指導書」なのです。

2 プロの仕事として指導案を書く!!
－想いを自由に表現する

1　自由にテーマを設定して授業をする場合は

　初任研、2年研、5年研、あるいは毎年の校内研修等において「自分でテーマを決めて授業研究をする（その結果を教育論文にまとめて提出する）」という課題が出されることも少なくありません。しかしながら、「自分でテーマを決めて」という部分に時間がかかって、なかなか進まないのが実情ではありませんか？

　そんなときは、[図3-9] に示したように、「子ども」を中心に据えて「自分は何ができるのか」「何を考えなければならないのか」などを書き出してみるといいでしょう。その活動を通して、「今、問題が生じていること」「もっと工夫ができること」が見えてくれば、それが課題のひとつになります。

　もし、指導案が必要ならば、[表3-5]（p.39）に示した通常の指導案に「テー

マ設定の理由」、「仮説」、「方法」などを書き足していけばＯＫです。課題の解決までは、理科の授業の流れと同じですからプロっぽく書き進めていきましょう。

●図3-9 プロとして何を研究するかを考える

2 指導要領を単元という観点から追究する必要がある場合は

指導要領、第3「指導計画の作成と内容の取扱い」では、指導計画作成上の配慮事項として、

(1) 単元など内容や時間のまとまりを見通して、その中で育む資質・能力の育成に向けて、児童の主体的・対話的で深い学びの実現を図るようにすること。その際、理科の学習過程の特質を踏まえ、理科の見方・考え方を働かせ、見通しをもって観察、実験を行うことなどの、問題を科学的に解決しようとする学習活動の充実を図ること。

が、「主体的・対話的で深い学びの実現に向けた授業改善」として示されています。ここで大切にしたいのは「単元」という「まとまり」です。

　単元の中で育む「資質・能力の育成」という観点は、学生や初任者のみなさんには（意味はなんとなくわかってたとしても）本質的なイメージは描けないと思います。そんなときは、[図3-10] に示したように、レベルアップ（和製英語）をしながら小ボス→中ボス→大ボスと順に倒していく「ＲＰＧ」を想起してもらえればわかりやすいのではないでしょうか。

　最終的に「このレベルまで到達してほしい」という教員の願いを、「この単元で育みたい資質・能力＝ラスボス」と考え、そこに至る過程をスモールステップ（次として、そして毎時の授業の学習活動）で記していけばいいのです。それが、単元の指導計画となり、子どもにも理解できる「攻略マップ＝学びの地図」になるのです。

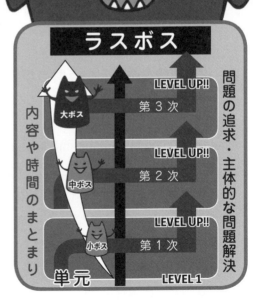

●図3-10 単元のイメージ

せっかくですから、もう少しＲＰＧに準えて解説しましょう。

いきなり小ボスは倒せない　→　レベル上げが必要になる

⬇　レベルを上げるためには地道な経験値稼ぎが必要になる

様々なシナリオをクリアしないと小ボスに到達できない

⬇　課題解決のために情報を整理して問題を解決する必要がある

ある程度レベルが上がり必須シナリオをクリアしたら小ボス戦へ

⬇　経験で身に付けた知識やスキルを発揮（駆使）する必要がある

小ボス戦までに身につけた資質・能力を中ボス戦との戦いに生かす

　いかがでしょうか。ＲＰＧゲームのように理科の授業を構想してみるとわかりやすい人もいるでしょう。「経験を通した知識やスキルの習得」「情報を整理して問題を解決する思考力、判断力」…［図 3-11］に示した（プロ用の）「単元を重視した指導案」と一致するような気がしませんか。(^^ ゞ)

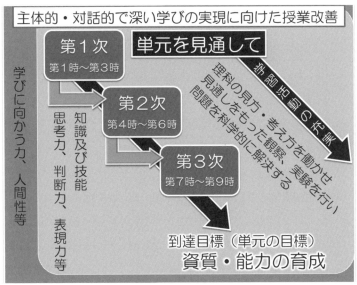

●図 3-11 単元を重視した指導案を検討する

3　指導要領を深く研究するとともに提案する必要がある場合は

●表 3-7 提案授業を行う際の学習指導案の記載項目例

第 3 学年 3 組　理科学習指導案
～ 理科の見方・考え方について（その疑義をただす）～

日　時：2024 年 5 月 28 日（火）第 3 校時 10:30-11:15
単元名：「じしゃくのひみつ」（A（4）「磁石の性質」）
教科書：学校図書小学校理科 3 年 138 ～ 155 ページ

1. 私の考える理科の見方・考え方
2. 本単元及び本時で働かせる理科の見方・考え方
3. 本時のポイント（見方・考え方を意識させる教育的効果の検討）
　⑴ 本時の目標、本時で育てる資質・能力
　⑵ 本時の教材、見方・考え方を誘い導く教材の開発
　⑶ 本時の展開、どの場面でどのような見方・考え方を働かせるか
　⑷ 本時の評価、資質・能力を身に付けた子どもの姿
4. 参観の視点（統一した観点による議論に向けて）
5. 議論のために（これまでの実践結果：本時までの子どもの変容）

　ある程度の規模の公開授業とか研究会において、通の教育関係者を対象とした提案授業を行う場合は、訴えたいことを前面に出した指導案を書きましょう。教師用指導書をコピーしたような指導案では興醒めです。

　例えば、［表 3-7］に示したような指導案ならどうでしょう。ここでは「理科の見方・考え方」を議論するたたき台をイメージして記載項目を考えてみました。該当学年や単元の目標及び内容については（教員ならば）周知の事項ですから、省略して問題ないと思います。

新人の研究授業ならば「発問がわかりにくかった」とか「板書はていねいで良かった」とかを事後指導として実施するのもわかります。しかし、「研修」という「研き合い」の場合は「議論に参加したくなる」授業を心がけましょう。

あまからコラム

職場の「和」を乱す教員が いっぱいいて困るのですが‼

えっと、それはどのような先生ですか？下から選んでくださいね。

□ 言うだけ星人（口は達者だが仕事はしない、いや、できない）

□ お先に失礼マン（早く帰るのがデキる人間だと大きな勘違い）

□ いつまでも居残リザンギョラー（おしゃべりしなきゃ早く終わるのに…）

□ わたしにはできま仙人（別名：言訳吉兵衛＝いいわけきちべえ）

□ このやり方だけが正しいんジャー（聞く耳持たない唯我独尊系）

□ 担任なんてしまセーン（生息地：いつも級外か低学年エリアに潜む）

　あなたが「カチン‼」ときている先生、当てはまりましたか？当てはまったとしたら、あー、たいへん残念ですけど、どうすることもできません。「教員の計り知れない多様性」のひとつだと認識をあらためて、明日から元気よく過ごしましょう‼

　え？無理？その先生の言動やら仕草やらが気になって仕事にならない？
でもねぇ、相性とか価値観とかはどうしてあげることもできないんですよ。

　それにね、あんまり他の先生の悪口ばかり言っていると、

　○妖怪悪口陰口せーんせーにイッテヤロー　になっちゃうぞ？www

第 4 章

各学年の理科

各学年の理科

4章

本章では、「小学校学習指導要領（平成29年告示）」（以下「指導要領」とします）、「小学校学習指導要領（平成29年告示）解説理科編」（以下「解説とします」）及び「小学校、中学校、高等学校及び特別支援学校等における児童生徒の学習評価及び指導要録の改善等について（通知）」［別紙4］「各教科等・各学年等の評価の観点等及びその趣旨 *1」（以下「評価の観点の趣旨」とします）を引用したり参考にしたりしながら、各学年の理科の目標とそのポイントをわかりやすく説明していきます。

*1 小学校、中学校、高等学校及び特別支援学校等における児童生徒の学習評価及び指導要録の改善等について（通知）［別紙4］
http://www.mext.go.jp/b_menu/hakusho/nc/1415169.htm

Ⅰ 第3学年の理科

1 理科のスタート !!
第3学年の理科の目標とそのポイント

さあ、3年生になりました!! いよいよ理科のスタートです!! 「理科って楽しいね!!」と子どもの笑顔があふれる授業を考えていきましょう。

第**3**学年の理科を ざっくり まとめると…

　第3学年の理科では、自然の事物・現象について、理科の見方・考え方を働かせ、問題を追究する活動を通して、物の性質、風とゴムの力の働き、光と音の性質、磁石の性質及び電気の回路、身の回りの生物、太陽と地面の様子についての理解を図り、観察、実験などに関する基本的な技能を身に付けるようにするとともに、問題解決の力や生物を愛護する態度、主体的に問題解決しようとする態度を養うことが目標になります。

　特に、第3学年の理科では、学習の過程において、<u>自然の事物・現象の差異点や共通点を基に</u>、<u>問題を見いだす</u>といった問題解決の力を育成することに重点が置かれています。この力を育成するためには、<u>複数の自然の事物・現象を比較し、その差異点や共通点を捉える</u>ことが大切になります。

POINT 第**3**学年の理科2大ポイント

●自然の事象を比較し差異点や共通点を捉えること!!
●差異点や共通点を基に問題を見いだすこと!!

　第3学年理科の目標を、（小学校理科の教科の目標として育成を目指す資質・能力の）「三つの柱」で区分別に整理すると［表 4-1］のようになります。なお、この表で示す第3学年各区分の理科の学習内容（「物の性質」「風とゴムの力の働き」「光と音の性質」「磁石の性質及び電気の回路」「身の回りの生物」「太陽と地面の様子」）については、以下「第3学年の内容」とします。

　まず、①「<u>知識及び技能（自然の事物・現象についての理解や観察、実験などに関する基本的な技能）</u>」については、「第3学年の内容」についての理解を

図るとともに、観察、実験などに関する基本的な技能を身に付けることが目標になります（以下、本章で「①」に示す文は「知識及び技能」の目標です）。

次に、②「思考力、判断力、表現力等（問題解決の力）」については、第3学年の内容について追究する中で、主に差異点や共通点を基に、問題を見いだす力を養うことが目標になります。そのために、自然の事物・現象について、理科の見方・考え方を働かせながら、「何が・どのように違うのか」「何が・どのように同じなのか」など、複数の事象を比較して差異点や共通点を話し合ったり表に整理したりする活動を充実させながら、「問題を見いだす」という問題解決の力を育成することに重点を置くことがポイントになります（以下、本章で「②」に示す文は「思考力、判断力、表現力等」の目標です）。

最後に、③「学びに向かう力、人間性等（自然を愛する心情や主体的に問題解決しようとする態度）」については、第3学年の内容について追究する中で、

●表 4-1 第3学年理科の目標

第3学年理科の目標（学習指導要領より）	(1)A 物質・エネルギー	①	知識及び技能	物の性質、風とゴムの力の働き、光と音の性質、磁石の性質及び電気の回路についての理解を図り、観察、実験などに関する基本的な技能を身に付けるようにする。
		②	思考力、判断力、表現力等	物の性質、風とゴムの力の働き、光と音の性質、磁石の性質及び電気の回路について追究する中で、主に差異点や共通点を基に、問題を見いだす力を養う。
		③	学びに向かう力、人間性等	物の性質、風とゴムの力の働き、光と音の性質、磁石の性質及び電気の回路について追究する中で、主体的に問題解決しようとする態度を養う。
	(2)B 生命・地球	①	知識及び技能	身の回りの生物、太陽と地面の様子についての理解を図り、観察、実験などに関する基本的な技能を身に付けるようにする。
		②	思考力、判断力、表現力等	身の回りの生物，太陽と地面の様子について追究する中で、主に差異点や共通点を基に、問題を見いだす力を養う。
		③	学びに向かう力、人間性等	身の回りの生物、太陽と地面の様子について追究する中で、生物を愛護する態度や主体的に問題解決しようとする態度を養う。

3年
4
5
6

主体的に問題解決しようとする態度及び（B 生命・地球区分においては）生物を愛護する態度を養うことが目標になります（以下、本章で「③」に示す文は「学びに向かう力、人間性等」の目標です）。

　このような留意点を、第3学年理科の目標と内容とともに［図2-1］に示しました。資質・能力の「三つの柱」の関連性をイメージしてください。もちろん、自然の事物・現象についての問題を科学的に解決するために必要な資質・能力については相互に関連し合うものです。［表4-1］に示した各区分の「①、②、③」については指導（育成）する順番や重要度ではないことに注意してください。

　なお、理科の学習は小学校第3学年からスタートします。特に関連の深い「生活科」の学習内容については十分な理解が必要です。また、体験的な活動を数多く取り入れるとともに、

> 問題解決の過程の中で、「理科の見方・考え方」を働かせ、問題を追究していくという理科の学習の仕方を身に付けること

ができるよう配慮することが第3学年の重要なポイントになります。

　さて、これまでに述べてきた第3学年の理科の目標に照らした「評価の観点の趣旨」を［表4-2］に示しておきます。第3学年の目標等からは読み取りにくい文言も含め、特に下線部分に留意することが観点別学習状況評価のポイントになるでしょう。

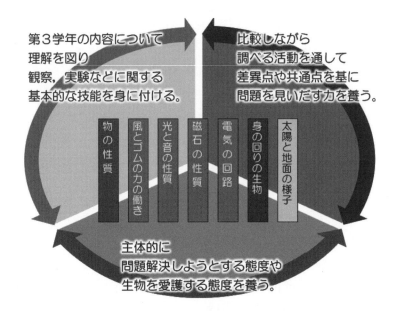

●図4-1 小学校理科第3学年のイメージ

●表4-2 小学校理科第3学年「評価の観点及びその趣旨」

観点	知識・技能
趣旨	物の性質、風とゴムの力の働き、光と音の性質、磁石の性質、電気の回路、身の回りの生物及び太陽と地面の様子について理解しているとともに、器具や機器などを正しく扱いながら調べ、それらの過程や得られた結果を分かりやすく記録している。
観点	思考・判断・表現
趣旨	物の性質、風とゴムの力の働き、光と音の性質、磁石の性質、電気の回路、身の回りの生物及び太陽と地面の様子について、観察、実験などを行い、主に差異点や共通点を基に、問題を見いだし、表現するなどして問題解決している。
観点	主体的に学習に取り組む態度
趣旨	物の性質、風とゴムの力の働き、光と音の性質、磁石の性質、電気の回路、身の回りの生物及び太陽と地面の様子についての事物・現象に進んで関わり、他者と関わりながら問題解決しようとしているとともに、学んだことを学習や生活に生かそうとしている。

3年
4
5
6

あまからコラム

えっと、理科の教科の**学年目標**と観点別学習状況の**評価**がわかりにくいんですが…

　ですね。わかりにくさは天下一品です‼　でも、始まってしまったわけですから、次のように理解して、子どもの未来のためにがんばりましょう‼

　まず、理科の目標及び内容は、①「知識及び技能」、②「思考力、判断力、表現力等」、③「学びに向かう力、人間性等」の資質・能力の三つの柱で再整理されました。次に、指導と評価の一体化は推進しなければなりませんので、観点別学習状況の評価の観点についても、①'「知識・技能」、②'「思考・判断・表現」、③'「主体的に学習に取り組む態度」の３観点に整理して示したわけです。最後に、設置者がこれに基づく適切な観点を設定すればＯＫです‼…って、誰が責任もって「適切な観点」を設定するんでしょうか…ねぇ。責任転嫁？

② 第３学年理科の内容構成とその目標は

1　第３学年「Ａ 物質・エネルギー」に関わる目標

第３学年の「Ａ 物質・エネルギー」においては、

①「知識及び技能」

　「物の性質」、「風とゴムの力の働き」、「光と音の性質」、「磁石の性質」及び「電気の回路」についての理解を図り、観察、実験などに関する基本的な技能を身に付けるようにするとともに、

②「思考力・判断力・表現力等」

　主に差異点や共通点を基に、問題を見いだすといった問題解決の力や

③「学びに向かう力、人間性」

　主体的に問題解決しようとする態度を養うこと

が目標になります。

この目標を達成するために設定された学習内容を［表 4-3］に示します。

●表 4-3 小学校理科　第 3 学年 A 物質・エネルギーの内容構成

領域	エネルギー	粒 子
見方	主として量的・関係的な視点	主として質的・実態的な視点
第3学年 (1) A 物質・エネルギー	**風とゴムの力の働き** ・風の力の働き ・ゴムの力の働き **光と音の性質** ・光の反射・集光 ・光の当て方と明るさや暖かさ ・音の伝わり方と大小 **磁石の性質** ・磁石に引き付けられる物 ・異極と同極 **電気の通り道** ・電気を通すつなぎ方 ・電気を通す物	**物と重さ** ・形と重さ ・体積と重さ

● 「エネルギー」についての基本的な概念等を柱とした内容

「エネルギー」の区分においては、「風とゴムの力の働き」「光と音の性質」「磁石の性質」及び「電気の通り道」が設定されています。各学習内容について、理科の見方・考え方を柱として簡潔に表現していきます。（以下、本章においては同様に示します。）

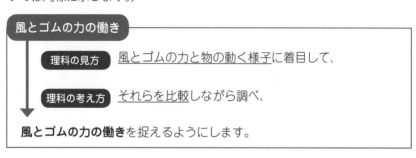

風とゴムの力の働き

理科の見方　風とゴムの力と物の動く様子に着目して、

理科の考え方　それらを比較しながら調べ、

風とゴムの力の働きを捉えるようにします。

光と音の性質

理科の見方 光を当てたときの明るさや暖かさ、音を出したときの震え方に着目して、

理科の考え方 光の強さや音の大きさを変えたときの現象の違いを比較しながら調べ、

光と音の性質を捉えるようにします。

磁石の性質

理科の見方 磁石を身の回りの物に近付けたときの様子に着目して、

理科の考え方 それらを比較しながら調べ、

磁石の性質を捉えるようにします。

電気の通り道

理科の見方 乾電池と豆電球などのつなぎ方と乾電池につないだ物の様子に着目して、

理科の考え方 電気を通すときと通さないときのつなぎ方を比較しながら調べ、

電気の回路を捉えるようにします。

● **「粒子」についての基本的な概念等を柱とした内容**

「粒子」の区分においては、「物と重さ」が設定されています。

物と重さ

理科の見方 物の形や体積に着目して、

理科の考え方 重さを比較しながら調べ、

物の形や体積と重さとの関係を捉えるようにします。

2　第3学年「B 生命・地球」に関わる目標

第3学年の「B 生命・地球」においては、

---

① 「知識及び技能」

　「身の回りの生物」及び「太陽と地面の様子」についての理解を図り、観察、実験などに関する基本的な技能を身に付けるようにするとともに、

② 「思考力・判断力・表現力等」

　主に差異点や共通点を基に、問題を見いだすといった問題解決の力や

③ 「学びに向かう力、人間性」

　生物を愛護する態度、主体的に問題解決しようとする態度を養うこと

が目標になります。

　この目標を達成するために設定された学習内容を〔表 4-4〕に示します。

●表 4-4 小学校理科　第3学年 B 生命・地球の内容構成

領域	生命	地球
見方	主として多様性と共通性の視点	主として時間的・空間的な視点
第3学年(2)B 生命・地球	**身の回りの生物** ・身の回りの生物と環境との関わり ・昆虫の成長と体のつくり ・植物の成長と体のつくり	**太陽と地面の様子** ・日陰の位置と太陽の位置の変化 ・地面の暖かさや湿り気の違い

「学習評価の円滑な実施に向けた取り組み」って？

　働き方改革です。先生の勤務負担軽減が第一です。しかし、子どもの将来を左右しかねない学習評価ですから、その「公平性」や「妥当性」や「客観性」、そして「信頼性」が高められるようにしなければなりませんよね。そのためには、学校全体としての組織的かつ計画的な取り組みが重要です。全体研修・学年会・教科部会等の組織毎に「評価規準」や「評価方法」を十分に検討するとともに、それを文章化して勉強会を開き共通理解を図るようにすれば…あれ？働き方改革ですよね？

4

● 「生命」についての基本的な概念等を柱とした内容

　「生命」の区分においては、「身の回りの生物」が設定されています。

身の回りの生物

　　理科の見方　身の回りの生物を探したり育てたりする中で、これらの様子や周辺の環境、成長の過程や体のつくりに着目して、

　　理科の考え方　それらを比較しながら調べ、

身の回りの生物と環境との関わり、昆虫や植物の成長のきまりや体のつくりを捉えるようにします。

● 「地球」についての基本的な概念等を柱とした内容

　「地球」の区分においては、「太陽と地面の様子」が設定されています。

太陽と地面の様子

　　理科の見方　日なたと日陰の様子に着目して、

　　理科の考え方　それらを比較しながら調べ、

太陽と地面の様子との関係を捉えるようにします。

あまからコラム

３年生の理科の目標なんですけど、ホントにこれでいいんですか？

　いや、別に文句があるわけではありませんが、小学校３年生の子どもに「問題を見いだす力を養う」って、並大抵のことではないと思いますよ。いろいろと調べる中で、同じところや違うところは見つけることができると思いますが、そこから「問題を見いだす」って、ホントに可能なんでしょうか？

　大人だってできない人が…ねぇ。

❸ 第３学年理科の学習活動を構想するために

　ここでは、第３学年の理科の学習活動を構想するためのポイントを（各区分ひとつずつ）紹介していきます。

1　「A（3）光と音の性質」のポイント

●学習の概要

（3）光と音の性質
　　　　　　　　　　　　　　　　　　　※指導要領をもとに筆者が編集

　[学習の対象] = 光と音の性質について、

　[理科の見方] = 光を当てたときの明るさや暖かさ、音を出したときの
　　　　　　　　　震え方に着目して、

　[理科の考え方] = 光の強さや音の大きさを変えたときの違いを比較し
　　　　　　　　　ながら調べる活動を通して、

　次の事項を身に付けることができるよう指導する。

3年
4
5
6

> **もつことが期待される対象についての知識と身に付ける技能**
>
> （ア）日光は直進し、集めたり反射させたりできること。
>
> （イ）物に日光を当てると、物の明るさや暖かさが変わること。
>
> （ウ）物から音が出たり伝わったりするとき、物は震えていること。また、音の大きさが変わるとき物の震え方が変わること。
>
> ○観察、実験などに関する技能を身に付けること。

> **思考力、判断力、表現力等**
>
> 光を当てたときの明るさや暖かさの様子、音を出したときの震え方の様子について追究する中で、差異点や共通点を基に、光と音の性質についての問題を見いだし、表現すること。

> **内容の取扱い**
>
> 内容の「A 物質・エネルギー」の指導に当たっては、3種類以上のものづくりを行うものとする。

● **基本的な概念との関わり及び内容の系統性**

「光と音の性質」は、「エネルギー」についての基本的な概念等を柱とした内容のうちの「エネルギーの捉え方」に関わるものです。そして、中学校第1分野の「(1)ア(ア) 光と音」の学習につながります。

● **学習のねらいとその評価**

光を当てたときの明るさや暖かさ、音を出したときの震え方に着目して、光の強さや音の大きさを変えたときの現象の違いを比較しながら、光と音の性質について調べる活動を通して、

①「知識及び技能」

　光と音の性質についての理解を図り、観察、実験などに関する技能を身に付けるようにするとともに、

②「思考力・判断力・表現力等」

　主に差異点や共通点を基に、問題を見いだす力や

③「学びに向かう力、人間性等」

　主体的に問題解決しようとする態度を養うこと

がねらいになります。そして、この単元目標に照らした「評価の観点の趣旨」の概要を[表 4-5]に示します。実際は、内容や時間(次)のまとまりごとに、「実現状況が把握できる場面で」具体的な評価をすることになります。大切なのは、「どの時間のどの活動で」という場面の精選です。

●表 4-5 光と音の性質「評価の観点及びその趣旨」

観点	知識・技能
趣旨	光と音の性質について理解しているとともに、器具や機器などを正しく扱いながら調べ、それらの過程や得られた結果を分かりやすく記録している。
観点	思考・判断・表現
趣旨	光と音の性質について、観察、実験などを行い、主に差異点や共通点を基に、問題を見いだし、表現するなどして問題解決している。
観点	主体的に学習に取り組む態度
趣旨	光と音の性質についての事物・現象に進んで関わり、他者と関わりながら問題解決しようとしているとともに、学んだことを学習や生活に生かそうとしている。

3年
4
5
6

学習のねらいからイメージする授業の骨子（超初心者モード）

(ア) 日光は直進し、集めたり反射させたりできること。

　○鏡を使って日光を跳ね返してみよう。鏡を動かすと…

　問題：鏡で跳ね返った日光はどのように進むのかな？

　実験：日光の進み方を調べてみよう。

(イ) 物に日光を当てると、物の明るさや暖かさが変わること。

　○ 日光を的に当ててみよう。もっと明るく・暖かくするには…

　問題：鏡を増やすと明るさや暖かさは変わるのかな？

　実験：跳ね返した日光を1つの場所に集めて比べてみよう。

(ウ) 物から音が出たり伝わったりするとき、物は震えていること。
　また、音の大きさが変わるとき物の震え方が変わること。

　○ たいこをたたいて音を出してみよう。音が出ているときは…

　問題：音が出ているとき物の様子はどのようになっているのかな？

　実験：音が出ているときの物の様子を調べてみよう。

　実験：音が小さいときと大きいときの物の様子を比べてみよう。

(ア)(イ)(ウ) 観察、実験などに関する技能を身に付けることができる。

　技能：道具を正しく使って工夫しながら光や音について調べよう。

　・日光のはわせ方・日光の集め方・温度計の使い方

　・音の出し方（大きさの変え方）・物が震えているときの調べ方　など

● 知識事項を観点とした学習活動のポイント

(ア) 日光は直進し、集めたり反射させたりできること。

　　平面鏡に日光を当てたときの、平面鏡の向きと光の様子に着目して理科の見方を働かせ、それらを比較しながら光の進み方を調べることで理科の考え方を働かせる学習活動を位置付けます。これらの学習活動を通して、

差異点や共通点を基に「光の性質」についての問題を見いだし、表現する
とともに、

- 日光は直進すること
- 日光は反射させることができること
- 反射した日光を重ねることができること

を捉えるようにします。

　日光が直進することについては、身の回りで見られる日光の様子などか
ら捉えることがポイントになります。また、

- 虫眼鏡を使い、日光を集めることができること

を捉えるようにします（単元の学習順序によっては、虫眼鏡の安全で正し
い使い方もここで指導する必要があります）。

㋑ 物に日光を当てると、物の明るさや暖かさが変わること。

　何枚かの平面鏡を使い、光を当てたときの物の明るさや暖かさに着目して
理科の見方を働かせ、光の強さを変えたときの現象の違いを比較しながら、
物の明るさや暖かさの違いを調べることで理科の考え方を働かせる学習活動
を位置付けます。これらの活動を通して、差異点や共通点を基に、「光の性質」
についての問題を見いだし、表現するとともに、

- 物に日光を当てると、物の明るさや暖かさが変わること

を捉えるようにします。また、

- 虫眼鏡を使い、日光が集まったところを小さくすると明るさや暖かさが増
  し、黒い紙などが焦げることがあること

も捉えるようにします。

㋒ 物から音が出たり伝わったりするとき、物は震えていること。また、音の
　大きさが変わるとき物の震え方が変わること。

　身の回りにある物を使って音を出したときの物の震え方に着目して理科の
見方を働かせ、音の大きさを変えたときの現象の違いを比較しながら、音の
大きさと物の震え方との関係を調べることで理科の考え方を働かせる学習活

3年
4
5
6

「比較する」って？

　言うまでもなく、モチのロンで「比べる」ということです。

　まずは、同時に２つ、あるいは複数の自然の事物・現象を「理科の見方」という、「ものさし」を使って比べます。

　そして、差異点や共通点を明らかにしながら、問題を発見します。この一連の活動を「理科の考え方」として（主に３年生で育てたい資質・能力と関連させて）位置付けています。これまでの理科教育が大切にしてきた問題解決の能力のひとつなのです。例えば、音が出ているときと出ていないときのトライアングルの様子を比べます。そして、「音が出ているときだけ震えているよ。」と、共通点（あるいは差異点）を明らかにすることができれば、「ほかの物も同じなのかな？」と問題点を見つけて、「たいこで調べてみる！」と、授業が展開していくことを期待しているのです!!…が…。

動を位置付けます。これらの活動を通して、差異点や共通点を基に、「音の性質」についての問題を見いだし、表現するとともに、

・物から音が出たり伝わったりするときは物が震えていること
・音が大きいときは震え方が大きく、音が小さいときは震え方が小さい
といった、音の大きさが震え方に関係していること
を捉えるようにします。

●学習の対象と教材研究のポイント

　光の学習では「日光（光・ライト）」が対象となります。

　まず、日光を当てた物の温度を測定する際には、「放射温度計」などを利用することが考えられますから、放射温度計の安全で正しい使い方も研究しておきましょう。また、平面鏡の代わりに、「アルミニウム板（段ボールに

家庭用アルミホイルを貼ったもので十分代用可能）」などの光を反射させることができる物の使用も考えられますから、研究してオリジナル教材を開発してみましょう。

　音の学習では「身近で・音が出て・震えがわかるもの」が対象となります。身近にあって、音の大きさと震え方との関係が捉えやすい教材としては、子どもが扱いやすい「たいこ」や「トライアングル」「タンブリン」などが考えられます。また、音の伝わりを捉える活動の教材としては、「鉄棒」や「糸電話」などを使うことが考えられます。

● **学習活動において心に留め置くポイント**

　まず、前年度に生活科を担当した先生との引き継ぎが大切です。１、２年生で「何を・どのように学んだか」を把握しましょう。そして、生活科での活動や学習内容との関連を重視するとともに、「からだ全体で」「すべての感覚を働かせながら」明るさや暖かさ、音の大小、音を出す物の震え方などを捉えるようにします。

　また、日光の重なり方が変わると明るさや暖かさが変わることや、音の大きさが変わるとき、物の震え方が変わることについて、実験の結果を「表に整理して比較」したり、光と音の性質について考えたり、説明したりする活動の充実を図ることを常に心に留め置きましょう。

● **学習活動を日常生活と結び付けるポイント**

　例えば、光の反射を発展的に捉えるならば、夜間の歩行や運転を安全にするための「反射板」「たすき」「腕章」「靴」「ベスト」「道路標識」など、車のライトの反射を活用したものを取り上げるといいでしょう。

　また、音の大きさと震え方を日常生活と結び付けるならば、様々な「スピーカー」を取り上げるといいでしょう。実際に、スピーカーに触れながら音の大きさを変えることで、音が大きいときは震え方が大きく、音が小さいとき

は震え方が小さいことを確認することができます。

● **安全第一!! 事故防止のポイント**

　光の学習では平面鏡や虫眼鏡などを活用します。どちらもガラスですから、ぶつけたり落としたりすれば割れます。割れれば、指を切ったり手を傷つけたりする危険が伴うわけですから、その扱い方には十分気を付けるように指導を徹底しましょう。また、直接目で太陽を見たり、反射させた日光を人の顔に当てたり、虫眼鏡で集めた日光を衣服や生物に当てたりしないようにするなど、安全を第一に考える態度の育成も重要なポイントになります。

内容の取り扱いから　KEYword

ものづくり -1

　「Ａ 物質・エネルギー」の指導では、ものづくりも行います。
　光の学習では、日光により物の明るさや暖かさが変わるという観点から、例えば、アルミニウム板を使ってソーラー温水器を作ることが考えられます。また、音の学習では、音は、様々な物が震えることで伝わるという観点から、離れた場所や同時に複数の場所に音声を伝えることを目的とした糸電話（あるいはエナメル線電話）などが考えられます。

Step Up point

Up 授業の充実（子どもの想いを導く学習活動）

㋐ 日光は直進し、集めたり反射させたりできること。

　・鏡を使って光のリレーをしてみよう。光を上手につなぐには…

㋑ 物に日光を当てると、物の明るさや暖かさが変わること。

　・虫眼鏡を使って日光の集まり方を調べてみよう。

　・大きさの違う虫眼鏡で紙が焦げる早さを比べたらどうなるのかな？

㋒ 物から音が出たり伝わったりするとき、物は震えていること。また、音の大きさが変わるとき物の震え方が変わること。

　・糸電話を作って音の伝わり方を調べてみよう。糸をつまむと…

　・音が出ているスピーカーに触れてみよう。音を大きくすると…

あまからコラム

なぜ、指導要領だけじゃダメなんですか？解説は必要なんですか？

　残念ですが、指導要領だけじゃ不十分です。

というか、指導要領は未完成なものだと考えましょう。解説を読み解くことによって初めて「体を成す」二位一体の指導資料と言った方がいいかもしれません。

　ですからこそ、解説もしっかりと読み解いてください。

　すみずみまで読み込んだ上で「教科書」を見直すと、今までとは違った気付きが生まれます。そうすれば、間違いなく教師力もレベルアップします!!

3年
4
5
6

1 「B⑴ 身の回りの生物」ア㋐ーのポイント

● 学習の概要

⑴ 身の回りの生物
※指導要領をもとに筆者が編集

| 学習の対象 | ＝ 身の回りの生物について、

| 理科の見方 | ＝ 探したり育てたりする中で、それらの様子や周辺の環境、成長の過程や体のつくりに着目して、

| 理科の考え方 | ＝ それらを比較しながら調べる活動を通して、

次の事項を身に付けることができるよう指導する。

もつことが期待される対象についての知識と身に付ける技能

㋐生物は、色、形、大きさなど、姿に違いがあること。

また、周辺の環境と関わって生きていること。

㋑昆虫の育ち方には一定の順序があること。

また、成虫の体は頭、胸及び腹からできていること。

㋒植物の育ち方には一定の順序があること。

また、その体は根、茎及び葉からできていること。

○観察、実験などに関する技能を身に付けること。

思考力、判断力、表現力等

身の回りの生物の様子について追究する中で、差異点や共通点を基に、身の回りの生物と環境との関わり、昆虫や植物の成長のきまりや体のつくりについての問題を見いだし、表現すること。

内容の取扱い

㋑及び㋒については、飼育、栽培を通して行うこと。

㋒の「植物の育ち方」については、夏生一年生の双子葉植物を扱うこと。

※ここでは上に示した㋐に該当するの学習活動（下線部分）を中心に、そのポイントを紹介していきます。

●**基本的な概念との関わり及び内容の系統性**

　「身の回りの生物」は、生活科「(7) 動植物の飼育・栽培」の学習を踏まえて、「生命」についての基本的な概念等を柱とした内容のうちの「生物の構造と機能」、「生命の連続性」、「生物と環境の関わり」に関わるものです。そして、第４学年「B(1) 人の体のつくりと運動」、「B(2) 季節と生物」、第６学年「B (2) 植物の養分と水の通り道」、中学校第２分野「(1) いろいろな生物とその共通点」の学習につながります。

●**学習のねらいとその評価**

　身の回りの生物について、探したり育てたりする中で、これらの様子や周辺の環境、成長の過程や体のつくりに着目して、それらを比較しながら、生物と環境との関わり、昆虫や植物の成長のきまりや体のつくりを調べる活動を通して、

---

① 「知識及び技能」

　身の回りの生物についての理解を図り、観察、実験などに関する技能を身に付けるようにするとともに、

② 「思考力・判断力・表現力等」

　主に差異点や共通点を基に、問題を見いだす力や

③ 「学びに向かう力、人間性等」

　生物を愛護する態度、

　主体的に問題解決しようとする態度を育成すること

がねらいになります。そして、この単元目標に照らした「評価の観点の趣旨」の概要を［表 4-6］に示します。

3年
4
5
6

●表 4-6 身の回りの生物「評価の観点及びその趣旨」

観点	知識・技能
趣旨	身の回りの生物について理解しているとともに、器具や機器などを正しく扱いながら調べ、それらの過程や得られた結果を分かりやすく記録している。
観点	思考・判断・表現
趣旨	身の回りの生物について、観察、実験などを行い、主に差異点や共通点を基に、問題を見いだし、表現するなどして問題解決している。
観点	主体的に学習に取り組む態度
趣旨	身の回りの生物についての事物・現象に進んで関わり、他者と関わりながら問題解決しようとしているとともに、学んだことを学習や生活に生かそうとしている。

学習のねらいからイメージする授業の骨子（ 超初心者モード）

㋐ 生物は、色、形、大きさなど、姿に違いがあること。また、周辺の環境と関わって生きていること。

　○ どんな生き物がどこにいたか思い出してみよう。校庭では…

　問題：生き物を比べると、どのような違いがあるのかな？

　観察：生き物を観察して記録して比べてみよう。

㋐ ㋑ ㋒ 観察、実験などに関する技能を身に付けることができる。

　技能：道具を正しく使って生き物を育てたり観察したりして調べよう。

　・生き物の探し方 ・生き物の観察の仕方 ・生き物の記録の仕方　など

●知識事項を観点とした学習活動のポイント

㋐ 生物は、色、形、大きさなど、姿に違いがあること。また、周辺の環境と関わって生きていること。

　　校庭や学校園など身の回りに見られる様々な生物の色、形、大きさなど

に着目して理科の見方を働かせ、それらを比較しながら、身の回りの生物の特徴を調べることで理科の考え方を働かせる学習活動を位置付けます。これらの学習活動を通して、差異点や共通点を基に、「生物の姿」についての問題を見いだし、表現するとともに、

・生物にはそれぞれに固有の形態があること

を捉えるようにします。

　植物については、タンポポやシロツメクサやチューリップなどの様々な種類の植物を観察します。動物については、アリやダンゴムシやカエルなどの様々な種類の動物を観察します。いずれの場合も、身の回りの様々な種類の植物や動物を見たり触れたりにおいを感じたりするなど直接観察することを通して、五感を総動員しながら確認できる特徴を見いだし、捉えるようにします。そして、それぞれ着目した点に即して比較することがポイントになります。

　また、多様な環境の下で生きている様々な生物については、生物が生息している場所に着目して理科の見方を働かせ、それらを比較しながら、生物が生息している様子を調べることで理科の考え方を働かせる学習活動を位置付けます。これらの学習活動を通して、「生物と環境との関わり」について、問題を見いだし、表現するとともに、

・生物が周辺の環境と関わって生きていること

を捉えるようにします。

　ここでは、植物に集まる昆虫や植物に生息する昆虫の様子を観察し、

・昆虫には植物の花の蜜を吸ったり葉を食べたりして生活しているものがいること

・植物をすみかにしているものがいること

・石のかげなどで生活しているものがいること

に気付くようにすることがポイントになります。

3年
4
5
6

夏生一年生 (かせい)

　この単元のア(ウ)について「夏生一年生」という単語が登場します。聞き慣れない単語ですから、説明しておきましょう。

　種の状態で冬を越して、春から夏に芽を出す植物を「夏生」と呼びます。そして、1年以内に発芽・成長・結実して種を作って枯れていくものを「一年生」の植物と呼びます。小学校3年生では、ヒマワリやホウセンカなどの「夏生一年生」の双子葉植物を、植物の育ち方を学ぶ（栽培する）教材として選定しています。

● **学習の対象と教材研究のポイント**

　⑦については、「学校で栽培している植物」に加え「校庭などの身近な場所に生育する野草」が対象となります。例えば、タンポポ、シロツメクサ、ナズナ、ハルジオン、アブラナなどキク科の植物から、学校（地域）の実態に即して教材化しましょう。

　環境との関わりに関する学習では「昆虫との関わりがよく分かるような植物」が対象となります。例えば、アブラナ科のキャベツやナノハナとモンシロチョウの関わりや、ミカン科のカラタチやミカンやサンショウとアゲハの関わりなどから教材を考えてみましょう。

　また、「環境との関わりがよく分かるような動物」としては、ショウリョウバッタやトノサマバッタ、オオカマキリやエンマコオロギなどの身近な昆虫や、ダンゴムシなどの節足動物を教材として検討してみましょう。

●学習活動において常に心に留め置くポイント

　この単元においても、まず、前年度に生活科を担当した先生との引き継ぎが前提になります。そして、生活科での活動や学習内容との関連を重視するとともに、理科の学習の基盤となる「自然体験活動の充実」を図り、「野外での発見や気付き」を大切にすることがポイントになります。

　また、野外での観察の際は、直接観察することに加え、細かい部分を拡大するなどして、生物の特徴を図や絵で記録するなど、身の回りの生物について考えたり、説明したりする活動の充実を図るようにします。その際、虫眼鏡や携帯型の顕微鏡などの器具の使用が考えられますから、（単元の学習順序によっては）それらの安全で正しい使い方を（その都度）指導する必要が生じます。

　㋐については、校庭や学校園などの身近な場所で、花の色や葉の形、大きさなどを（理科の見方として）着目して観察を行い、「比較しながら」特徴を見いだしていくようにしましょう。その際、観察の後に振り返りを行ったり、着目した点に即して「仲間分け（類としての見方や考え方）」などの活動を取り入れたりするなど、子どもの生物への興味・関心が高まるよう工夫することを常に心に留め置きましょう。

●安全第一!! 事故防止のポイント

　野外での観察（学習）に際しては、毒をもつ生物に十分注意するとともに、事故に遭わないようにするなど、安全に配慮するように指導を徹底しましょう。常に自分の身を守ることを第一に考える態度の育成が重要なポイントになります。

　さらに、自然環境の中で、生物の採取は必要最小限にとどめることを「生物学習のお約束」として生態系の維持に配慮するようにし、環境保全の態度を育てることもポイントになります。

Step Up point

Up 授業の充実（子どもの想いを導く学習活動）

（ア）生物は、色、形、大きさなど、姿に違いがあること。また、周辺の環境と関わって生きていること。

・観察した生き物を記録しよう。

[図 2-2] のように、カードで上手にまとめるには…。

・虫眼鏡の使い方を覚えよう。まず、絶対に守るお約束は…。

4

●図 4-2 教科書例　カードに記録する

Ⅱ　第４学年の理科

1　理科がおもしろい!!　第４学年の理科の目標とそのポイント

　１年間理科を学んできた４年生、いよいよ理科の本質的な「おもしろさ（科学的に考える楽しさ）」がわかってくる段階です。「理科が本当に面白いと実感・体感する授業とは」という教育的課題を頭に置きながら、第４学年の理科の目標とそのポイントを見ていきましょう。指導要領を引用したり参考にしたりしながら説明していきます。

第**4**学年の理科を　ざっくり　まとめると…

　第４学年の理科では、自然の事物・現象について、理科の見方・考え方を働かせ、問題を追究する活動を通して、空気、水及び金属の性質、電流の働き、人の体のつくりと運動、動物の活動や植物の成長と環境との関わり、雨水の行方と地面の様子、気象現象、月や星についての理解を図り、観察、実験などに関する基本的な技能を身に付けるようにするとともに、問題解決の力や生物を愛護する態度、主体的に問題解決しようとする態度を養うことが目標になります。

　特に、第４学年の理科では、学習の過程において、自然の事物・現象から見いだした問題について、既習の内容や生活経験を基に、根拠のある予想や仮説を発想するといった問題解決の力を育成することに重点が置かれています。この力を育成するためには、自然の事物・現象同士を関係付けたり、自然の事物・現象と既習の内容や生活経験と関係付けたりすることが大切になります。

3
4年
5
6

POINT 第4学年の理科2大ポイント

●自然の事象と既習の内容や生活経験を関係付けること‼
●既習の内容や生活経験を基に根拠のある予想や仮説を
発想すること‼

　第4学年理科の目標を、（小学校理科の教科の目標として育成を目指す資質・能力の）「三つの柱」で区分別に整理すると［表4-7］のようになります。なお、この表で示す第4学年各区分の理科の学習内容（「空気」「水及び金属の性質」「電流の働き」「人の体のつくりと運動」「動物の活動や植物の成長と環境との関わり」「雨水の行方と地面の様子」「気象現象」「月や星」）については、以下「第4学年の内容」とします。

●表4-7 第4学年理科の目標

第4学年理科の目標（学習指導要領より）	(1) A 物質・エネルギー	①	知識及び技能	空気、水及び金属の性質、電流の働きについての理解を図り、観察、実験などに関する基本的な技能を身に付けるようにする。
		②	思考力、判断力、表現力等	空気、水及び金属の性質、電流の働きについて追究する中で、主に既習の内容や生活経験を基に、根拠のある予想や仮説を発想する力を養う。
		③	学びに向かう力、人間性等	空気、水及び金属の性質、電流の働きについて追究する中で、主体的に問題解決しようとする態度を養う。
	(2) B 生命・地球	①	知識及び技能	人の体のつくりと運動、動物の活動や植物の成長と環境との関わり、雨水の行方と地面の様子、気象現象、月や星についての理解を図り、観察、実験などに関する基本的な技能を身に付けるようにする。
		②	思考力、判断力、表現力等	人の体のつくりと運動、動物の活動や植物の成長と環境との関わり、雨水の行方と地面の様子、気象現象、月や星について追究する中で、主に既習の内容や生活経験を基に、根拠のある予想や仮説を発想する力を養う。
		③	学びに向かう力、人間性等	人の体のつくりと運動、動物の活動や植物の成長と環境との関わり、雨水の行方と地面の様子、気象現象、月や星について追究する中で、生物を愛護する態度や主体的に問題解決しようとする態度を養う。

　まず、①「知識及び技能（自然の事物・現象についての理解や観察、実験などに関する基本的な技能）」については、「第４学年の内容」についての理解を図るとともに、観察、実験などに関する基本的な技能を身に付けることが目標になります。

　次に、②「思考力、判断力、表現力等（問題解決の力）」については、第４学年の内容について追究する中で、主に既習の内容や生活経験を基に、根拠のある予想や仮説を発想する力を養うことが目標になります。そのためには、自然の事物・現象について、理科の見方・考え方を働かせながら、「前に勉強した内容で考えれば…」「自分の経験と同じならば…」のように学んだ知識や経験を関係付けたり友達と対話したり班で説明し合ったりしながら、「根拠のある予想や仮説を発想する」という問題解決の力を育成することがポイントになります。

　最後に、③「学びに向かう力、人間性等（自然を愛する心情や主体的に問題解決しようとする態度）」については、第４学年の内容について追究する中で、主体的に問題解決しようとする態度及び（Ｂ　生命・地球区分においては）生物を愛護する態度を養うことが目標になります。

　もちろん、自然の事物・現象についての問題を科学的に解決するために必要な資質・能力については相互に関連し合うものです。［表 2-7］に示した各区分の「①、②、③」については指導（育成）する順番や重要度ではないことに注意してください。このような留意点を、第４学年理科の目標と内容とともに［図2-3］に示しました。資質・能力の「三つの柱」の関連性をイメージしましょう。

　さて、これまでに述べてきた第４学年の理科の目標に照らした「評価の観点の趣旨」を［表 2-8］に示しておきます。第４学年の目標等からは読み取りにくい文言も含め、特に下線部分に留意することが観点別学習状況評価のポイントになるでしょう。

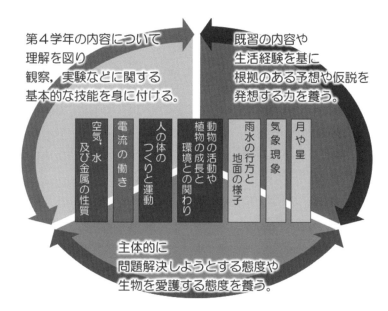

第4学年の内容について
理解を図り
観察，実験などに関する
基本的な技能を身に付ける。

既習の内容や
生活経験を基に
根拠のある予想や仮説を
発想する力を養う。

空気，水及び金属の性質

電流の働き

人の体のつくりと運動

動物の活動や植物の成長と環境との関わり

雨水の行方と地面の様子

気象現象

月や星

主体的に
問題解決しようとする態度や
生物を愛護する態度を養う。

●図 4-3 小学校理科第 4 学年のイメージ

●表 4-8 小学校理科　第 4 学年「評価の観点及びその趣旨」

観点	知識・技能
趣旨	空気、水及び金属の性質、電流の働き、人の体のつくりと運動、動物の活動や植物の成長と環境との関わり、雨水の行方と地面の様子、気象現象及び月や星について理解しているとともに、器具や機器などを正しく扱いながら調べ、それらの過程や得られた結果を分かりやすく記録している。
観点	思考・判断・表現
趣旨	空気、水及び金属の性質、電流の働き、人の体のつくりと運動、動物の活動や植物の成長と環境との関わり、雨水の行方と地面の様子、気象現象及び月や星について、観察、実験などを行い、主に既習の内容や生活経験を基に、根拠のある予想や仮説を発想し、表現するなどして問題解決している。
観点	主体的に学習に取り組む態度
趣旨	空気、水及び金属の性質、電流の働き、人の体のつくりと運動、動物の活動や植物の成長と環境との関わり、雨水の行方と地面の様子、気象現象及び月や星についての事物・現象に進んで関わり、他者と関わりながら問題解決しようとしているとともに、学んだことを学習や生活に生かそうとしている。

❷ 第4学年理科の内容構成とその目標は

1　第4学年「A 物質・エネルギー」に関わる目標

第4学年の「A 物質・エネルギー」においては、

---

① 「知識及び技能」

「空気」「水及び金属の性質」及び「電流の働き」についての理解を図り、観察、実験などに関する基本的な技能を身に付けるようにするとともに、

② 「思考力・判断力・表現力等」

主に既習の内容や生活経験を基に、根拠のある予想や仮説を発想するといった問題解決の力や

③ 「学びに向かう力、人間性」

主体的に問題解決しようとする態度を養うこと

が目標になります。

この目標を達成するために設定された学習内容を［表 4-9］に示します。

●表 4-9 小学校理科　第 4 学年 A 物質・エネルギーの内容構成

領域	エネルギー	粒　子
見方	主として量的・関係的な視点	主として質的・実態的な視点
第4学年 (1)A 物質・エネルギー	**電流の働き** ・乾電池の数とつなぎ方	**空気と水の性質** ・空気の圧縮 ・水の圧縮
		金属、水、空気と温度 ・温度と体積の変化 ・温まり方の違い ・水の三態変化

● 「エネルギー」についての基本的な概念等を柱とした内容

「エネルギー」の区分においては、「電流の働き」が設定されています。

電流の働き

理科の見方 電流の大きさや向きと乾電池につないだ物の様子に着目して、

理科の考え方 それらを関係付けて調べ、

電流の働きを捉えるようにします。

● 「粒子」についての基本的な概念等を柱とした内容

「粒子」の区分においては、「空気と水の性質」及び「金属、水、空気と温度」が設定されています。

空気と水の性質

理科の見方 閉じ込めた空気や水を圧し縮めたときの体積や圧し返す力の変化に着目して、

理科の考え方 それらと圧す力とを関係付けて調べ、

空気と水の性質を捉えるようにします。

金属、水、空気と温度

理科の見方 体積や状態の変化、熱の伝わり方に着目して、

理科の考え方 それらと温度の変化とを関係付けて調べ、

金属、水及び空気の性質を捉えるようにします。

2　第４学年「B 生命・地球」に関わる目標

第４学年の「B 生命・地球」においては、

> ①「知識及び技能」
>
> 　「人の体のつくりと運動」「動物の活動や植物の成長と環境との関わり」「雨水の行方と地面の様子」「気象現象」及び「月や星」についての<u>理解を図り</u>、観察、実験などに関する<u>基本的な技能を身に付ける</u>ようにするとともに、
>
> ②「思考力・判断力・表現力等」
>
> 　主に<u>既習の内容や生活経験を基に、根拠のある予想や仮説を発想する</u>といった<u>問題解決の力</u>や
>
> ③「学びに向かう力、人間性」
>
> 　<u>生物を愛護する態度、主体的に問題解決しようとする態度</u>を養うこと

が目標となります。

　この目標を達成するために設定された学習内容を［表 4-10］に示します。

●表 4-10 小学校理科　第 4 学年 B 生命・地球の内容構成

領域	生命	地球
見方	主として多様性と共通性の視点	主として時間的・空間的な視点
第4学年 (2) B 生命・地球	**人の体のつくりと運動** ・骨と筋肉 ・骨と筋肉の働き	**雨水の行方と地面の様子** ・地面の傾きによる水の流れ ・土の粒の大きさと水のしみ込み方
	季節と生物 ・動物の活動と季節 ・植物の成長と季節	**天気の様子** ・天気による 1 日の気温の変化 ・水の自然蒸発と結露
		月と星 ・月の形と位置の変化 ・星の明るさ、色 ・星の位置の変化

3
4年
5
6

● 「生命」についての基本的な概念等を柱とした内容

「生命」の区分においては、「人の体のつくりと運動」及び「季節と生物」が設定されています。

人の体のつくりと運動

- 理科の見方　骨や筋肉のつくりと働きに着目して、

- 理科の考え方　それらを関係付けて調べ、

人や他の動物の体のつくりと運動との関わりを捉えるようにします。

季節と生物

- 理科の見方　身近な動物や植物を探したり育てたりする中で、動物の活動や植物の成長と季節の変化に着目して、

- 理科の考え方　それらを関係付けて調べ、

身近な動物の活動や植物の成長と環境との関わりを捉えるようにします。

● 「地球」についての基本的な概念等を柱とした内容

「地球」の区分においては、「雨水の行方と地面の様子」及び「天気の様子」及び「月と星」が設定されています。

雨水の行方と地面の様子

- 理科の見方　雨水の流れ方やしみ込み方に着目して、

- 理科の考え方　それらと地面の傾きや土の粒の大きさとを関係付けて調べ、

雨水の行方と地面の様子を捉えるようにします。

天気の様子

| 理科の見方 | 気温や水の行方に着目して、 |

| 理科の考え方 | それらと天気の様子や水の状態変化とを関係付けて調べ、 |

天気や自然界の水の様子を捉えるようにします。

月と星

| 理科の見方 | 月や星の位置の変化や時間の経過に着目して、 |

| 理科の考え方 | それらを関係付けて調べ、 |

月や星の特徴を捉えるようにします。

あまからコラム

４年生の理科の目標なんですけど、ホントにだいじょうぶですか？

　いやいや、別に文句があるわけではありませんが、小学校４年生の子どもに「既習の内容や生活経験を基に根拠のある予想や仮説を発想すること」って可能なんですか？　まず、「既習の内容や生活経験」っていっても、それほど大層なことを学んだり経験したりしていないでしょ？

　10年間の生活履歴は貴重ですしリスペクトします。しかし、予想や仮説の「根拠」になるような知識が（この時代を生きてきた子どもたちに）あるでしょうか。いろいろと調べる中で、現象の関係性を見いだすことは可能だと思いますが、そこから「根拠のある予想や仮設を発想する」って、ホントに可能なんでしょうか？そもそも「根拠」なんて、大人だって思い付きや気まぐれで発想したことを堂々と発言する人が多いのに…ねぇ。

3
4年
5
6

❸ 第4学年理科の学習活動を構想するために

　ここでは、第4学年の理科の学習活動を構想するためのポイントを（各区分ひとつずつ）紹介していきます。

1 「A(1) 空気と水の性質」のポイント

●学習の概要

A(1) 空気と水の性質　　　　　※指導要領をもとに筆者が編集

- 学習の対象 = 空気と水の性質について、
- 理科の見方 = 体積や圧し返す力の変化に着目して、
- 理科の考え方 = それらと圧す力とを関係付けて調べる活動を通して、

次の事項を身に付けることができるよう指導する。

もつことが期待される対象についての知識と身に付ける技能

(ア)閉じ込めた空気を圧すと、体積は小さくなるが、圧し返す力は
　　大きくなること。

(イ)閉じ込めた空気は圧し縮められるが、水は圧し縮められないこと。

○観察、実験などに関する技能を身に付けること。

思考力、判断力、表現力等

　空気と水の性質について追究する中で、既習の内容や生活経験を基に、空気と水の体積や圧し返す力の変化と圧す力との関係について、根拠のある予想や仮説を発想し、表現すること。

内容の取扱い

　内容の「A物質・エネルギー」の指導に当たっては、2種類以上のものづくりを行うものとする。

● **基本的な概念との関わり及び内容の系統性**

「空気と水の性質」は、「粒子」についての基本的な概念等を柱とした内容のうちの「粒子の存在」に関わるものです。そして、第６学年「A(1) 燃焼の仕組み」の学習につながります。

● **学習のねらい**

体積や圧し返す力の変化に着目して、それらと圧す力とを関係付けて、空気と水の性質を調べることで理科の考え方を働かせる学習活動を通して、

> ① 「知識及び技能」
>
> 　空気と水の性質についての理解を図り、観察、実験などに関する技能を身に付けるようにするとともに、
>
> ② 「思考力・判断力・表現力等」
>
> 　主に既習の内容や生活経験を基に、根拠のある予想や仮説を発想する力や
>
> ③ 「学びに向かう力、人間性等」
>
> 　主体的に問題解決しようとする態度を育成すること

がねらいになります。そして、この単元目標に照らした「評価の観点の趣旨」の概要を［表 4-11］に示します。実際は、内容や時間（次）のまとまりごとに、具体的な評価をすることになります。

●表 4-11 空気と水の性質「評価の観点及びその趣旨」

観点	知識・技能
趣旨	空気と水の性質について理解しているとともに、器具や機器などを正しく扱いながら調べ、それらの過程や得られた結果を分かりやすく記録している。
観点	思考・判断・表現
趣旨	空気と水の性質について、観察、実験などを行い、主に既習の内容や生活経験を基に、根拠のある予想や仮説を発想し、表現するなどして問題解決している。
観点	主体的に学習に取り組む態度
趣旨	空気と水の性質についての事物・現象に進んで関わり、他者と関わりながら問題解決しようとしているとともに、学んだことを学習や生活に生かそうとしている。

学習のねらいからイメージする授業の骨子（超初心者モード）

㋐ 閉じ込めた空気を圧すと、体積は小さくなるが、圧し返す力は大きくなること。

　○空気を閉じ込めた袋を圧してみよう。袋はへこんだり圧し返したり…

　問題：容器に閉じ込めた空気を圧すと、中の空気はどうなるのかな？

　実験：筒に閉じ込めた空気の体積を調べてみよう。

㋑ 閉じ込めた空気は圧し縮められるが、水は圧し縮められないこと。

　○ 空気でっぽうの筒の中を水にしてみよう。玉の飛び出し方は…

　問題：容器に閉じ込めた水を圧すと、中の水はどうなるのかな？

　実験：注射器に閉じ込めた水と空気を圧し比べてみよう。

㋐㋑ 観察、実験などに関する技能を身に付けることができる。

　技能：道具を正しく使って工夫しながら空気や水について調べよう。

　・空気の集め方 ・空気や水の閉じ込め方　・安全な棒の押し方

　・空気でっぽうの飛ばし方　・注射器の使い方（空気と水の実験）　など

4 章　各学年の理科 ●　131

● 知識事項を観点とした学習活動のポイント

(ア) 閉じ込めた空気を圧すと、体積は小さくなるが、圧し返す力は大きくなること。

閉じ込めた空気を圧し縮めたときの体積や圧し返す力に着目して理科の見方を働かせ、それらと圧す力とを関係付けて、容器に閉じ込めた空気を圧し縮めたときの体積や圧し返す力の変化を調べることで理科の考え方を働かせる学習活動を位置付けます。これらの学習活動を通して、「空気の性質」について、既習の内容や生活経験を基に、根拠のある予想や仮説を発想し、表現するとともに、

・閉じ込めた空気を圧すと、体積は小さくなるが、圧し返す力は大きくなること

を捉えるようにします。

(イ) 閉じ込めた空気は圧し縮められるが、水は圧し縮められないこと。

閉じ込めた空気や水に力を加えたときの体積や圧し返す力の変化に着目して理科の見方を働かせ、空気と水の場合を比較しながら調べることで理科の考え方を働かせる学習活動を位置付けます。これらの活動を通して、「水の性質」について、既習の内容や生活経験を基に、根拠のある予想や仮説を発想し、表現するとともに、

・閉じ込めた空気は圧し縮められるが、水は圧しても体積は変わらないことから、

・水は圧し縮められないこと

を捉えるようにします。

3
4年
5
6

「関係付け」って？

自然の事象の何かと何かを「関係付ける」ということです。これまでの理科教育が大切にしてきた問題解決の能力のひとつです。（あたぼうよ!!）

まずは、同時に2つ、あるいは複数の自然の事物・現象を、様々な「理科の見方」という「ものさし」を使って結び付けていきます。変化とそれに関わる要因を結び付けたり、既習の内容や生活経験と結び付けたりすることなどが「関係付け」の例です。

そして、解決したい問題に関する事物・現象の様々な関係を見いだしながら、予想や仮説を発想します。この一連の活動を「理科の考え方」として（主に4年生で育てたい資質・能力と関連させて）位置付けています。例えば、堅い筒に閉じ込めた空気を押し棒で押したときの「空気の体積」と「手応え」の関係に着目して考えます。

そして、「空気の体積が小さくなる」←（ほど）→「手応えが大きくなる」という因果関係を発見することで、実験した結果を空気の性質として認識していきます。この経験や学習内容を基に「水はどうなのかな？」「水風船で遊んだときは〜だった」「空気でっぽうに水をいれて棒を押してみたら…」と、予想や仮説を発想できるようになることを期待しているのです!!…が…。

4

● **学習の対象と教材研究のポイント**

空気と水の性質の学習では「閉じ込めた空気と水」が対象となります。

まず、「閉じ込めた」という言葉を意識しましょう。子どもにもしっかりと意識させてください。「空気は圧し縮められる」ではなく「閉じ込めた空気は圧し縮められる」のです。授業での発表やノートへの記述の際にも、「閉じ込めた」を（枕詞の様に）付けることが科学的な見方や考え方を養います。

次に考えるのは、空気も水も閉じ込めることができて、さらに「圧し縮めることが容易にできる」物にはどんなものがあるだろうかということです。教科書や市販されている教材では「プラスチックの筒」「発泡ウレタンの玉」「押し棒」をセットで活用する例が多いでしょう。

　そして、もう１点、空気も水も閉じ込めることができて、「体積の変化を容易に捉えることができる」物という観点で教材を考えてみましょう。プラスチックの筒でも可能ですが、より科学的にするためには、空気や水が漏れることなく、目盛りがあって数値として視認や記録ができる物が必要です。そこで登場するのが、「プラスチックの注射器」です。

　これ以外にも、様々な袋やボール、風船（水風船）、マヨネーズ容器、ペットボトル、空気（水）でっぽう、気泡シート、タイヤ、エアーポットなどを利用することが考えられます。意識して身の回りの物を観察するとともに、それぞれの活用法を研究してオリジナル教材を開発してみましょう。

● **学習活動において心に留め置くポイント**

　空気と水の性質の学習で大切にしたいのは、「手ごたえ」＝体感です。空気と水の性質の違いを、力を加えたときの手ごたえを基にしながら調べるようにしましょう。手ごたえのような体感は漠然とした感覚ですから、子どもには言葉にするのが難しいでしょう。だからこそ、言葉で表現させる機会を忘れずに。

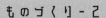
内容の取り扱いから　KEYword

ものづくり－２

　「A 物質・エネルギー」の指導ではものづくりも行います。

　ものづくりは（そのねらいから）単元の最後の「次」に位置付きます。

　空気や水の性質を活用したものづくりとしては、空気は圧し縮められるが、水は圧し縮められないという観点から、例えば、物を遠くへ飛ばすことを目的とした空気でっぽうや水を離れた場所へ飛ばすことを目的とした水でっぽうなどが考えられます。

　しかし、ここまでの学習（授業）の中で空気でっぽうや水でっぽうを扱っていた場合はNGです。ものづくりの教材にはなりません。ただし、水と空気の性質を利用した「ペットボトル水でっぽう」にすればOKです。なぜでしょう。何が・どのように異なるのか考えてみましょう。

この学びが原体験として身体的な能力の主体（自我）になるかもしれません。

　また、空気や水の存在や力を加える前後の空気や水の体積変化を「図や絵を用いて表現する」活動を取り入れましょう。無理やり「粒子」の概念を導入する必要はありません。子どもの論理に即した形で、空気や水の性質について考えたり、説明したりする活動の充実を図ること常に心に留め置きましょう。

　さらに、学習のまとめ（振り返り）の中で、空気と水の性質を利用したおもちゃや道具などの仕組みについて、学んだことを適用し、表現することを位置付けたいですね。自分で学んだ知識や技術が活かせるという喜び、また、「こういうことができるようになったんだ‼」という達成感を味わわせると共に、友達の発表を真摯に（敬意を払って）共感的に聞けるようになったという人間性の成長も自覚させることができれば素晴らしいですね。

●学習活動を日常生活と結び付けるポイント

　子どもに身近な物ならば「ボール」がいいでしょう。ちょっと仕込みをして「空気が十分に入っていないボール」ばかりにしておきます。子どもはすぐに「空気が入っていない‼」と気が付くでしょう。この「気付き」を強化して全員に共有化させておくのがポイントです。この共通経験を基に、「自転車のタイヤも同じかな…」「家のエアーマット（ベッド）の寝心地がいいのは…」「空気を入れているとだんだん大変になるのは…」のように、根拠のある予想や仮説を発想できるようになれば素晴らしいですね。

　おまけですが、テレビのキャラクター風に「ねぇねぇ、スーパーで売っているお豆腐、水で満たされた容器に入っているのはなぜ？」と問いかけるのもいいかもしれませんね。もしも、これまでボーっと生きてきたと感じるようなら、これをチャンスに考える場を構成してみましょう。

●**安全第一‼ 事故防止のポイント**

　この単元、しっかり注意しないとけがをすることがあります。容器に閉じ込めた空気や水を圧し縮めようとするとき、力任せに押しまくる子どもがいるからです。指を筒に挟んで血豆を作ったり、容器が破損するほど強く押したときに指を骨折したり、容器の一部が割れて飛散したときに目に当たり傷つけたりなど、先生が適切な指導を怠ると大けがをする可能性もあるのです。脅かすのではなく、安全に配慮する指導を徹底すること、それが、安全を第一に考える態度の育成につながります。

Step Up point

Up　授業の充実（子どもの想いを導く学習活動）

　㋐閉じ込めた空気を圧すと、体積は小さくなるが、圧し返す力は大きくなること。

　・筒の先をゴムの板におしつけて棒をおすと、手ごたえは…

　・筒の中の空気の様子を図で表して説明してみよう。筒の中は…

　・空気でっぽうで球が飛ぶ理由を説明してみよう。筒の中の空気が…

　㋑閉じ込めた空気は圧し縮められるが、水は圧し縮められないこと。

　・筒の中に水を入れて球を飛ばそう。水と一緒に玉が落ちるのは…

　・注射器に空気と水を半分ずつ入れて圧してみよう。水は…

　・タイヤに（水ではなく）空気を入れる理由を考えてみよう。

3
4年
5
6

2 「B(3) 雨水の行方と地面の様子」のポイント

● 学習の概要

B(3) 雨水の行方と地面の様子
※指導要領をもとに筆者が編集

[学習の対象] = 雨水の行方と地面の様子について、

[理科の見方] = 流れ方やしみ込み方に着目して、

[理科の考え方] = それらと地面の傾きや土の粒の大きさとを関係付けて
調べる活動を通して、

次の事項を身に付けることができるよう指導する。

[もつことが期待される対象についての知識と身に付ける技能]

㋐水は、高い場所から低い場所へと流れて集まること。

㋑水のしみ込み方は、土の粒の大きさによって違いがあること。

○観察、実験などに関する技能を身に付けること。

[思考力、判断力、表現力等]

　雨水の行方と地面の様子について追究する中で、既習の内容や生活経験を基に、雨水の流れ方やしみ込み方と地面の傾きや土の粒の大きさとの関係について、根拠のある予想や仮説を発想し、表現すること。

● 基本的な概念との関わり及び内容の系統性

　「雨水の行方と地面の様子」は、「地球」についての基本的な概念等を柱とした内容のうちの「地球の内部と地表面の変動」、「地球の大気と水の循環」に関わるものです。そして、第5学年「B(3) 流れる水の働きと土地の変化」、第6学年「B(4) 土地のつくりと変化」の学習につながります。

● 学習のねらい

　水の流れ方やしみ込み方に着目して、それらと地面の傾きや土の粒の大きさとを関係付けて、雨水の行方と地面の様子を調べる活動を通して、

---

①「知識及び技能」

　雨水の行方と地面の様子についての理解を図り、観察、実験などに関する技能を身に付けるようにするとともに、

②「思考力・判断力・表現力等」

　主に既習の内容や生活経験を基に、根拠のある予想や仮説を発想する力や

③「学びに向かう力、人間性等」

　主体的に問題解決しようとする態度を育成すること

がねらいになります。そして、この単元目標に照らした「評価の観点の趣旨」の概要を [表4-12] に示します。実際は、内容や時間（次）のまとまりごとに、具体的な評価をすることになります。

●表4-12 雨水の行方と地面の様子「評価の観点及びその趣旨」

観点	知識・技能
趣旨	雨水の行方と地面の様子について理解しているとともに、器具や機器などを正しく扱いながら調べ、それらの過程や得られた結果を分かりやすく記録している。
観点	思考・判断・表現
趣旨	雨水の行方と地面の様子について、観察、実験などを行い、主に既習の内容や生活経験を基に、根拠のある予想や仮説を発想し、表現するなどして問題解決している。
観点	主体的に学習に取り組む態度
趣旨	雨水の行方と地面の様子についての事物・現象に進んで関わり、他者と関わりながら問題解決しようとしているとともに、学んだことを学習や生活に生かそうとしている。

学習のねらいからイメージする授業の骨子（超初心者モード）

(ア) 水は、高い場所から低い場所へと流れて集まること。

〇校庭に降った雨水はどこに流れていくのだろう。水たまりは…

問題：水は高いところから低いところへ流れていくのかな？

実験：地面の傾きと水の流れ方を調べてみよう。

(イ) 水のしみ込み方は、土の粒の大きさによって違いがあること。

〇水のたまりやすかった場所について考えてみよう。土の違いは…

問題：水のしみ込み方は土の粒の大きさによって変わるのかな？

実験：粒の大きさが違う土の水のしみ込み方を調べてみよう。

(ア)(イ) 観察、実験などに関する技能を身に付けることができる。

技能：道具を正しく使って雨水の行方と水のしみ込み方を調べよう。

・校庭に降った雨水の観察の仕方　・地面の傾きの調べ方

・傾きチェッカーの作り方　・水のしみ込み方の調べ方

・いろいろな場所の土の粒の大きさの調べ方　など

内容の取り扱いから　KEYword

ものづくり - 学習活動の充実という観点から

解説：第4章「指導計画の作成と内容の取扱い」では、内容の取扱いについての配慮事項として、ものづくりについても次のように言及しています。

(5) 主体的な問題解決の活動の充実、日常生活や他教科等との関連など

…また、ものづくりの活動を充実させることが考えられる。これまでのものづくりの活動は、その活動を通して解決したい問題を見いだすことや、学習を通して得た知識を活用して、理解を深めることを主なねらいとしてきた。今回、学んだことの意義を実感できるような学習活動の充実を図る観点から、児童が明確な目的を設定し、その目的を達成するためにものづくりを行い、設定した目的を達成できているかを振り返り、修正するといったものづくりの活動の充実を図ることが考えられる。　※下線は筆者

●知識事項を観点とした学習活動のポイント

　㋐水は、高い場所から低い場所へと流れて集まること。

　雨水が地面を流れていく様子から、雨水の流れ方に着目して理科の見方を働かせ、雨水の流れる方向と地面の傾きとを関係付けて、降った雨の流れの行方を調べることで理科の考え方を働かせる学習活動を位置付けます。これらの学習活動を通して、「雨水の流れ方」について、既習の内容や生活経験を基に、根拠のある予想や仮説を発想し、表現するとともに、

・水は高い場所から低い場所へと流れて集まること

を捉えるようにします。

　ここでは、地面にできた雨水の流れの方向を観察するとともに、普段の生活ではあまり意識することのなかった地面の傾きの違いについて、雨水の流れる方向と地面の傾きとの関係を捉えることがポイントになります。

㋑水のしみ込み方は、土の粒の大きさによって違いがあること。

　雨があがった後の校庭や教材園などの地面の様子から、水のしみ込み方に着目して理科の見方を働かせ、水のしみ込み方と土の粒の大きさとを関係付けて、降った雨の流れの行方を調べることで理科の考え方を働かせる学習活動を位置付けます。これらの学習活動を通して、「土の粒の大きさによる水のしみ込み方の違い」について、既習の内容や生活経験を基に、根拠のある予想や仮説を発想し、表現するとともに、

・水のしみ込み方は土の粒の大きさによって違いがあること

を捉えるようにします。

　ここでは、水たまりができている地面とできていない地面を観察するとともに、水のしみ込み方の違いについて、虫眼鏡で土の粒の大きさを観察したり、粒の大きさの違う土を用いて、水がしみ込むまでの時間を比べたりする活動を位置付けていくことがポイントになります。

3
4年
5
6

●学習の対象と教材研究のポイント

雨水の行方に関する学習では、雨があがった後の校庭や教材園などに見られる「雨水の流れ」が対象となります。もちろん、雨が降っているときの校庭などの様子を観察することができれば、雨がやんだとき（あるいは翌日）の様子と比較することが可能になります。安全面、雨の強さ、雷、気温などに問題がなければ、（濡れないように注意しながら）ぜひ観察したいですね。

知っているとかっこいい **KEYword**

「土の粒の大きさ」って？

6年生の学習において、「…土地は、礫、砂、泥、火山灰などからできて…」いることも捉えることになりますが、地質学（堆積学）に基づく分類では、その粒の大きさ（粒径）によって、

礫：2mm より大きいもの

砂：2 ～ 1/16mm のもの

シルト：1/16 ～ 1/256mm のもの

粘土：1/256mm より小さいもの

に分けられています（泥はシルトと粘土に分けられています）。

地面の様子に関する学習では、校庭や教材園、砂場などにある、「粒の小さい土」や「粒の大きい土」などが対象となります。「篩（ふるい）」を使って遊んだ経験や、ピカピカな「スーパー土だんご」を作った体験などを活かす場を考えましょう。また、遊び上手な子どもは「どこにどんな土があるか」を知っているかもしれません。子どもに寄り添った教材の価値付けが研究のポイントになるでしょう。

●学習活動において常に心に留め置くポイント

雨水の行方と地面の様子の学習で大切にしたいのは、「フィールドワーク」＝現場学習・野外調査です。その際、心に留め置くのは「先生の態度」です。子どもの模範になるように、「自然（事物）にそっと浸り、ありのままの現象を理科の見方を働かせて注意深く見きわめ、理科の考え方を働かせながら客観的な知識を得ようとする態度」を示してください。「口頭（言葉の説明）よりも行動で手本になる」ことも理科では重要なのです。

具体的には、校庭や教材園などに出て地面の傾きの様子を調べたり、虫眼鏡

で土の粒の大きさを観察したり、校庭や教材園、砂場などから土を採取してき
て粒の大きさの違いによる水のしみ込み方の違いを調べたりすることが学習活
動のポイントになります。（先生が率先して）校庭に寝転んだり、教材園で泥
だらけになったりしたいところですが、こういう時代ですから自己責任にて…。

● 学習活動を日常生活と結び付けるポイント

　校庭に降り続いている雨水の最終的な行方について、単元の導入で意識させ
ることが可能です。ただし、その場合は先生の教材開発（校庭から排水溝（通
水路）へ、川へ、そして海へ）が必須となります。土・日・祝日を使って歩い
て迷って汗かいて尋ねて写真を撮って… という覚悟と実行力があれば最高の教
材ができあがるでしょう。

　まあ、そこまではできないかな… というのが普通です。その場合は、この単
元で学んできた内容が「台所やお風呂場の排水の仕組み」に生かされているこ
とや、雨水が川へと流れ込むということを考える場を構成しましょう。また、
大雨が続くと地下道に水がたまってしまうこと、アンダーパスを通行できなく
なってしまうことなど、自然災害との関連を図ることも大切なポイントになり
ます。

● 安全第一!! 事故防止のポイント

　雨が降っているときの校庭や教材園での観察（学習）に際しては、急な天候
の変化や雷等に留意し、事故防止に配慮するように指導しましょう。さらに、「雨
の日に外で勉強するなんてとんでもない!!」「子どもが風邪をひきました!!」「買っ
たばかりの靴が泥だらけに！！」など、様々な保護者の立場から授業の在り方を
考える必要もあります。

　この単元に限ったことではありませんが、参観会（保護者懇談会）や学級だ
よりを活用して「○年生の理科学習について」をしっかり説明するようにしま
しょう。特に教室外での学習が位置付く理科では、その学習意義と共に服装や
靴・持ち物について理解を得たりお願いしたりする必要が生じます。このよう
な積み重ねにより学校と家庭が協力して子どもを守ること（＝事故に遭わない

3
4年
5
6

ように安全に配慮する・常に自分の身を守ることを第一に考える態度の育成）
が重要なポイントになります。

Step Up point

授業の充実（子どもの想いを導く学習活動）

⑦水は、高い場所から低い場所へと流れて集まること。

・バットの上でビー玉を転がしてみよう。校庭と同じならば…

・校庭の水の流れマップを作ろう。予想と観察結果を比べると…

⑷水のしみ込み方は、土の粒の大きさによって違いがあること。

・砂場と教材園の土の粒の大きさが違う理由は、きっと…

・植木鉢に土を入れるときに注意したことを思い出したけど…

Ⅲ　第5学年の理科

1　理科のレベルが上がる!! 第5学年の理科の目標とそのポイント

　2年間理科を学んできた5年生、比較したり関係付けたりする考え方を礎にレベルの上がった理科と向き合うことになります。それにより、理科が楽しくなったり！苦手になったり？「レベルの高い問題に立ち向かう授業とは」という教育的課題を頭に置きながら、第5学年の理科の目標とそのポイントを見ていきましょう。指導要領を引用したり参考にしたりしながら説明していきます。

第5学年の理科をざっくりまとめると…

　第5学年の理科では、自然の事物・現象について、理科の見方・考え方を働かせ、問題を追究する活動を通して、物の溶け方、振り子の運動、電流がつくる磁力、生命の連続性、流れる水の働き、気象現象の規則性についての理解を図り、観察、実験などに関する基本的な技能を身に付けるようにするとともに、問題解決の力や生命を尊重する態度、主体的に問題解決しようとする態度を養うことが目標になります。

　特に、第5学年の理科では、学習の過程において、<u>自然の事物・現象から見いだした問題についての予想や仮説を基に、解決の方法を発想する</u>といった問題解決の力を育成することに重点が置かれています。この力を育成するためには、<u>自然の事物・現象に影響を与えると考える要因を予想し、どの要因が影響を与えるかを調べる際に、これらの条件を制御する</u>といった考え方を用いることが大切になります。

3
4
5年
6

POINT 第**5**学年の理科2大ポイント

●自然の事象に影響を与える要因を予想し、条件を制御して調べること‼

●見いだした問題についての予想や仮説を基に、解決の方法を発想すること‼

　第5学年理科の目標を、（小学校理科の教科の目標として育成を目指す資質・能力の）「三つの柱」で区分別に整理すると［表4-13］のようになります。

なお、この表で示す第5学年各区分の理科の学習内容（「物の溶け方」「振り子の運動」「電流がつくる磁力」「生命の連続性」「流れる水の働き」「気象現象の規則性」）については、以下「第5学年の内容」とします。

●表4-13 第5学年理科の目標

第5学年理科の目標（学習指導要領より）	(1)A 物質・エネルギー	①	知識及び技能	物の溶け方、振り子の運動、電流がつくる磁力についての理解を図り、観察、実験などに関する基本的な技能を身に付けるようにする。
		②	思考力、判断力、表現力等	物の溶け方、振り子の運動、電流がつくる磁力について追究する中で、主に予想や仮説を基に、解決の方法を発想する力を養う。
		③	学びに向かう力、人間性等	物の溶け方、振り子の運動、電流がつくる磁力について追究する中で、主体的に問題解決しようとする態度を養う。
	(2)B 生命・地球	①	知識及び技能	生命の連続性、流れる水の働き、気象現象の規則性についての理解を図り、観察、実験などに関する基本的な技能を身に付けるようにする。
		②	思考力、判断力、表現力等	生命の連続性、流れる水の働き、気象現象の規則性について追究する中で、主に予想や仮説を基に、解決の方法を発想する力を養う。
		③	学びに向かう力、人間性等	生命の連続性、流れる水の働き、気象現象の規則性について追究する中で、生命を尊重する態度や主体的に問題解決しようとする態度を養う。

　まず、①「知識及び技能（自然の事物・現象についての理解や観察、実験などに関する基本的な技能）」については、「第5学年の内容」についての理解を図るとともに、観察、実験などに関する基本的な技能を身に付けることが目標になります。

　次に、②「思考力、判断力、表現力等（問題解決の力）」については、第5学年の内容について追究する中で、主に予想や仮説を基に、解決の方法を発想する力を養うことが目標になります。そのためには、自然の事物・現象について、理科の見方・考え方を働かせながら、「何が原因になっているのだろう…」「これを確かめるためにはこの条件を変えて…」のように、学んだ知識や経験を基に要因を予想したり条件を制御することを考えたりする活動を充実させながら、みんなで話し合った仮説を基に「解決の方法を発想する」という問題解決の力を育成することがポイントになります。

　最後に、③「学びに向かう力、人間性等（自然を愛する心情や主体的に問題解決しようとする態度）」については、第5学年の内容について追究する中で、主体的に問題解決しようとする態度及び（B 生命・地球区分においては）生命を尊重する態度を養うことが目標になります。

　もちろん、自然の事物・現象についての問題を科学的に解決するために必要な資質・能力については相互に関連し合うものです。[表2-13]に示した各区分の「①、②、③」については指導（育成）する順番や重要度ではないことに注意してください。このような留意点を、第5学年理科の目標と内容とともに[図2-4]に示しました。資質・能力の「三つの柱」の関連性をイメージしましょう。

　さて、これまでに述べてきた第5学年の理科の目標に照らした「評価の観点の趣旨」を[表4-14]に示しておきます。第5学年の目標等からは読み取りにくい文言も含め、特に下線部分に留意することが観点別学習状況評価のポイントになるでしょう。

3
4
5年
6

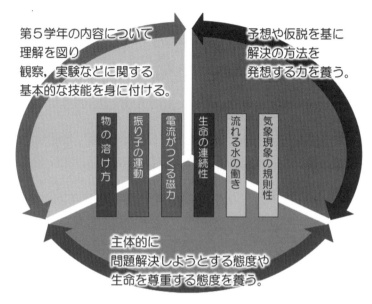

第5学年の内容について
理解を図り
観察，実験などに関する
基本的な技能を身に付ける。

予想や仮説を基に
解決の方法を
発想する力を養う。

物の溶け方

振り子の運動

電流がつくる磁力

生命の連続性

流れる水の働き

気象現象の規則性

主体的に
問題解決しようとする態度や
生命を尊重する態度を養う。

●図 4-4 小学校理科第 5 学年のイメージ

●表 4-14 小学校理科　第 5 学年「評価の観点及びその趣旨」

観点	知識・技能
趣旨	物の溶け方、振り子の運動、電流がつくる磁力、生命の連続性、流れる水の働き及び気象現象の規則性について理解しているとともに、観察、実験などの目的に応じて、器具や機器などを選択して、正しく扱いながら調べ、それらの過程や得られた結果を適切に記録している。
観点	思考・判断・表現
趣旨	物の溶け方、振り子の運動、電流がつくる磁力、生命の連続性、流れる水の働き及び気象現象の規則性について、観察、実験などを行い、主に予想や仮説を基に、解決の方法を発想し、表現するなどして問題解決している。
観点	主体的に学習に取り組む態度
趣旨	物の溶け方、振り子の運動、電流がつくる磁力、生命の連続性、流れる水の働き及び気象現象の規則性についての事物・現象に進んで関わり、粘り強く、他者と関わりながら問題解決しようとしているとともに、学んだことを学習や生活に生かそうとしている。

2 第5学年理科の内容構成とその目標は

1　第5学年「A 物質・エネルギー」に関わる目標

第5学年の「A 物質・エネルギー」においては、

①「知識及び技能」

　「物の溶け方」「振り子の運動」及び「電流がつくる磁力」についての<u>理解を図り、観察、実験などに関する基本的な技能を身に付けるようにする</u>とともに、

②「思考力・判断力・表現力等」

　<u>主に予想や仮説を基に、解決の方法を発想する</u>といった<u>問題解決の力</u>や

③「学びに向かう力、人間性」

　<u>主体的に問題解決しようとする態度を養うこと</u>

が目標になります。

この目標を達成するために設定された学習内容を［表 4-15］に示します。

●表 4-15 小学校理科第5学年 A 物質・エネルギーの内容構成

領域	エネルギー	粒　子
見方	主として量的・関係的な視点	主として質的・実態的な視点
第5学年 (1)A 物質・エネルギー	**振り子の運動** ・振り子の運動	**物の溶け方** **（溶けている物の均一性〈中1から移行〉を含む）** ・重さの保存 ・物が水に溶ける量の限度 ・物が水に溶ける量の変化
	電流がつくる磁力 ・鉄心の磁化、極の変化 ・電磁石の強さ	

3 4 5 6 年

● 「エネルギー」についての基本的な概念等を柱とした内容

「エネルギー」の区分においては、「振り子の運動」及び「電流がつくる磁力」が設定されています。

```
振り子の運動

    理科の見方   振り子が1往復する時間に着目して、

    理科の考え方  おもりの重さや振り子の長さなどの条件を制御しな
                がら調べ、

    振り子の運動の規則性を捉えるようにします。
```

```
電流がつくる磁力

    理科の見方   電流の大きさや向き、コイルの巻数などに着目して、

    理科の考え方  それらの条件を制御しながら調べ、

    電流がつくる磁力を捉えるようにします。
```

● 「粒子」についての基本的な概念等を柱とした内容

「粒子」の区分においては、「物の溶け方」が設定されています。

```
物の溶け方

    理科の見方   物が水に溶ける量や様子に着目して、

    理科の考え方  水の温度や量などの条件を制御しながら調べ、

    物の溶け方の規則性を捉えるようにします。
```

あまからコラム

５年生の理科の目標なんですけど、
ホントにだいじょうぶですか？

　うーん、どうでしょう、なかなか厳しいと思いますよ。自然に浸ったり事物を操作して現象を観察したり…って、自然の中の遊びのことですけど、それが圧倒的に少ないであろう小学校５年生の子どもに「予想や仮説を基に、解決の方法を発想すること」が可能でしょうか？

　日常生活の中で、本当に困ったという経験や、なんとかしてできるようにしたいという強い願いが少ないので、必死になって問題を解決しようという意欲が喚起されません。宿題や課題もネットで調べてコピペでテキトーにまとめれば解決したことになるわけですから、そりゃあ無理っちゅうもんでしょうねぇ。

　ただし、それができるように指導していくのが教員の使命です。使命なんですけど、どうですか？

　先生自身の自然体験やものづくりの経験が少ない上に、理科の実験器具・機器や薬品の扱い方もうろ覚えですよね。「赤本虎の巻」を読んだ程度では５年生の理科は指導はできないですよ。さて、どうしますか？

　そんなときは、日常の問題解決法から知識と技術を転用すればいいのです。例えば、「理科の授業がうまくいかない」「子どもが集中しない」「何が悪いんだろう」「ひょっとすると理科室の学習環境に要因があるのかも」「理科室前面の掲示物を撤去して様子をみよう」のように、理科の授業も流れを追って考えていけばいいのです。因果関係を予想して条件を制御して、確かめることができるものからひとつずつコツコツと…引き続きポイントを説明していきますから…がんばりましょ‼

3
4
5年
6

2 第5学年「B 生命・地球」に関わる目標

第5学年の「B 生命・地球」においては、

---

① 「知識及び技能」

「生命の連続性」「流れる水の働き」及び「気象現象の規則性」についての理解を図り、観察、実験などに関する基本的な技能を身に付けるようにするとともに、

② 「思考力・判断力・表現力等」

主に予想や仮説を基に、解決の方法を発想するといった問題解決の力や

③ 「学びに向かう力、人間性」

生命を尊重する態度、主体的に問題解決しようとする態度を養うこと

が目標となります。

この目標を達成するために設定された学習内容を［表 4-16］に示します。

●表 4-16 小学校理科　第 5 学年 B 生命・地球の内容構成

領域	生命	地球
見方	主として多様性と共通性の視点	主として時間的・空間的な視点
第5学年(2)B生命・地球	**植物の発芽、成長、結実** ・種子の中の養分 ・発芽の条件 ・成長の条件 ・植物の受粉、結実	**流れる水の働きと土地の変化** ・流れる水の働き ・川の上流・下流と川原の石 ・雨の降り方と増水
	動物の誕生 ・卵の中の成長 ・母体内の成長	**天気の変化** ・雲と天気の変化 ・天気の変化の予想

● 「生命」についての基本的な概念等を柱とした内容

「生命」の区分においては、「植物の発芽、成長、結実」及び「動物の誕生」が設定されています。

```
植物の発芽、成長、結実
    理科の見方  植物の発芽、成長及び結実の様子に着目して、
    理科の考え方  それらに関わる条件を制御しながら調べ、
  植物の育ち方を捉えるようにします。
```

```
動物の誕生
    理科の見方  魚を育てたり人の発生についての資料を活用したり
             する中で、卵や胎児の様子に着目して、
    理科の考え方  時間の経過と関係付けて調べ、
  動物の発生や成長について捉えるようにします。
```

● 「地球」についての基本的な概念等を柱とした内容

「地球」の区分においては、「流れる水の働きと土地の変化」及び「天気の変化」が設定されています。

```
流れる水の働きと土地の変化
    理科の見方  流れる水の速さや量に着目して、
    理科の考え方  それらの条件を制御しながら調べ、
  流れる水の働きと土地の変化を捉えるようにします。
```

天気の変化		
理科の見方	雲の量や動きに着目して、	
理科の考え方	それらと天気の変化とを**関係付け**て調べ、	

天気の変化の仕方を捉えるようにします。

4

あまからコラム

理科が苦手なこの私が 5年の理科をやれるでしょうか？

　そうですね。他の学年に比べたらわかりやすい方なんじゃないですか。自然の事物・現象から見いだした問題についての「予想や仮説を基に、解決の方法を発想する」だけでしょ。この程度だったらなんとかなりますよ。

　なーんちゃって。

　そもそも、振り子を見てガリレオみたいに問題を見いだせるでしょうか。植物の発芽や成長の条件を考えることができるでしょうか。

　まあ、百億万歩譲って、問題を見いだして・予想や仮説が立てられたとしましょう。でも、それを実証するための実験や観察の方法が思いつくでしょうか。それも、主体的・意図的・計画的にやらなきゃならんわけですよ。

　といいつつ。実はできるんですよ。「やれる・できる・わかる」スモールステップ認証法で進めていけば。その方法を知りたい場合は、本書と「一対」になる「言語力を重視した　みんながわかる理科教育法（レベルアップ授業力－小学校理科）」を参照してください。…って、宣伝？　いえいえ、参考文献の紹介ですがな〜。(^^ゞ

❸ 第5学年理科の学習活動を構想するために

　　ここでは、第5学年の理科の学習活動を構想するためのポイントを（各区分ひとつずつ）紹介していきます。

1 「A⑵ 振り子の運動」のポイント

●学習の概要

A⑵ 振り子の運動

※指導要領をもとに筆者が編集

　学習の対象 ＝ 振り子の運動の規則性について、

　理科の見方 ＝ 振り子が1往復する時間に着目して、

　理科の考え方 ＝ おもりの重さや振り子の長さなどの条件を制御しながら調べる活動を通して、

次の事項を身に付けることができるよう指導する。

もつことが期待される対象についての知識と身に付ける技能

㋐振り子が1往復する時間は、おもりの重さなどによっては変わらないが、振り子の長さによって変わること。

○観察、実験などに関する技能を身に付けること。

思考力、判断力、表現力等

　振り子の運動の規則性について追究する中で、振り子が1往復する時間に関係する条件についての予想や仮説を基に、解決の方法を発想し、表現すること。

内容の取扱い

　内容の「A物質・エネルギー」の指導に当たっては、2種類以上のものづくりを行うものとする。

● **基本的な概念との関わり及び内容の系統性**

　「振り子の運動」は、第3学年「A（2）風とゴムの力の働き」の学習を踏まえて、「エネルギー」についての基本的な概念等を柱とした内容のうちの「エネルギーの捉え方」に関わるものです。そして、第6学年「A（3）てこの規則性」の学習につながります。

● **学習のねらい**

　振り子が1往復する時間に着目して、おもりの重さや振り子の長さなどの条件を制御しながら、振り子の運動の規則性を調べる活動を通して、

---

① 「知識及び技能」

　　振り子の運動の規則性についての理解を図り、観察、実験などに関する技能を身に付けるようにするとともに、

② 「思考力・判断力・表現力等」

　　主に予想や仮説を基に、解決の方法を発想する力や

③ 「学びに向かう力、人間性等」

　　主体的に問題解決しようとする態度を育成すること

がねらいになります。そして、この単元目標に照らした「評価の観点の趣旨」の概要を［表4-17］に示します。実際は、内容や時間（次）のまとまりごとに、具体的な評価をすることになります。

●表 4-17 振り子の運動 「評価の観点及びその趣旨」

観点	知識・技能
趣旨	振り子の運動の規則性について理解しているとともに、観察、実験などの目的に応じて、器具や機器などを選択して、正しく扱いながら調べ、それらの過程や得られた結果を適切に記録している
観点	思考・判断・表現
趣旨	振り子の運動の規則性について、観察、実験などを行い、主に予想や仮説を基に、解決の方法を発想し、表現するなどして問題解決している。
観点	主体的に学習に取り組む態度
趣旨	振り子の運動の規則性についての事物・現象に進んで関わり、粘り強く、他者と関わりながら問題解決しようとしているとともに、学んだことを学習や生活に生かそうとしている。

学習のねらいからイメージする授業の骨子（超初心者モード）

㋐ 振り子が1往復する時間は、おもりの重さなどによっては変わらないが、振り子の長さによって変わること。

　○振り子の法則を確かめてみよう。ガリレオが発見したのは…

　問題：振れ幅が変わると振り子が1往復する時間はどうなるのか？

　実験：振り子の振り幅を変えて振り子が1往復する時間を調べる。

　問題：振り子が1往復する時間は何によって変わるのか？

　実験：条件を変えて振り子が1往復する時間を調べる。

㋐ 観察、実験などに関する技能を身に付けることができる。

　技能：条件を変えながら実験方法を工夫して振り子の運動を調べる。

　・振り子実験器の作り方（使い方）　・1往復する時間の調べ方

　・振り子の法則の調べ方（条件を揃えた実験の方法）　など

3
4
5年
6

● **知識事項を観点とした学習活動のポイント**

　㋐振り子が1往復する時間は、おもりの重さなどによっては変わらないが、振り子の長さによって変わること。

　　振り子が1往復する時間に着目して理科の見方を働かせ、おもりの重さ、振り子の長さ、振れ幅などの条件を制御しながら、振り子が1往復する時間を変化させる条件を調べることで理科の考え方を働かせる学習活動を位置付けます。これらの学習活動を通して、「振り子の運動の規則性」についての予想や仮説を基に、解決の方法を発想し、表現するとともに、

　　・振り子が1往復する時間は、おもりの重さなどによっては変わらないが、振り子の長さによって変わること

　を捉えるようにします。

● **学習の対象と教材研究のポイント**

　振り子の運動の学習では「振り子が1往復する時間」が追究目標となります。そのための教材として、「振り子実験器」の作成が研究対象となります。

　その前に、「振り子」という言葉を理解させる必要がありますね。平成27年度の全国学力・学習状況調査の小学校理科の調査問題に「ふりこ時計を調整する時計店の店員さん」が描かれていました。はぁ…でしたね。

　それはともかく、ここでは、ガリレオらが発見した振り子の等時性を「お話」として導入教材化するのもありでしょう。「メトロノーム」を伏線として提示しておくのも（単元末にしっかり回収するなら）面白いですね。「ニュートンのゆりかご」は横道に逸れそうですから控えましょう。

　さて、肝心の「振り子実験器」ですが、何でも構いません。おもりの重さ、振り子の長さ、振れ幅などの条件をきちんと制御できるように配慮することと、振り子が1往復する時間を正しく計測できるような工夫がなされていれば問題ありません（まあ、実際はこの要件がなかなかクリアできないのですが…）。

あまからコラム

振り子の実験がうまくいきません。何かいい方法はありませんか？

　うまくいかない？　では、「実験がうまくいった」というのはどういう状況のときでしょう。どのグループの実験も教科書（理論）通りの結果が得られたときでしょうか？　もし、実験結果を重視するならば、それ相応の教材研究→教材開発→予備実験を積み重ねるしかないでしょう。まあ、教員の演示実験で授業を展開すれば…。

　ちなみに、「演示」ということば、指導要領にも解説にも一度たりとも出てきません。それは、教員が「正しいやり方で実験などを行い、その結果から知識をわかりやすく説明していく」ような授業は想定していないからです。

　理科では、自然事象の知識を習得することと、観察、実験などに関する技能を身に付けることを、同時並行的に相加相乗的に展開していきます。つまり、実験がうまくいっていないと子どもが判断したならば、よりよい方法を考えればいいのです。班によって結果が異なったのならば、その原因を追究すればいいのです。

3456年

「条件を制御する」って？

　子どもが理科の授業に集中しない。さて、何が悪いのか？　他のやり方は一切変えずに「チョークの色を工夫してみる」「声にメリハリを付けてみる」「ワークシートを使ってみる」「様々な視聴覚機器を活用してみる」みたいな感じです。(@_@)/ (違

　正しくは、「自然の事象に影響を与えると考えられる要因について、どの要因が影響を与えるかを調べる際に、変化させる要因と変化させない要因を区別する」ということです。簡単に言えば、「結果を検証するために比較する対象を決めて行う実験＝コントロール実験」です。科学的な実験の基礎になりますね。

　具体的には、自分たちで発見した問題を解決する方法を発想する際に、制御すべき要因と制御しない要因を区別しながら計画的に観察、実験などを行うことが考えられます。もちろん、1つの条件だけを変えるのがポイントです。この一連の活動を「理科の考え方」として（主に5年生で育てたい資質・能力と関連させて）位置付けているのです。

「教育現場における実験」って簡単にできるの？

　例えば、あなたが素晴らしい教材を開発したとします。「この振り子実験器を使えば誰もが『振り子の等時性』が理解できるはず！」ーさて、どのようにしてこの教材の有効性を検証しましょうか。

　単純に考えてみましょう。まず、1組では「あなたが開発した実験器」を使い、2組では「教科書に示されている実験器」を使って授業を行います。次に、どちらの組にも同じ100点満点の筆記テストを行います。最後に、テストの平均点を比較します。その結果、1組の方が平均点が5点上回りました！ーということで、あなたの教材はその有効性が…って、問題点だらけなのがわかりますよね？

●学習活動において心に留め置くポイント

　振り子の運動の学習で大切にしたいのは、「条件を制御しながら調べる活動」です。振り子の長さや振れ幅を一定にしておもりの重さを変えるなど、「変える条件」と「変えない条件」を制御しながら実験を行うことによって、実験の結果を適切に処理し、考察することができるようにすることがポイントになります。そのために「常に心に留め置くことは何か」を考え、学習活動を構成・展開しましょう。

　まず、振れ幅が極端に大きくならないように適切な振れ幅（角度で表せば30°（左右に15°ずつ）程度までで実験を行うようにします（単振り子の等時性は振れ幅が大きいと破れてしまいます）。加えて、実験中の振れ幅の減少ができるだけ小さい振り子実験器を研究し続けましょう。

内容の取り扱いから　KEYword

ものづくり－学習活動の充実という観点から

　第5学年「A 物質・エネルギー」の指導に当たっては、2種類以上のものづくりを行います。

　まず、1秒を刻む（周期が2秒の）振り子時計を作ることにチャレンジしてみたらどうでしょうか。このときの振り子の糸の長さは、その昔「メートルの定義」の候補になったことがあるのに不採用だったのはなぜだとおもいますか?

　また、振り子の運動の規則性を活用したものづくりとしては、振り子の周期を変えるという観点から、例えば、規則正しく時間（リズム）を刻むことを目的とした簡易メトロノームなどが考えられますね。

　さて、振り子は放っておけば止まってしまいますよね。でも、機械式の振り子時計は「発条（ぜんまい）」を龍頭（りゅうず）で巻き上げておけば動き続けます。

　さてさて、知っているようでよく知らない「振り子時計」の仕組み、折角ですから「先生のための」ものづくりに位置付けてみませんか?

3 4 5 6 年

また、振り子の長さは糸などをつるした位置から「おもりの重心まで」であることに留意しなければなりません。ペットボトルに水を入れておもりの代わりにする場合など、重心の位置に十分注意してください。糸についても切れにくく伸びの少ないものを用意しましょう。

　さらに、おもりの数を増やして実験するときに、おもりを下へ下へとつなげてつるした場合は、振り子の長さも変わってしまいますから、子どもの実態を把握しながら臨機応変＋柔軟＋的確な支援を常に心に留め置きましょう。

●学習活動を日常生活や他教科と結び付けるポイント

　子どもに「振り子を使った身近なもの」を発表してもらいましょう。振り子時計、メトロノーム、撞木（釣鐘をつく棒）、ブランコ、ボーリング（球を投げるときの腕）などが出たら、学習した振り子の運動と共通点・差異点を検討します。

　また、ブランコの「立ちこぎ」と「座りこぎ」について考えてみるのも楽しいですよ。「おもりの重心だけで考えれば立ちこぎの方が…」「でも、手で握っているところが…」などの意見が出てきたら素晴らしいですね。

　他教科との関連においては、振り子の実験を複数回行いその結果を処理する場面で算数科の学習と関連付けて（小数第2位以下は四捨五入など）適切に処理できるようにしましょう。

●安全第一!! 事故防止のポイント

　この単元、気を緩めると思わぬところでけがをすることがあります。例えば、ペットボトルに入れた水をおもりにすると相当の重さになりますが安全を確認していますか？　スタンドが倒れる危険は？　おもりが目に当たる可能性は？

　解説に記述がなくても、常に「万が一」を考え、あらゆる状況をシミュレーションするのがプロの先生です。どんな単元においても、安全に配慮する指導を徹底すること、それが、安全を第一に考える態度の育成につながります。

Step Up point

Up 授業の充実（子どもの想いを導く学習活動）

⑦振り子が 1 往復する時間は、おもりの重さなどによっては変わらないが、振り子の長さによって変わること。

・振れ幅をどんどん大きくして実験してみよう。あれ？実験結果が…

・おもりを下につないで実験してみよう。あれ？実験結果が…

・ペットボトルの水を増やして実験してみよう。あれ？実験結果が…

あまからコラム

正直に、自状すると、子どもの「なぜ？」が怖いのです…

　そうですね、6 年生ぐらいになると難しい質問をしてきますからね。正直なところ「大迷惑」ですよね。例えば、（振り子が 1 往復する時間は）「なぜ、振り子の長さによってだけ変わるんですか？」と聞かれたら…。

　先生の威厳を保つために、子どもの質問にはなんとか答えなきゃ、でも、本当の理由はわからない。そんなときにはどうすればいいか、秘策を授けます。

　一般的に、理科における「なぜ」に対しては、「そのようになっているから」と答えてOKです。なんか、身も蓋もない回答ですが、それが自然そのままの真理でありきまりであり定めであり掟であり運命なので…。理科レベルでは、「なぜ」は追究しないんです。「どんなきまりがあるの？」とか、「どのような仕組みで？」とかを明らかにしていく教科なのです。…と、子どもに伝えて煙に巻くといいですよ！草

2 「B(1) 植物の発芽、成長、結実」のポイント

● 学習の概要

B(1) 植物の発芽、成長、結実
※指導要領をもとに筆者が編集

$\boxed{\text{学習の対象}}$ = 植物の育ち方について、

$\boxed{\text{理科の見方}}$ = 発芽、成長及び結実の様子に着目して、

$\boxed{\text{理科の考え方}}$ = それらに関わる条件を制御しながら調べる活動を
通して、

次の事項を身に付けることができるよう指導する。

$\boxed{\text{もつことが期待される対象についての知識と身に付ける技能}}$

(ア)植物は、種子の中の養分を基にして発芽すること。

(イ)植物の発芽には、水、空気及び温度が関係していること。

(ウ)植物の成長には、日光や肥料などが関係していること。

(エ)花にはおしべやめしべなどがあり、花粉がめしべの先に付くとめしべ
のもとが実になり、実の中に種子ができること。

○観察、実験などに関する技能を身に付けること。

$\boxed{\text{思考力、判断力、表現力等}}$

　植物の育ち方について追究する中で、植物の発芽、成長及び結実と
それらに関わる条件についての予想や仮説を基に、解決の方法を発想
し、表現すること。

内容の取扱い

(ア)の「種子の中の養分」については、でんぷんを扱うこと。

(エ)については、おしべ、めしべ、がく及び花びらを扱うこと。また、
受粉については、風や昆虫などが関係していることにも触れること

※ここでは前に示した(イ)に該当する学習活動（下線部分）を中心に、そのポイントを紹介していきます。

● **基本的な概念との関わり及び内容の系統性**

「植物の発芽、成長、結実」は、第４学年「Ｂ（2）季節と生物」の学んだことを土台として、「生命」についての基本的な概念等を柱とした内容のうちの「生命の連続性」に関わるものです。そして、中学校第２分野「（1）ア（イ）生物の体の共通点と相違点」、「（5）ア（ア）生物の成長と殖え方」の学習につながります。

● **学習のねらい**

発芽、成長及び結実の様子に着目して、それらに関わる条件を制御しながら、植物の育ち方を調べる活動を通して、

---

① 「知識及び技能」

植物の発芽、成長及び結実とその条件についての理解を図り、観察、実験などに関する技能を身に付けるようにするとともに、

② 「思考力・判断力・表現力等」

主に予想や仮説を基に、解決の方法を発想する力や

③ 「学びに向かう力、人間性等」

生命を尊重する態度、

主体的に問題解決しようとする態度を育成すること

がねらいになります。そして、この単元目標に照らした「評価の観点の趣旨」の概要を［表4-18］に示します。実際は、内容や時間（次）のまとまりごとに、具体的な評価をすることになります。

3 4 5 6年

観点	知識・技能
趣旨	植物の発芽、成長及び結実とその条件について理解しているとともに、観察、実験などの目的に応じて、器具や機器などを選択して、正しく扱いながら調べ、それらの過程や得られた結果を適切に記録している。
観点	思考・判断・表現
趣旨	植物の発芽、成長及び結実とその条件について、観察、実験などを行い、主に予想や仮説を基に、解決の方法を発想し、表現するなどして問題解決している。
観点	主体的に学習に取り組む態度
趣旨	植物の発芽、成長及び結実とその条件についての事物・現象に進んで関わり、粘り強く、他者と関わりながら問題解決しようとしているとともに、学んだことを学習や生活に生かそうとしている。

4

学習のねらいからイメージする授業の骨子（超初心者モード）

(イ) 植物の発芽には、水、空気及び温度が関係していること。

　○これまでに種子から育てた植物を思い出してみよう。水以外には…

　問題：種子はどんな条件が揃ったときに発芽するのだろうか？

　実験：条件を変えてインゲンマメの種子が発芽する条件を調べる。

　・インゲンマメの種子の発芽には「水」が必要だろうか？

　・インゲンマメの種子の発芽には「適当な温度」が必要だろうか？

　・インゲンマメの種子の発芽には「空気」が必要だろうか？

(ア)(イ)(ウ)(エ) 観察、実験などに関する技能を身に付けることができる。

　技能：条件を変えながら種子が発芽する条件を調べる。

　・発芽実験の装置（容器）の準備（作り方）　・温度計の使い方

　・発芽条件の法則の調べ方（条件を揃えた実験の方法）

　・発芽実験の記録方法（ノートへのまとめ方）　など

● **知識事項を観点とした学習活動のポイント**

㈡ 植物の発芽には、水、空気及び温度が関係していること。

　　身近な植物の種子の発芽の様子に着目して理科の見方を働かせ、例えば、水や空気の条件を一定にして、温度の条件を変えるなど、水、空気及び温度といった条件を制御しながら、種子が発芽するために必要な環境条件を調べることで理科の考え方を働かせる学習活動を位置付けます。これらの学習活動を通して、発芽の条件についての予想や仮説を基に、解決の方法を発想し、表現するとともに、

・発芽には水、空気及び適当な温度が関係していること

を捉えるようにします。

● **学習の対象と教材研究のポイント**

　　植物の発芽の学習では「種子が発芽する条件」が追究目標となり、「水」「空気」「適当な温度」がポイントになるわけですが、実質的には「種子」と発芽実験に使用する物が教材研究の対象となります。

　　種子については（ア）との関連を考えて、できるだけ大きく、観察しやすいものを取り上げましょう。これまでの実績から「インゲンマメ」が最適だと思います。

　　また、「土の中に含まれている肥料が発芽には必要ではないか」という子どもの発想に対応（発芽に関わる環境条件の制御が困難になることがないように）するためにも、肥料分の含まれていない保水性のある基質（バーミキュライトなど）を使用することが考えられます。

**3
4
5**年
6

「インゲンマメ」って？

　大福豆、虎豆、うずら豆、金時豆もインゲン豆に含まれます。大きさや形や色が少しずつ違います。つるあり、つるなしもあります。種子消毒されていることを示すために色を付けた種子もあります。さあ、どれが教材として相応しいのでしょうか。まずは教材研究ですね。

　さて、インゲンマメは生（あるいは十分加熱しない）で食べると「毒」です。育てたインゲンマメを小学校で食べることはないと思いますが（ジャガイモの食中毒は毎年ニュースになります）、とにかく食中毒には十分注意してください。

4

あまからコラム

発芽条件を予想させるところで混乱してしまいます。どうすればいいですか？

　子どもが主体ですから、子どもの発想は大切にしたいですよね。でも、「無法地帯」にしてしまっては「授業（学級）崩壊」になります。水・日光・暗闇・肥料・土・空気・温度・音楽・友達・愛情……先生が上手にコントロールしましょう。

　あとは、優先順位を考えるとか知識や経験をもとに予想していくと、だいたい絞れていくものです。だらだらとした話し合いが続きそうな場合は、とにかく「水」から調べてみるのをおすすめします。そのときに、土や肥料（や暗闇）を使わなければ、必然的に条件が絞られるはずですから…。

● **学習活動において常に心に留め置くポイント**

まず、「条件を制御する」ということが理解できているかを常に確認しましょう。曖昧なまま実験をスタートすると、何をやっているかわからないまま小単元が終了してしまいます。

次に、科学的（理科的）な言葉として、「変える条件」と「変えない条件」を使いこなせるように（しつこいぐらいの）指導を心がけましょう。発表においても子ども同士の伝え合いにおいても、相互に意識して言葉を使うことで習熟していけるように場を構成します。

実験結果（発芽率）については、植物（という生き物）が対象であることを考慮する必要があります。再現性の観点から100％でなければ納得しない子どももいるでしょう。そんなときは、種子が入っていたタネ袋の裏面に「発芽率80％以上確認」という記載があるのをきっかけに、「…ということは、蒔いた種子○個中○個が発芽したんだから…」のような話し合いをするといいですね。

そして、実験や観察の方法とその結果を記録する際は、事前に予想までを書き込んだ（無駄にていねいなものではなく・見やすく工夫した）「表に整理」することがポイントです。発芽の条件をもとに（植物の育ち方について）考えたり、伝え合ったり、説明したりする活動に「使えるノート」として記録しておく価値を体感・実感できるように「書く活動」の充実を図りましょう。

最後に、「（イ）発芽の条件」と「（ウ）成長の条件」については、学び続けていくうちに混同する場合があるので、発芽と成長の意味を観察、実験を通して捉えるとともに、単元全体を通して（その都度）振り返りながらの「知識の定着」を常に心に留め置きましょう。

● **学習活動を日常生活と結び付けるポイント**

これまでに育ててきた植物のことを思い出して、それぞれについて意味付けや価値付けをすることが深い学びにつながります。

植木鉢やプランターの底に水抜き穴（栓）が空いている理由を話し合ったり、種子はどこで温度を感じているのか悩んだり、種子を発芽させずに来年まで保

存する方法を考えたりすると楽しいですね。

　また、埼玉県行田市の「古代蓮の里」について調べ、地中深く眠っていた多くの蓮の実が出土して（自然発芽して）一斉に開花したことに「思いを巡らす」のも日本の理科（ネーチャー・サイエンス）っぽくて素敵だと思いませんか。

● **安全第一!! 事故防止、その他のポイント**

　植物の発芽に関する授業においては、「どこで」「どの程度の」実験や観察をするかによってポイントが異なります。

　一人１容器で実験するのか班で１バット（平皿）にするのか。あるいは、教室の後ろのロッカーの上で常に観察できるようにしておくのか、理科室の一部を借りて置いておくのか。また、温度（適温）を調べるための冷蔵庫はどうするのかなど。

　それぞれの状況を把握して、「いつ」「どのように」観察して記録するのかを考えるとともに、容器等の落下による事故や移動を伴う際の安全にも注意する必要があります。

　その他、生命尊重の立場から、発芽実験後の種子（インゲンマメ等）は発芽との関係が確認できた後も、そのまま「成長の条件」の学習で活用しますから、肥料分を含まない鉢に植え替えておくことが大切なポイントになります。

Step Up point

Up 授業の充実（子どもの想いを導く学習活動）

（イ）植物の発芽には、水、空気及び温度が関係していること。

・タネの袋に書いてある情報を調べてみよう。蒔き時というのは…

・種子に水を吸わせてから蒔いた理由を考えてみよう。アサガオは…

・水中でも発芽するかて調べてみよう。エアポンプを使えば…

・温度計がなかった時代はどうやって適温を知ったのか調べてみよう。

Ⅳ　第6学年の理科

1　理科を追究する楽しさへ‼
　第6学年の理科の目標とそのポイント

　小学校まとめの6年生、これまでに身に付けてきた理科の見方や考え方及び知識や技術を使いこなしながら、深みのある理科と対峙することになります。自然事象とじっくりと向き合い、問題を「科学的に追究する」ことが学びの楽しさになる授業を目指して、第6学年の理科の目標とそのポイントを見ていきましょう。指導要領を引用したり参考にしたりしながら説明していきます。

第6学年の理科を　ざっくり　まとめると…

　第6学年の理科では、自然の事物・現象について、理科の見方・考え方を働かせ、問題を追究する活動を通して、燃焼の仕組み、水溶液の性質、てこの規則性及び電気の性質や働き、生物の体のつくりと働き、生物と環境との関わり、土地のつくりと変化、月の形の見え方と太陽との位置関係についての理解を図り、観察、実験などに関する基本的な技能を身に付けるようにするとともに、問題解決の力や生命を尊重する態度、主体的に問題解決しようとする態度を養うことが目標になります。

　特に、第6学年の理科では、学習の過程において、<u>自然の事物・現象から見いだした問題について追究し、より妥当な考えをつくりだす</u>といった問題解決の力を育成することに重点が置かれています。より妥当な考えをつくりだすとは、自分が既にもっている考えを検討し、より科学的なものに変容させることです。この力を育成するためには、<u>自然の事物・現象を多面的に考える</u>ことが大切になります。

3
4
5
6年

POINT 第6学年の理科2大ポイント

●自然の事象を多面的に考える‼
●見いだした問題について追究し、より妥当な考えを
つくりだす‼

　第6学年理科の目標を、(小学校理科の教科の目標として育成を目指す資質
能力の)「三つの柱」で区分別に整理すると [表 4-19] のようになります。なお、
この表で示す第6学年各区分の理科の学習内容(「燃焼の仕組み」「水溶液の性
質」「てこの規則性」「電気の性質や働き」「生物の体のつくりと働き」「生物と
環境との関わり」「土地のつくりと変化」「月の形の見え方と太陽との位置関係」)
については、以下「第6学年の内容」とします。

●表 4-19 第6学年理科の目標

第6学年理科の目標（学習指導要領より）	(1)A 物質・エネルギー	①	知識及び技能	燃焼の仕組み、水溶液の性質、てこの規則性及び電気の性質や働きについての理解を図り、観察、実験などに関する基本的な技能を身に付けるようにする。
		②	思考力、判断力、表現力等	燃焼の仕組み、水溶液の性質、てこの規則性及び電気の性質や働きについて追求する中で、主にそれらの仕組みや性質、規則性及び働きについて、より妥当な考えをつくりだす力を養う。
		③	学びに向かう力、人間性等	燃焼の仕組み、水溶液の性質、てこの規則性及び電気の性質や働きについて追究する中で、主体的に問題解決しようとする態度を養う。
	(2)B 生命・地球	①	知識及び技能	生物の体のつくりと働き、生物と環境との関わり、土地のつくりと変化、月の形の見え方と太陽との位置関係についての理解を図り、観察、実験などに関する基本的な技能を身に付けるようにする。
		②	思考力、判断力、表現力等	生物の体のつくりと働き、生物と環境との関わり、土地のつくりと変化、月の形の見え方と太陽との位置関係について追究する中で、主にそれらの働きや関わり、変化及び関係について、より妥当な考えをつくりだす力を養う。
		③	学びに向かう力、人間性等	生物の体のつくりと働き、生物と環境との関わり、土地のつくりと変化、月の形の見え方と太陽との位置関係について追究する中で、生命を尊重する態度や主体的に問題解決しようとする態度を養う。

　まず、①「知識及び技能（自然の事物・現象についての理解や観察、実験などに関する基本的な技能）」については、「第6学年の内容」についての理解を図るとともに、観察、実験などに関する基本的な技能を身に付けることが目標になります。

　次に、②「思考力、判断力、表現力等（問題解決の力）」については、第6学年の内容について追究する中で、主により妥当な考えをつくりだすといった問題解決の力を養うことが目標になります。そのためには、自然の事物・現象について、理科の見方・考え方を働かせながら、「自分が既にもっている考え」を「より科学的にするにはどうすればいいのか」を追究する活動の中で、実験や観察の結果を表や図で表して考察したり、資料を探したり、友達と対話したり、班で議論したりする活動を充実させるなど、多面的に考えることで「より妥当な考えをつくる」という問題解決の力を育成することがポイントになります。

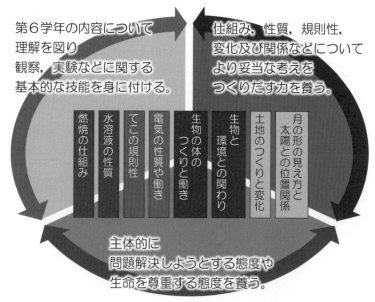

●図4-5 小学校理科第6学年のイメージ

最後に、③「学びに向かう力、人間性等（自然を愛する心情や主体的に問題解決しようとする態度）」については、第6学年の内容について追究する中で、主体的に問題解決しようとする態度及び（B生命・地球区分においては）生命を尊重する態度を養うことが目標になります。

もちろん、自然の事物・現象についての問題を科学的に解決するために必要な資質・能力については相互に関連し合うものです。［表4-19］に示した各区分の「①、②、③」については指導（育成）する順番や重要度ではないことに注意してください。このような留意点を、第6学年理科の目標と内容とともに［図4-5］に示しました。資質・能力の「三つの柱」の関連性をイメージしましょう。

4

●表4-20 小学校第6学年理科「評価の観点及びその趣旨」

観点	知識・技能
趣旨	燃焼の仕組み、水溶液の性質、てこの規則性、電気の性質や働き、生物の体のつくりと働き、生物と環境との関わり、土地のつくりと変化及び月の形の見え方と太陽との位置関係について理解しているとともに、観察、実験などの目的に応じて、器具や機器などを選択して、正しく扱いながら調べ、それらの過程や得られた結果を適切に記録している。
観点	思考・判断・表現
趣旨	燃焼の仕組み、水溶液の性質、てこの規則性、電気の性質や働き、生物の体のつくりと働き、生物と環境との関わり、土地のつくりと変化及び月の形の見え方と太陽との位置関係について、観察、実験などを行い、主にそれらの仕組みや性質、規則性、働き、関わり、変化及び関係について、より妥当な考えをつくりだし、表現するなどして問題解決している。
観点	主体的に学習に取り組む態度
趣旨	燃焼の仕組み、水溶液の性質、てこの規則性、電気の性質や働き、生物の体のつくりと働き、生物と環境との関わり、土地のつくりと変化及び月の形の見え方と太陽との位置関係についての事物・現象に進んで関わり、粘り強く、他者と関わりながら問題解決しようとしているとともに、学んだことを学習や生活に生かそうとしている。

　なお、中学校理科とのスムーズな連携のために何ができるのかを考えることも第6学年理科の重要なポイントになります。小学校及び中学校の7年間を通した「エネルギー」「粒子」「生命」「地球」を柱とした内容の構成について、育成を目指す「資質・能力」と、学習を通じて働かせる「理科の見方・考え方」の観点から再確認しておくといいでしょう。

　さて、これまでに述べてきた第6学年の理科の目標に照らした「評価の観点の趣旨」を［表 4-20］に示しておきます。第6学年の目標等からは読み取りにくい文言も含め、特に下線部分に留意することが観点別学習状況評価のポイントになるでしょう。

❷ 第6学年理科の内容構成とその目標は

1　第6学年「A 物質・エネルギー」に関わる目標

　第6学年の「A 物質・エネルギー」においては、

> ①「知識及び技能」
> 　「燃焼の仕組み」「水溶液の性質」「てこの規則性」及び「電気の性質や働き」についての理解を図り、観察、実験などに関する基本的な技能を身に付けるようにするとともに、
> ②「思考力・判断力・表現力等」
> 　主にこれらの仕組みや性質、規則性及び働きについて、より妥当な考えをつくりだすといった問題解決の力や
> ③「学びに向かう力、人間性」
> 　主体的に問題解決しようとする態度を養うこと

が目標になります。

この目標を達成するために設定された学習内容を［表 4-21］に示します。

3
4
5
6年

●表 4-21 小学校理科第 6 学年 A 物質・エネルギーの内容構成

領域	エネルギー	粒 子
見方	主として量的・関係的な視点	主として質的・実態的な視点
第6学年 (1) A 物質・エネルギー	**てこの規則性** ・てこのつり合いの規則性 ・てこの利用	**燃焼の仕組み** ・燃焼の仕組み
	電気の利用 ・発電（光電池〈小4から移行〉を含む）、蓄電 ・電気の変換 ・電気の利用	**水溶液の性質** ・酸性、アルカリ性、中性 ・気体が溶けている水溶液 ・金属を変化させる水溶液

4

● 「エネルギー」についての基本的な概念等を柱とした内容

　「エネルギー」の区分においては、「てこの規則性」及び「電気の利用」が設定されています。

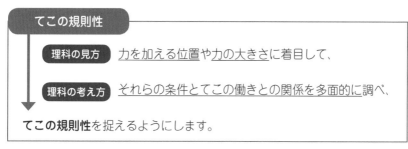

4 章　各学年の理科 ●　175

● 「粒子」についての基本的な概念等を柱とした内容

「粒子」の区分においては、「燃焼の仕組み」及び「水溶液の性質」が設定されています。

燃焼の仕組み

> **理科の見方** 空気の変化に着目して、

> **理科の考え方** 物の燃え方を多面的に調べ、

燃焼の仕組みを捉えるようにします。

水溶液の性質

> **理科の見方** 溶けている物に着目して、

> **理科の考え方** それらによる水溶液の性質や働きの違いを多面的に調べ、

水溶液の性質や働きを捉えるようにします。

2　第6学年「B 生命・地球」に関わる目標

第6学年の「B 生命・地球」においては、

---

① 「知識及び技能」

「生物の体のつくりと働き」「生物と環境との関わり」「土地のつくりと変化」及び「月の形の見え方と太陽との位置関係」についての理解を図り、観察、実験などに関する基本的な技能を身に付けるようにするとともに、

② 「思考力・判断力・表現力等」

主にこれらの働きや関わり、変化及び関係について、より妥当な考えをつくりだすといった問題解決の力や

③ 「学びに向かう力、人間性」

生命を尊重する態度、主体的に問題解決しようとする態度を養うこと

3
4
5
6年

が目標となります。

この目標を達成するために設定された学習内容を［表 4-22］に示します。

●表 4-22 小学校理科　第 6 学年 B 生命・地球の内容構成

領域	生命	地球
見方	主として多様性と共通性の視点	主として時間的・空間的な視点
第6学年 (2) B 生命・地球	**人の体のつくりと働き** ・呼吸 ・消化・吸収 ・血液循環 ・主な臓器の存在	**土地のつくりと変化** ・土地の構成物と地層の広がり 　（化石を含む） ・地層のでき方 ・火山の噴火や地震による土地の変化
	植物の養分と水の通り道 ・でんぷんのでき方 ・水の通り道	**月と太陽** ・月の位置や形と太陽の位置
	生物と環境 ・生物と水、空気との関わり ・食べ物による生物の関係（水中の小さな 　生物〈小5から移行〉を含む） ・人と環境	

● 「生命」についての基本的な概念等を柱とした内容

「生命」の区分においては、「人の体のつくりと働き」「植物の養分と水の通り道」及び「生物と環境」が設定されています。

人の体のつくりと働き

理科の見方　体のつくりと呼吸、消化、排出及び循環の働きに着目して、

理科の考え方　生命を維持する働きを多面的に調べ、

人や他の動物の体のつくりと働きを捉えるようにします。

植物の養分と水の通り道

理科の見方 植物の体のつくりと体内の水などの行方や葉で養分をつくる働きに着目して、

理科の考え方 生命を維持する働きを多面的に調べ、

植物の体のつくりと働きについて捉えるようにします。

生物と環境

理科の見方 生物と水、空気及び食べ物との関わりや、人と環境との関わりに着目して、

理科の考え方 それらを多面的に調べ、

生物と環境との関わりについて捉えるようにします。

● 「地球」についての基本的な概念等を柱とした内容

「地球」の区分においては、「土地のつくりと変化」及び「月と太陽」が設定されています。

土地のつくりと変化

理科の見方 土地やその中に含まれる物に着目して、

理科の考え方 土地のつくりやでき方を多面的に調べ、

土地のつくりと変化を捉えるようにします。

3
4
5
6年

月と太陽

理科の見方 月と太陽の位置に着目して、

理科の考え方 これらの位置関係を多面的に調べ、

月の形の見え方と月と太陽の位置関係を捉えるようにします。

あまからコラム

6年生の理科の目標なんですけど、ホントにだいじょうぶですか？

うーん、どうでしょう、イメージしにくいですよね。何よりもわけワカメなのが「より妥当な考え」という文言でしょうか。「より科学的にする」という表現ならば、実証性・再現性・客観性という観点で考えられますが、「妥当」だってわかりづらいのに、「より妥当」って言っちゃうから、もうやってられませんよね！

…と考えてしまうと何もできません。「どこまで考えれば妥当になるんだろう」「実験の回数を増やせばデータがたくさんとれるけど、理科の授業だけじゃ無理だよね」「どうせ最後は先生がまとめるんじゃないかな」というような子どもの考えを尊重しながら、理科の授業そのものを新しく創り上げるぐらいの気持ちが必要です。

全単元で「とことん」やることはできないでしょう。でも、小学校まとめの学年ですから、最後にひとつぐらい「どん詰まり」にたどり着くまで（子どもとともに）考え抜いてみたいですね。「まだできるかも・やれるかも・わかるかも！」を合い言葉に、学び続ける楽しさを感じる授業を目指して！…ということにしておきません？

3 第6学年理科の学習活動を構想するために

　ここでは、第6学年の理科の学習活動を構想するためのポイントを（各区分ひとつずつ）紹介していきます。

1 「A(1) 燃焼の仕組み」のポイント

●学習の概要

> ## A(1) 燃焼の仕組み
> ※指導要領をもとに筆者が編集
>
> 学習の対象 = 燃焼の仕組みについて、
>
> 理科の見方 = 空気の変化に着目して、
>
> 理科の考え方 = 物の燃え方を多面的に調べる活動を通して、
>
> 次の事項を身に付けることができるよう指導する。
>
> ---
>
> **もつことが期待される対象についての知識と身に付ける技能**
>
> ㋐植物体が燃えるときには、空気中の酸素が使われて二酸化炭素ができること。
>
> ○観察、実験などに関する技能を身に付けること。
>
> ---
>
> **思考力、判断力、表現力等**
>
> 　燃焼の仕組みについて追究する中で、物が燃えたときの空気の変化について、より妥当な考えをつくりだし、表現すること。

● 基本的な概念との関わり及び内容の系統性

　「燃焼の仕組み」は、第4学年「A(1)空気と水の性質」で学んだことを土台として、「粒子」についての基本的な概念等を柱とした内容のうちの「粒子の存在」、「粒子の結合」に関わるものです。そして、中学校第1分野の「(2)ア㋐物質のすがた」、「(4)ア㋑ 化学変化」の学習につながります。

3
4
5
6年

● 学習のねらい

空気の変化に着目して、物の燃え方を多面的に調べる活動を通して、

① 「知識及び技能」

　燃焼の仕組みについての理解を図り、観察、実験などに関する技能を
身に付けるようにするとともに、

② 「思考力・判断力・表現力等」

　主により妥当な考えをつくりだす力や

③ 「学びに向かう力、人間性等」

　主体的に問題解決しようとする態度を育成すること

がねらいになります。そして、この単元目標に照らした「評価の観点の趣旨」
の概要を［表 4-23］に示します。実際は、内容や時間（次）のまとまりごとに、
具体的な評価をすることになります。

●表 4-23 燃焼の仕組み「評価の観点及びその趣旨」

観点	知識・技能
趣旨	燃焼の仕組みについて理解しているとともに、観察、実験などの目的に応じて、器具や機器などを選択して、正しく扱いながら調べ、それらの過程や得られた結果を適切に記録している。
観点	思考・判断・表現
趣旨	燃焼の仕組みについて、観察、実験などを行い、主にそれらの仕組みについて、より妥当な考えをつくりだし、表現するなどして問題解決している。
観点	主体的に学習に取り組む態度
趣旨	燃焼の仕組みについての事物・現象に進んで関わり、粘り強く、他者と関わりながら問題解決しようとしているとともに、学んだことを学習や生活に生かそうとしている。

学習のねらいからイメージする授業の骨子（超初心者モード）

(ア) 植物体が燃えるときには、空気中の酸素が使われて二酸化炭素が
　できること。

　○キャンプファイヤーのとき、木は燃えつきるまで燃え続けた…

　問題：ろうそくが燃え続けるためには何が必要だろうか？

　実験：ふたをした集気瓶の中でろうそくが燃え続けるか調べる。

　○ふたをした集気瓶の中のろうそくはやがて火が消えてしまう…

　問題：ふたを外せば燃え続けるのは空気の出入りに関係があるのか？

　実験：集気瓶の周囲の空気の流れを線香の煙で調べる。

　○ ろうそくが燃え続けるためには新しい空気が必要だとすると…

　問題：ろうそくが燃える前と燃えた後の空気には違いがあるのか？

　実験：石灰水や気体検知管などを使って調べる。

(ア) 観察、実験などに関する技能を身に付けることができる。

　技能：道具を正しく使って空気の変化や物の燃え方について調べる。

　・燃焼さじの使い方・集気瓶の使い方・線香の煙の観察方法

　・石灰水の使い方・気体検知管の使い方など

● 知識事項を観点とした学習活動のポイント

　(ア) 植物体が燃えるときには、空気中の酸素が使われて二酸化炭素ができること。

　　植物体が燃えるときの空気の変化に着目して理科の見方を働かせたり、植物体が燃える前と燃えた後での空気の性質や植物体の変化を多面的に調べることで理科の考え方を働かせたりする学習活動を位置付けます。これらの学習活動を通して、「燃焼の仕組み」について、より妥当な考えをつくりだし、表現するとともに、

3
4
5
6年

・植物体が燃えるときには、空気中に含まれる酸素の一部が使われて、二酸化炭素ができること

を捉えるようにします。

　　・酸素には物を燃やす働きがあること

　　・燃えた後の植物体の様子も変化していること

を捉えるようにします。さらに、実験結果や資料を基に、

　　・空気には、主に、窒素、酸素、二酸化炭素が含まれていること

を捉えるようにします。その際、

・植物体を空気中で燃やすと、空気の入れ替わるところでは燃えるが、入れ替わらないところでは燃えなくなってしまうこと

を、実験を通して捉えるようにすることがポイントになります。

●学習の対象と教材研究のポイント

　燃焼の仕組みの学習では「燃焼の様子を観察しやすい『植物体』」が対象となります。子どもには「植物体」という言葉を提示する必要はありませんが、木片とか割り箸とか新聞紙（紙の主原料はパルプ（セルロース繊維））などを導入に位置付けるといいでしょう。キャンプファイヤーの記憶を想起させながら、捻った新聞紙に火を点けて→その火を割り箸へ→その火を木片へというように、子どもの体験を活かすように教材化していきましょう。

　意識付けができた後は、「ろうそく」を主教材として展開するようになりますが、燃えた後の植物体の様子の変化を調べる場合は「割り箸」などの木片が教材として相応しいと思います。ろうそくや割り箸にはいろいろなものがありますから、安易に呑気に安価な物を選ぶのではなく、何種類かを用意して、事前研究を繰り返してから教材化しましょう。

　さらに、「空気には、主に、窒素、酸素、二酸化炭素が含まれていること」を捉える場合は、「実験用気体ボンベ」が必要になるでしょう。それぞれのボンベが揃っているか、空ではないか（ノズルはあるか）など、前日に調べても間に合いませんから、ゆとりをもって確認してくださいね（ボンベは軽くても

知っているとかっこいい　KEYword

「植物体」って？

　指導要領に記載されている「植物体」という単語を超翻訳すれば「植物を原材料（由来）とする身近なもので燃やす実験に相応しい物」となるでしょう。綿とか紙とか割り箸とかろうそくとか…。ちなみに、みなさんが植物の特徴としてその昔暗記した「細胞壁」とか繊維の主要成分であるセルロースは地球上 No.1 の炭水化物ですよ。そして、そのセルロース繊維を主原料としたのが「紙」ですからね。

　え？　ろうそくは植物体といっていいのか？　うーん、別に問題はないのですが、イメージできない・わかりづらいですか？　だからといって、可燃物とか炭化水素化合物にしてしまうと違う問題が生まれませんか？　まあ、この単元の手引きとして（文科省が）ろうそくを使った実験を（下記の WEB ページで）紹介しているわけですから納得しておくことにしましょうか？

小学校理科の観察、実験の手引き詳細（前指導要領準拠）
http://www.mext.go.jp/a_menu/shotou/new-cs/
senseiouen/1304651.htm

満タンかも知れませんよ）。

　「気体検知管」も、初めて使う・久しぶりに使うという場合は「予行演習」を忘れずに。仕組みは簡単ですが、検知管はガラスが使われていますから危険も伴います。自信をもって指導できるというレベルまで、先生自身の技術を磨いてください。また、「気体センサー」は、気体検知管と違って使用済み検知管を廃棄する手間がかかりませんし、最近の機器は気体検知管と近いイメージで測定ができます。ただし、いかんせん市販のものは高額ですし調整（校正）が…。

●学習活動において心に留め置くポイント

　まず、「物を燃やしたことのない子どもに教えられるのか」という疑問は不要です。これは、「英語を聞いたことのない子どもに…」とか「家で料理をしたことがない子どもに…」とか、先生の「類似あるある症」です。物が燃えているのを見たことがないという子どもはいないでしょう。もし、いたとしても

「物が燃える現象を、安全に、じっくりと観察する場」からスタートすれば問題ないのです。もう、そういう時代なのです。幻想をいだくことのないように…。

　さて、そんな体験が乏しい子どもも（本や塾で仕入れた）知識は豊富だったりします。当然、教科書を読めば「答え（らしきもの）」とか「展開」が先読みできます。それでも、「物が燃えるときには、酸素の一部が使われて、二酸化炭素ができること」は子どもの論理に沿って進めていきましょう。

　「二酸化炭素を調べることができるのは…」「酸素や二酸化炭素の割合を調べることのできるのは…」という必要性に応じながら、「石灰水」や「気体検知管（あるいは気体センサー）」を用意しましょう。やらされている実験では「測定器具」を正しく使う技能は身に付かないでしょう。

　そして、この単元では、物が燃えたときの空気の変化について「図や絵や文を用いて表現する」活動を取り入れましょう。無理やり「粒子（というか分子？）」の概念を導入する必要はありません。中学校理科の先取りは意味がありません。子どもの論理に即した形で、燃焼の仕組みについて考えたり、説明したりする活動の充実を図ることを常に心に留め置きましょう。

内容の取り扱いから　KEYword

ものづくり -3

　「A 物質・エネルギー」の指導ではものづくりを行います。
しか〜し、全てのA領域単元でものづくりが義務付けられているわけではありません。この「燃焼の仕組み」単元のように解説（の内容の取扱い）に事例が示されていない単元もあるのです。

　もちろん、燃焼の仕組みで学んだことの意義を実感できるような活動の充実が想定できるならば、そして、子どもが明確な目的を設定するとともに、その目的達成のためにものづくりを価値付けられるならば…。

　どうでしょう？　この単元でのものづくり、イメージできますか？　というよりも、自由度を高くすると危険を伴うような気がするのですが…。(^^ゞ

●学習活動を日常生活や他教科と結び付けるポイント

単元のまとめとして、燃焼の仕組みで学んだ内容を
日常生活と結び付けたいですね。単元の導入にキャン
プファイヤーの体験を位置付けたならば、木（薪）を
井桁に組んだ理由を考えることができますね。かまど
を石で組んだ場合は、風向きに合わせて「コ」の字型
に積み上げた理由も学習内容と結び付けることができ

るでしょう。バーベキューコンロの空気取り入れ口（通気口）や七輪の空気窓（空
気開閉口）など、使ったことがなくても説明できるはずです。

また、発展的に「炭」について調べてみたり、物を消すという逆の発想から「消
火器」について考えてみるのも発展としては「あり」かも知れませんね。

●安全第一!! 事故防止のポイント

燃焼の仕組みにおいては、燃焼の実験を行うわけですから、とにかく「火」
について十分に理解させることが必要です。もちろん、不安や恐怖心を煽った
り植え付けてしまったりしたら意味がありません。「火の取扱い」について「科
学的なおそれ」を正しく抱かせるのが先生の使命です。

また、火の取扱い以外にも、集気瓶の中に石灰水を入れて振るときの注意や、
底を切った集気瓶の扱い方、石灰水の利用には「保護眼鏡」をかけること、石
灰水が手についたらすぐに水でよく洗うこと、気体検知管の使用にも「保護眼
鏡」を忘れずにかけること、酸素用検知管は熱くなることなどについて安全指
導を徹底してください。

● p.187 「あまからコラム」 参考資料

※平成30年度公立小・中学校等における教育課程の編成・実施状況
　調査の結果について
　http://www.mext.go.jp/a_menu/shotou/new-cs/1415063.htm

**3
4
5
6**年

Step Up point

Up 授業の充実（子どもの想いを導く学習活動）

㋐植物体が燃えるときには、空気中の酸素が使われて二酸化炭素が
　できること。

・底の無い集気瓶を使ってみよう。火のついた線香の煙は…

・酸素と二酸化炭素の割合を図で考えてみよう。燃える前は…

・割り箸が燃えた後の様子を調べてみよう。炭に似ているけど…

・実験用気体を使って「空気」について調べてみよう。窒素は…

4

あまからコラム

6年生の担任になったんですが、理科を教える自信がありません…

　うーん、小学校の高学年は「教科担任制」を推進するようになるでしょうから、理科を教えなくてもよくなりそうですよ。「外国語」とか「プログラミング」とか、教えなくてもOKならばだいぶ楽になりますよね。正に「働き方改革」っちゅうやつですかね。ただし、「学級担任制」のように子ども一人ひとりの能力や特徴に即したきめ細やかな指導が実現できるかは（やってみなければ）わかりませんが…。

　やらなくても予想できるのは「格差」が生じるということですね。教科担任制にする場合は教員数も増やさなければならないので、財政状況の厳しい自治体や小規模校での実現は難しいでしょう。再任用や非常勤の先生に無理やり理科をお願いするか、「教科交換制」で凌ぐことは可能かも知れませんが、理科の専門性や知識が十分ではない先生が教えた場合「指導格差」は生じないでしょうか？　心配ですね。

　ちなみに、平成30年に文科省が実施した調査（p.186脚注参照）によると、全国の公立小6年で教科担任制を計画（実施）しているのは、1位：音楽55.6%、2位：理科47.8%、3位：家庭35.7%です。今後どのようになっていくでしょうねぇ。

2　「B(5) 月と太陽」のポイント

● 学習の概要

B(5) 月と太陽 ※指導要領をもとに筆者が編集

学習の対象 ＝ 月の形の見え方について、

理科の見方 ＝ 月と太陽の位置に着目して、

理科の考え方 ＝ それらの位置関係を多面的に調べる活動を通して、

次の事項を身に付けることができるよう指導する。

もつことが期待される対象についての知識と身に付ける技能

(ｱ)月の輝いている側に太陽があること。また、月の形の見え方は、太陽と月との位置関係によって変わること。

○観察、実験などに関する技能を身に付けること。

思考力、判断力、表現力等

　月の形の見え方について追究する中で、月の位置や形と太陽の位置との関係について、より妥当な考えをつくりだし、表現すること。

内容の取扱い

(ｱ)については、地球から見た太陽と月との位置関係で扱うものとする。

３４５６年

● 基本的な概念との関わり及び内容の系統性

　「月と太陽」は、第４学年「B (5) 月と星」の学習を踏まえて、「地球」についての基本的な概念等を柱とした内容のうちの「地球と天体の運動」に関わるものです。そして、中学校第２分野の「(6) 地球と宇宙」の学習につながります。

● 学習のねらい

　月と太陽の位置に着目して、これらの位置関係を多面的に調べる活動を通して、

---

① 「知識及び技能」

　　月の形の見え方と月と太陽の位置関係についての理解を図り、観察、実験などに関する技能を身に付けるとともに、

② 「思考力・判断力・表現力等」

　　主により妥当な考えをつくりだす力や

③ 「学びに向かう力、人間性等」

　　主体的に問題解決しようとする態度を育成すること

がねらいになります。そして、この単元目標に照らした「評価の観点の趣旨」の概要を [表 4-24] に示します。実際は、内容や時間（次）のまとまりごとに、具体的な評価をすることになります。

●表 4-24 月と太陽「評価の観点及びその趣旨」

観点	知識・技能
趣旨	月の形の見え方と太陽との位置関係について理解しているとともに、観察、実験などの目的に応じて、器具や機器などを選択して、正しく扱いながら調べ、それらの過程や得られた結果を適切に記録している。

観点	思考・判断・表現
趣旨	月の形の見え方と太陽との位置関係について、観察、実験などを行い、主にそれらの関係について、より妥当な考えをつくりだし、表現するなどして問題解決している。

観点	主体的に学習に取り組む態度
趣旨	月の形の見え方と太陽との位置関係についての事物・現象に進んで関わり、粘り強く、他者と関わりながら問題解決しようとしているとともに、学んだことを学習や生活に生かそうとしている。

学習のねらいからイメージする授業の骨子（超初心者モード）

(ｱ) 月の輝いている側に太陽があること。また、月の形の見え方は、太陽と月との位置関係によって変わること。

　　○４年生のとき月は日によって形が違うことを学んだが…

　　問題：月はなぜいろいろな形に見えるのだろうか？

　　観察：月の形の変化と太陽の位置を調べて記録する。

　　○月は輝いている側にある太陽の光を反射して光っているが…

　　問題：月の形が日によって変わって見えるのはなぜだろうか？

　　実験：ボールと光源を使って月の形が変わって見える理由を調べる。

(ｱ) 観察、実験などに関する技能を身に付けることができる。

　　技能：道具などを正しく使って安全に月と太陽を記録する。

　　・方位磁針の使い方（方位の調べ方）　・月や太陽の高さの調べ方

　　・記録用紙への書き方・安全に観察する工夫など

● **知識事項を観点とした学習活動のポイント**

(ｱ)月の輝いている側に太陽があること。また、月の形の見え方は、太陽と月との位置関係によって変わること。

　月と太陽の位置に着目して理科の見方を働かせたり、月の形の見え方と太陽の位置関係を実際に観察したり、モデルや図で表したりして多面的に調べることで理科の考え方を働かせたりする学習活動を位置付けます。これらの学習活動を通して、「月の形の見え方」について、より妥当な考えをつくりだすとともに、

　・月は、日によって形が変わって見え、月の輝いている側に太陽があること

　・月の形の見え方は太陽と月との位置関係によって変わること

3
4
5
6年

を捉えることがポイントになります。

　ただし、内容の取扱いに示されているように、「地球から見た」太陽と月の位置関係（つまりは「天動説」）で扱うことを忘れない様にしましょう。「地球の外から見た」月や太陽の位置関係（言ってみれば「地動説」）で捉えることについては、中学校第２分野「(6) 地球と宇宙」で扱うことになります。

　中学校の理科では、何の前触れも無く地球が自転やら公転やらをしていることになります。まあ、小学校６年生と中学校３年生の間には深くて暗い河があるのでＯＫということにしておきましょう。

● 学習の対象と教材研究のポイント

　月と星に関する学習では、「太陽が沈んでから見える月」の他に、「昼間に観察できる月」も考えられます。日没頃の月は、太陽の位置も記録しやすいことや周囲が暗くなっていないことなどから観察には適しています。三日月から始めて満月までの２週間、がんばって記録を続けることができれば素晴らしいですね。

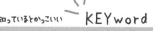

知っているとかっこいい　KEYword

「地動説」って？

　地球は地軸の周りを自転しながら太陽の周りを公転するという説です。アリスタルコスやコペルニクスなどが主張しました。すごいこと・とてつもないことを唱えたと思います。ただし、太陽が宇宙の中心という考えですけどね。

　一方の「天動説」は、地球は宇宙の中心に静止していて、他の星の全てが地球の周りを公転しているという説です。だから「地球中心説」とも言われますよね。プトレマイオスによって最終的に体系化されました。様々な歴史・科学史に軌跡を残す両説ですので、教員としての教養として調べてみるといいですよ。また、「地球が自転している証拠は？」とか「いつまで地球は自転し続けるの？」という子どもの質問に答えるために理科の知識も…。

　ただし、実際に観察して記録するのが「学校外活動」となります。地域や家庭の事情や状況により観察できない場合も少なくないでしょう。もちろん、個別支援もできません。そんなときは昼間の月で補完したいですね。「天体シミュレーションソフト」もありっちゃ〜ありですが、やっぱり、まずは…。

　また、月を観察する際には、「クレーター」など、表面の様子にも目を向けて、月に対する興味・関心を高めるようにしましょう。クレーターの影が同じ方向にできていることから、より妥当な考えをつくりだすことができるかも知れませんね。

●学習活動において常に心に留め置くポイント

　まず、がんばっても２週間しか観察（記録）していない小童が、そう簡単に月と太陽の関係を説明できるはずがないと考えましょう。といいますか、先生方がなんだか自信ないように（教員免許状更新講習の様子から）見受けられます。それは至極当然です。自然に親しみ、自然とともに生き、月や星を観察しながら知識を創り出していた古代ギリシアの人々には敵うはずがないのです。でも、だからこそ、学校で・理科で・みんなで力を合わせて勉強するんですね。それが「心を寄せ合う理科教育」の価値のひとつです。

　さて、実際に単元を構成する場合は、観察した月の形の見え方を「モデル」や「図」によって表現する活動を位置付けましょう。焦ることなく、観察した記録（事実）から「月の位置や形と太陽の位置との関係」について考えたり、伝え合ったり、説明したりする活動を充実させましょう。一人ひとりが目的意識をもって主体的に意見や考えを述べ合う活動の充実は、常に心に留め置きましょう。

　自分たちの観察記録だけでは二進も三進もあっちもこっちも身動きがとれなくなったら、本や理科資料やインターネットや天体シミュレーションソフトに頼るのもありです。先達が築き上げてきた知識を遠慮なくいただきましょう。そして、なんとなくわかったような気になるであろう「次・時」において、「数日後の月の見え方」を予測する活動を位置付けましょう。学んだ知識や技

３４５**６**年

「多面的に考える」って？

　自然の事象の疑問点を、あらゆる角度から・複数の側面から・できるだけ・やれるだけ・とことんまで「多面的に考える」ということです。平成10年度改訂の指導要領－小学校理科第6学年の目標には記述がありましたが、平成20年度改訂版では「推論」がキーワードになっていましたから、リバイバルですかね。

　具体的には、自分たちで発見した問題を解決する際に、友達の予想や仮説を尊重しながら追究したり、観察、実験などの結果を基に、予想や仮説、観察、実験などの方法を振り返り、再検討したり、複数の観察、実験などから得た結果を基に考察をしたりすることなどなどが考えられます。

　要するに、妥当な考えをつくりだすためにやれるだけ・できるだけ・とことん考え抜いてみろ!!ということなんですね。この一連の活動を「理科の考え方」として（主に6年生で育てたい資質・能力と関連させて）位置付けているのです。

能を活用することができれば、その段階において「学力が身に付いた」と判断する指標にもなるでしょう。

　また、子どもの天体に対する興味・関心を高め、理解を深めるために、移動教室や宿泊を伴う学習の機会を生かすとともに、近隣の科学館等のプラネタリウムなどを積極的に活用することを心に留め置きましょう。

● 学習活動を日常生活と結び付けるポイント

　単元のまとめとして、「月の満ち欠け」に関わるものを調べて発表する時間が設定できるといいですね。「暦」「ことわざ」「歌」「詩」から「都市伝説」的なものまでOKにすると楽しいですよ。（もちろん、理科の時間に位置付ける場合は「科学的なもの」でなければ（発表後）にみんなで審査をしてNGを出しましょう。それが「科学的な視力」を育てますから…）

　例えば、「菜の花や月は東に日は西に」－与謝蕪村が詠んだこの句を解説してみる－これは国語と結んでもいいですね。あるいは、「満月の日は頭が痛くなる・犯罪が多くなる・動物が野生化する」－このような話は科学的に信用で

きるのか－。また、「立待月（17 日目の月）」「居待月（18 日目の月）」「寝待
月（19 日目の月）」－いったい何を待っているのだろうか－などなど。まあ、
最初の例以外はこの単元とは直接関係ないですね。（反省：(T_T)）

●安全第一 !! 事故防止のポイント

　月を学校外で（特に夜間の時間帯に）観察させる場合は、安全を第一に考え、
事故防止に配慮するように指導を徹底しましょう。子どもに指導するのはもち
ろんのことですが、参観会（保護者懇談会）や学級だよりを活用して「月の観
察について（お願い）」をしっかり説明するようにしましょう。その際、決し
て無理をすることのないようにと最初に伝えます。ちょっとでも不安があった
ら観察を中止することが最重要ポイントなのです。

　また、昼間の月を観察し、太陽の位置を確認する際には、太陽を直接見ない
ように JIS 規格の遮光板を必ず用いるなど、安全に配慮するように指導するこ
とが事故防止のポイントになります。

Step Up point

Up　授業の充実（子どもの想いを導く学習活動）

　㋐月の輝いている側に太陽があること。また、月の形の見え方は、
　　太陽と月との位置関係によって変わること。

・朝見える月の見え方や位置の変化を調べよう。

・天体シミュレーションソフトで調べてみよう。今の月は…

・月の形や表面の様子を調べよう。半月を双眼鏡で観察すると…

・クレーターの写真を調べてみよう。よく見ると影が同じ方向に…

・月と同じような球形の物の影の部分を観察してみよう。

・科学学習センターを活用して月と太陽について調べよう。

3
4
5
6 年

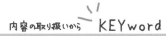

ろうそくに火を点けるのはマッチですかガスライターですか？

――回答（説明）していたら切りがありません。みなさんの教育観・価値観・知識を総動員して判断してください。…と突き放したらテキストになりませんから、天秤に懸ける素材だけ示しておきますね。

当然ですが、指導要領にも解説にも「何を使って火を点ける」か記載されていません。どうしましょう、マッチにしますか？　でも、マッチを擦った経験のある子どもはどのくらいいるのでしょうか。「マッチ、擦ったことありません!!」という大学生も少なくありませんからねぇ。それに、学校は(受動喫煙を防止するため)敷地内全面完全禁煙です！よって、教育関係者はマッチもライターも持っていないのが「あたり前田のクラッカー」なのです。(^^ゞ

ちょっと話がずれました…。ともかく、アルコールランプより理科実験用ガスコンロを活用する学校が増えていますから、子どももマッチと出会うことなく6年生になっているでしょう。さて、どうやってろうそくに火を点けましょうか。生きるために必要な技能としてマッチを使いますか？　いや、火傷でもされちゃあ責任問題ですから、押しボタンが硬くない（チャイルドレジスタンス（CR）機能が付いていない）ガスライターにしましょうか？　ということで、どうぞ天秤にかけて決めておくんなさいまし w

第 **5** 章

ICT 活用授業とプログラミング教育

ICT 活用授業と プログラミング教育

5章

「**ICT 活用**は難しい」「どのように使ったらいいのかがわからない」「ICT が学校に整備されていない」、ICT 活用授業に対しては実に多くの意見があり、これまで多くの教師から避けられてきた経緯があります。一方、新学習指導要領においては、児童の ICT 活用技能やプログラミング教育で育むプログラミング的思考を含む情報活用能力が「学習の基盤としての資質・能力」であると明記されています（文部科学省 2017a）。つまり、ICT 技能やプログラミング的思考が、教科の資質・能力を育成するための基盤であるということです。置き換えると、情報活用能力が身についていなければ、教科の資質・能力を育成することができないと明言されているわけです。したがって、これからは、教師が ICT を使わない授業、児童に使わせない授業ではなく、むしろ積極的に活用していかなければなりません。

また、新学習指導要領の目玉として注目されているのが**プログラミング教育**です。「なぜプログラミング教育なんてやらなきゃいけないの？」「そんなことやったこともないよ」という声が多く聞かれます。しかし、やらなければいけない理由がいくつかあります。これらは我々教員が日々の学級や授業で直面する短期的な教育課題というよりは、30 年後、50 年後の日本の存亡に関わるような長期的な教育課題であると言えます。

本章では、こうした疑問等の背景や学習指導要領の記述、理科教育との関連や実際について紹介していきます。

1 ICTを使わないと優秀な日本人

　OECD（経済協力開発機構）は、平成23年から24年にかけて、24カ国が参加した国際成人力調査（PIAAC：ピアック）を実施しました（文部科学省2013）。この調査は16歳から65歳を対象として、社会生活において成人に求められる能力のうち、読解力、数的思考力、ITを活用した問題解決能力の3分野のスキルの習熟度を測定したものです。調査が実施された背景には、経済のグローバル化や知識基盤社会への移行に伴い、各国の国民のスキルを高める必要があるという認識が広まったことにあります。とりわけ、「ITを活用した問題解決能力」はこれまで測定されてこなかった項目です。この調査項目では、[図3-1]のような調査がコンピュータ上でテストされました。コンピュータを用いたテストのことを **CBT**（Computer Based Testing）と言います。

● 「ITを活用した問題解決能力」

　（Problem solving in technology-rich environments）

・情報を獲得・評価し、他者とコミュニケーションをし、実際的なタスクを遂行するために、デジタル技術、コミュニケーションツール及びネットワークを活用する能力。

○指定された条件を満たす商品をインターネットで購入する。

○表計算ソフトで作成された名簿を用いて、条件を満たす人のリストを作成した上で、そのリストをメールで送信する。

●図5-1 OECDの行ったコンピュータを用いたテスト

　この調査では、日本の読解力、数的思考力は共に１位でした。しかし、IT を活用した問題解決能力では、評価レベル２と３に達した成人の割合は 35％にすぎず、10 位だったことが明らかになりました。ICT を使わず、紙面上で問題を解くと一等賞の日本人です。しかし、私たちは、日々の生活や仕事など、あらゆる場面で ICT を使わないと何もできません

　一方、2020 年の大学入試センター試験の実施を最後に、センター試験は廃止され、2021 年からは大学入学共通テストが実施されることが決まっています。ここでは日本人が極めて弱い CBT 方式によるテストが実施されます。もはや教師個人の ICT 活用に対する好き嫌いだけでは済まされなくなってきています。ICT を活用しない授業をしている教師は、将来、卒業させた子供達から「なんでコンピュータを使った授業をしてくれなかったんだ！？」と言われてしまうかもしれません。

あまからコラム

２０００年から変わらないもの

　私は昨年、小学校の先生から大学の教員に転職し、今年になって（執筆当時）情報リテラシーという講義を担当するようになりました。シラバスの内容はワープロ、表計算、プレゼンテーションの作成スキルを高める内容となっています。奇しくも、この内容は私が大学生だった 2000 年頃とほとんど変わりません。状況を鑑みると、この 18 年間、小学校〜高等学校までの学習の中でほとんどコンピュータが使われてこなかったということが想像できます。共通シラバスを目にした時にとても悲しくなったことを思い出します。そして、大学生よりも私が担任した小学生のほうが ICT を活用できたことも悲しくさせる理由の一つでした。

❷ 情報活用能力調査の結果からみた日本の小学生

　日本では、OECD の国際成人力調査に似た性質をもつ CBT テストが小学生から高校生を対象に行われました。情報活用能力調査（文部科学省 2015）です。この調査は 2013 年から 2014 年に小学校 5 年生（3343 人）と中学校 2 年生（3338 人）、2015 年から 2016 年に高校 2 年生（4552 人）を対象（抽出調査）に実施されました。小学生と中学生に行われた調査では、情報活用能力の 3 観点から 2 単位時間で 16 問を答える内容でした。

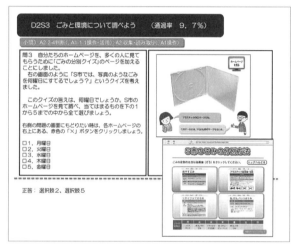

情報活用能力調査
の結果について
p.7（文部科学省）

●図 5-2　情報活用能力調査〜調査結果「ごみと環境問題を調べよう」

　例えば［図 5-2］は「ごみと環境問題を調べよう」という問題です。ホームページ上の情報を正しく読み解けているのかを問う問題ですが、通過率はわずか 9.7％でした。つまり、ホームページを見ることはできても、きちんと情報を読み解けていないというわけです。

　また、［図 5-3］は、プレゼンテーションを作成する問題で、スライド作成で見出しを考えて入力したり、工夫した点について解答欄にキーボードで入力したりするというものです。この問題も 39.1％という低通過率でした。単純に

情報活用能力調査
の結果について
p.31（文部科学省）

●図 5-3　情報活用能力調査〜調査結果「プレゼンテーションを作成する場面」

比較することは難しいのですが、例えば、毎年実施される全国学力学習状況調査と比較すると 20 ポイントほど低いわけです。

　このような問題では CBT ならではの調査もされており、例えば入力するタイピングスピードも測定されています。この情報活用能力調査でわかったことは、小学生の 1 分当たりのタイピングスピードはたった 5.9 文字だったことです（中学生は 16 文字）。入力をしなければいけなかった問題は、入力が遅くて時間切れになることも頻発したと報告されています。実際、スマートフォンの方が入力は速いと言う大学生もいますが、キーボード入力をきちんと教えてあげれば良いだけの話でしょう。これまでの学習指導要領にもキーボード入力については書かれてきましたが、この調査で分かったことは、小学校でキーボード入力の練習や学習がされていないという実態でした。

❸ 情報活用能力と ICT 活用

1　情報活用能力とはどのような能力なのか

　ここまで、情報活用能力という言葉を説明してきませんでしたが、改めて説明します。まず情報活用能力とは、情報教育によって育む能力のことを指します。初めて情報教育という用語が登場したのは 1985 年当時の中曽根康弘内閣の臨時教育審議会第一次答申における「情報化への対応」だと言われていますから、実に 30 年以上も前から使われている言葉ということになります。思ったよりも新しい言葉ではありません。その後、情報活用能力は①情報活用の実践力、②情報の科学的な理解、③情報社会に参画する態度の 3 観点 8 要素と定義され、これらを育む教育を情報教育と呼んできました（文部科学省 2015）［図5-4］。

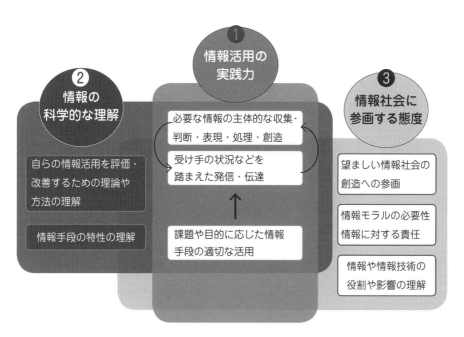

●図 5-4　平成23年改訂学習指導要領までの情報活用能力の定義（3観点8要素）

2　理科において情報活用能力を育成するための授業実践

　情報活用の実践力は、「必要な情報の主体的な判断・収集、表現・処理・創造」とされ、この中でインターネットや図書、教科書やインタビュー、アンケートなどから学習課題に沿ったメディアを選択して情報を収集する学習活動は、多くの教科単元で実施されています。とりわけ理科教育で情報を収集する場面では、デジタルカメラを使って植物を毎日観察し、プレゼンテーションにしてその成長を発表したり、パンフレットにまとめたりするICTの学習活動が考えられます。筆者が小学校教員だった時に取り組んだ理科における情報活用能力を育成する実践をいくつか紹介します。

● 6年：ものの燃え方

　[図5-5] はものの燃え方の単元で、気体検知管の使用前使用後の写真を同じように撮影しておき、実験結果をタブレット端末で発表している児童の様子です。タブレット端末を活用するだけで、単に数値を板書したり、口頭で伝えたりするよりもはるかに分かりやすく説得力のあるデータの示し方ができるようになります。

●図5-5　気体検知管の画像を示し発表する

ここでは、理科の学習目標に迫ると同時に、タブレット端末で情報を収集し、整理した上で、情報を発信する、という一連の情報活動に取り組むことで情報活用能力も育成しています。さらに、タブレット端末の操作技能も同時に向上させています。

● 5年：電流の働き

　[図5-6] はそれぞれに実験結果をタブレット端末で撮影し、タブレット端末で比較することで、「なぜ結果が違うのか」ということをグループでディスカッションしている机上の様子です。収集した情報を比較検討する際にタブ

レット端末を上手に活用できている事例です。ここでも理科の学習目標に迫りつつ、情報活用能力の育成が図られています。

● 5年：メダカの誕生

さらに、［図5-7］のように、メダカが卵から孵化するまでの過程を毎日タブレット端末で映像撮影し、その映像を編集する、といった学習活動を行ってきました（佐藤 2015）。よく観察し、繰り返し見て、タブレット端末で順番を確認して編集する学習活動の結果、タブレット端末を活用しなかった別のクラスよりもテストの平均点が高く、メダカの雄と雌のちがいについて明確に説明することができていました。

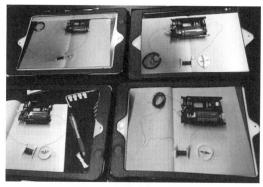

●図5-6 デジタルカメラを活用した場面

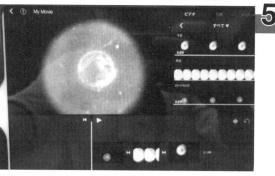

●図5-7 デジタルカメラを活用した場面

3 新しいテクノロジーを活用した理科教育

小学校学習指導要領解説理科編（文部科学省 2017b）の「地球と天体の運動」において、第4学年では「月と星」、第6学年では「月と太陽」の学習内容が位置づけられています。「月と太陽」では、「月の形の見え方について、月と太陽の位置に着目して、それらの位置関係を多面的に調べる活動を通して、次の事項を身に付けることができるよう指導する」とされています。実際の授業では、［図5-8］のような実験に取り組み、［図5-9］のような平面で描かれた図でワークシートを用いて復習したり、テスト等を実施したりすることが多いで

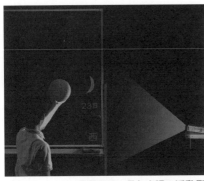

●図5-8　月と太陽の活動例

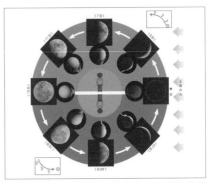

●図5-9　学習で使用する平面図（例）

しょう。

　しかし、金子ら（2010）は、「こうした平面図からは、地球から見える月の面が分からないことが問題である」と指摘しています。また、岡田（2009）が行った「月の満ち欠け」に関する空間認識の調査によると、中学生の6割以上に「球形概念」が身についていないことが明らかになっています。具体的には、球に光を当てた際の影がどのようになるのかがわからないと報告されています。したがって、小学生にとってこのような実験や資料には限界があることが容易に予想できますから、教科書内容を補足するような教材を組み合わせて、学習内容を理解させていく必要があります。もちろん教科書だけで理解できるくらいの教師の力量が備わっていれば、他の教材を使う必要もありませんが、一筋縄にいかない単元はむしろ積極的に教材を組み合わせたほうが妥当だと考えられます。

　デジタル教科書には、当該単元の動画教材があります［図5-10］。

　また、NHK for School（日本放送協会 2017）には小学校理科の第

●図5-10　デジタル教科書の動画教材

6学年の番組は6番組あります。学校放送番組は10分間で構成されており、ストリーミング再生が可能です。「月の満ち欠け」と検索すると、本書を執筆した段階で9つのクリップ映像が検索できます。クリップ映像は学校放送番組と違い、30秒から2分程度の学習内容のみの短い映像教材です。

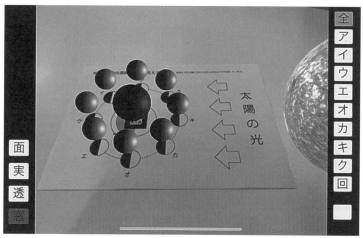

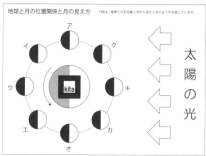

月の満ち欠け
AR ソフト

ソフトをダウンロードし、HP の PDF（左）をプリントアウトしたものにかざすと、上の写真のような立体的な AR 映像が見られる。

●図 3-11　月の満ち欠け AR ソフト

　さらに、ワークシートに描かれた平面図をタブレット端末のカメラで写すと、画面上で立体的に映し出してくれる AR（拡張現実：Augmented Reality）教材もあります［図5-11］（小松ほか 2013、上越 AR 研究会 2018）。これは中学生向けの教材ですが、小学校でも使ってみたところ、児童からはとてもイメージしやすいという反応が得られており、活用することは可能でしょう。

IE-School における実践研究を踏まえた情報活用能力の例示（分類）			
A 知識 及び技能	1	情報と情報技術を適切に活用するための知識と技能	①情報技術に関する技能 ②情報と情報技術の特性の理解 ③記号の組み合わせ方の理解
	2	問題解決・探究における情報活用の方法の理解	①情報収集、整理、分析、表現、発信の理解 ②情報活用の評価・改善のための理論や方法の理解
	3	情報モラル・セキュリティなどについての理解	①情報技術の役割、影響の理解 ②情報モラル・セキュリティの理解
B 思考力 ・判断力 ・表現力	1	問題解決・探究における情報を活用する力（プログラミング的思考・情報モラル・セキュリティを含む）	※事象を情報とその結び付きの視点から捉え、情報及び情報技術を適切かつ効率的に活用し、問題を発見・解決し、自分の考えを形成していく力 ①必要な情報を収集、整理、分析、表現する力 ②新たな意味や価値を創造する力 ③受け手の状況を踏まえて発信する力 ④自らの情報活用を評価・改善する力
C 学びに 向かう力、 人間性	1	問題解決・探究における情報活用の態度	①多角的に情報を検討しようとする態度 ②試行錯誤し、改善しようとする態度
	2	情報モラル・セキュリティなどについての態度	①責任をもって適切に情報を扱おうとする態度 ②情報社会に参画しようとする態度

●図 5-12　平成 30 年改訂学習指導要領における情報活用能力の体系表例

情報活用能力の体系表例
平成30年度版（文科省）

4　新学習指導要領と情報活用能力

　ここまでにも何度か書いたように、新学習指導要領では情報活用能力の位置づけがこれまでとは異なり、学習の基盤としての資質・能力として位置づけられました。学習の基盤ですから、情報活用能力が教科の資質・能力を育むための土台となります。

　新学習指導要領では、資質・能力の育成が掲げられていますが、情報活用能力も新学習指導要領に合わせて、前述した 3 観点 8 要素から資質・能力ベースに書き換えられ、「情報活用能力の体系表例」と名付けられています［図5-12］（文部科学省 2018a）。この情報活用能力の体系表例は、文部科学省次世代の教育情報化推進事業（IE スクール）の実証授業を通して、毎年改良が

加えられており、ここに示した体系表例は平成29年度報告書からの抜粋になります。そのため、今後は新学習指導要領の全面実施に合わせて情報活用能力の体系表例も新たに明示されます。

　例えば、Ａ知識及び技能では①情報技術に関する技能が位置づけられ、コンピュータの起動やデジタルカメラの基本操作、キーボードによる文字の正しい入力方法など、児童生徒のICT技能が位置づけられています。つまり、情報活用能力が学習の基盤であり、ICT技能が明記されているので、授業の中でICT技能を向上させるための学習活動を展開しながら情報活用能力を育成することになったといえるでしょう。もちろん、鉛筆で文字を書くように、キーボードですらすらと入力できなければ、授業はうまくいきません。

　これまでは教師の授業設計にICTが必要ないと感じたら「ICTは使わなくてもいい」というような風潮がありましたが、これからは教師が意識的にICTを活用して情報活用能力を育成する授業を各教科等で実施していく必要があります。そのためには、理科の目標のみから学習活動を考えるのではなく、理科の目標を達成する学習活動を考えると同時に、その中でどのように情報活用能力を育成していくか、児童生徒にどのようにICTを活用させていくかをカリキュラム・マネジメントによって組み込んでいく工夫が必要です。そ

の例は［図5-5］から［図5-7］を参考にしてほしいのですが、まずは［図5-13］のように、理科ですから実験した時の現象を撮影しておき、実験後も何度もじっくりと見て観察する、というような簡単なICT活用から取り組むといいでしょう。

●図5-13　ICTを活用し実験を記録する

Ⅱ　いま、なぜプログラミング教育なのか

1　人口減少社会、超少子高齢社会をたくましく生きる力

　まず、なぜ小学校にプログラミング教育が導入されるのかを考えてみましょう。とりわけ最近では、「第4次産業革命」ともいわれ、進化したAI（人工知能：Artificial Intelligence）が様々な判断を行ったり、身近な物の働きがインターネット経由で最適化されたりする時代の到来が、社会の在り方を大きく変えていくとの予測がなされています。このような変化は、様々な課題に新たな解決策を見いだし、新たな価値を創造していく人間の活動を活性化するものであり、私たちの生活に便利さや豊かさをもたらすことが期待されています。また、今日コンピュータは人々の生活の様々な場面で活用されていること、家電や自動車をはじめ身近なものの多くにコンピュータが内蔵され、人々の生活を支えていることが大前提であり、私たちはその中で生きています。

　ですから、学校教育においては、誰にとっても職業生活をはじめ、学校での学習や生涯学習、家庭生活などにおいて、コンピュータなどの情報機器やサービスとそれによってもたらされる情報を適切に活用し、問題を解決していける児童を育んでいく必要があります。なぜなら、学校教育は社会に寄与する人材、社会で活躍できる人材を育成する場だからです。

　日本は人口減少社会に突入していきます［図5-14］（内閣府 2014）。2004年には日本の総人口は1億2779万人に達し、これをピークに減少しつづけています。今の小学生が社会人として現役をむかえる2040年〜2050年頃には、1億人を割り込んで約9500万人、2100年には日露戦争の時代と同じ人口水準の約4700万人にまで減ることが予測されています。人口減少で、社会はどのように変化していくのでしょうか。誰にも予測することは不可能ですが、

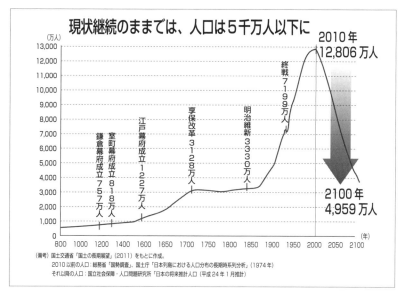

●図5-14　日本の人口の推移

おそらく現在の社会システムを維持することは困難であることは間違いないでしょう。高齢化率も今後は30％〜40％と増加します。したがって、私たちはAIやIoT（モノのインターネット：Internet of Things）を上手に活用していく必要があります。そうでもしなければ、現在の社会システムは維持できません。こうした話をすると学生や教員からは「それは、人にやってほしいな」というコンピュータを活用することへの反対意見が出ることがよくあります。「温かみがない」という声もよく出ます。でも、考えてみてください。根本的にこれまでよりも人が少ないのですから、それは不可能なのです。

　例えば、農業人口の減少も著しく、今後は輸入に頼るか、あるいは食糧自給率を上げていかなければ生きていくことは不可能です。そうしたときには、コンピュータの管理によって田畑を自動で耕したり、収穫したりするような仕組みを用いてこの問題をカバーしていくことが考えられます。また、これまで郵便物や宅配便は指定した時間通りに荷物が届いていましたが、そもそも人口が少なくなっていきますから配達してくれる人も少なくなります。そこで、自律

　型のドローンのようなシステムによって、人はドローンを管理し、ドローンによって配達をするような仕組みも考えられます。過疎地域の高齢者に対する医療支援も、遠隔によって体調管理が行われると考えられます。これらはすべて、実際に開発や法整備が進められており、運用間近のシステムばかりです。

　ICT を活用した社会システムを構築し、それぞれの立場でコンピュータを上手に運用していくためには、コンピュータがどのように動いていて、どのような命令によって動作しているか、ということを小学生からまず体験しておく必要があります。これが、小学校にプログラミング教育が導入された背景です。私たちは、この人口減少社会をたくましく生き抜いていかなくてはなりません。そのためにはコンピュータの活用、コンピュータの支援が不可欠なのです。予測困難な未来に対して、コンピュータを上手に活用して問題を解決していくための資質・能力の一つとして、**プログラミング的思考**が期待されています。

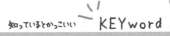

知っているとかっこいい　KEYword

プログラミング的思考 -1

　「プログラミング的思考」とは、コンピュータやプログラミングの概念にもとづいた問題解決型の思考法です。コンピュータでプログラミングを体験しながら考え方を習得することが基本です。

　例えば、コンピュータで処理する対象を細かくして実行しやすくしたり、それらの処理を実行するために繰り返しや条件分岐を用いたりします。こうした考え方は、社会問題の解決や生活場面においても同様に活用することができます。

　ベネッセでは，次のようにプログラミング的思考の要素を説明しています。

（プログラミング的思考 -2 につづく）

小学校段階におけるプログラミング的思考
https://beneprog.com/2018/07/13/
computationalthinking/

プログラミング的思考 -2

プログラミング的思考の要素を大きくわけると、次のようになります。

分　解　●大きな動きを解決可能な小さな動きに分けること。特に複雑な問題の場合には、解決できる小さな問題に分解して、問題を解決しやすくする。

> **具体例**
> ・サンドイッチを作るとき、パンを並べる、バターを塗る、マスタードを塗る、などの活動内容を書きだすこと。
> ・正多角形の作図においては、正多角形が持っている「辺の長さがすべて等しい」、「角の大きさがすべて等しい」、「円に内接する」、「中心角の大きさがすべて等しい」などの正多角形の意味や性質など。

抽象化　●目的に応じて適切な側面・性質だけを取り出し、他の部分を捨てること。

> **具体例**
> ・サンドイッチを作る活動内容の中から、目的に応じて必要な内容だけを選ぶ。
> ・正多角形の作図においては、内角と辺の長さで作図する場合は、正多角形の意味や性質の中から、「辺の長さがすべて等しい」「角の大きさがすべて等しい」という意味や性質を選ぶなど。

一般化　●ものごとの類似性や関係性を見出すこと。さらにそれを別の場合でも利用できる内容にすること。一般化することで予想しやすくなったり、より汎用的に問題を解くことができる。例えば、順序や規則性、属性情報を見出すことで、次の「組合せ」のパターンを選ぶことができる。

> **具体例**
> ・順序がある⇒順次（組合せ）
> ・規則性がある⇒繰り返し（組合せ）
> ・属性情報がある⇒条件分岐（組合せ）

組合せ　●目的に合わせて試行錯誤しながら、明確でより良い手順を創造すること。組合せ方法には「順次」、「繰り返し」、「条件分岐」などが含まれる。

> **具体例**
> ・効率的にサンドイッチを作るために、いくつかの具材の調理等の作業を並行で行う。
> ・正多角形の作図においては、例えば1辺が10cmの正三角形であれば、10cm右に進み、左に120度向きを変えている、それを3回繰り返しているなど。

Let's try

考えてみましょう

❶. 私たちの生活は多くのコンピュータが使われています。
身の回りにあるコンピュータやコンピュータを搭載したモノを 10 個、
挙げてみましょう。

❷. 次にその中から一つ選んで、どのような順番でプログラムされているか
を考えてみましょう。(例えばエスカレーターだとしたら、①人感センサー
が作動して、モーターが動く、②エスカレーターと手すりが動き出す、
③人が登り切ったことを人感センサーが察知する、④数秒するとエスカ
レーターと手すりが停止する、と考えます)

　身の回りのコンピュータがどのような順番でどのような働きによって動いて
いるかということ、そして、そのコンピュータが生活を支えていることに気づ
いていますか。生活の中のコンピュータの役割に気がつき、「どうやって動い
ているのだろう」「どの順番で作動しているのだろう」「作った人はどうしてこ
ういう動作をさせようとしたのだろう」と興味をもち、考えられる子供を育て
ることがこれからの社会に求められています。このような思考をプログラミン
グ的思考と呼びます。プログラミング的思考を育むためには、コンピュータを
活用したプログラミングの体験が必要になるのです。

❷ SE やプログラマーを育てるための教育ではない

　小学校のプログラミング教育は、あくまでも体験であり、コーディング(プロ
グラミングするための知識や技能)を覚えることではありません。まずは体験を
通して身近な生活のコンピュータに目を向け、そしてそれらがどのように動いて
いるのかについて考えられるようになることが重要です。プログラミング的思考

は、コンピューテイショナルシンキング（コンピュータサイエンスに関する知識、技術、スキル、思考法など）を参考に定義づけられたと言われています。ここで説明していること以外にも多くの能力を含んでいますが、プログラミングを体験しなければ、子供達が身近なコンピュータの動きや仕組みに興味をもつことはなかなか難しいと言わざるを得ません。

学習体験は、私たちの生活に様々な見方・考え方をもたらしています。例えば、調理実習でその難しさを体験するからお母さんの毎日の家事に興味をもち、そしてお母さんを尊敬するのです。また、器械運動を体験しているからこそ、私たちはオリンピックの演技を見て感動することができるのです。また、家庭科で調理実習をしますが、全員が調理師になるわけではありません。体育で器械運動をやったからといって、誰もが体操選手になるわけではありません。

これらは小学校段階で身につけさせたい資質・能力であり、見方・考え方であり、将来への可能性を広げるためのものになります。

プログラミングの体験をしたからこそ、生活を支えるコンピュータに興味をもったり、あるいは技術者を尊敬したり、ある子供はコンピュータを活かした仕事を将来の目標にするのかもしれません。

③ 学習指導要領におけるプログラミング教育

学習指導要領においては、プログラミング教育に関して［図3-15］（文部科学省 2018b）のように、総則、算数、理科、総合的な学習の時間に記述されています。例えば、総則の第3教育課程の実施と学習評価 1 主体的・対話的で深い学びの実現に向けた授業改善においては、プログラミング的思考について、これまでの教科教育等で培われてきた論理的思考力ではない、コンピュータに処理 を行わせるための論理的思考力であることということが読み取れます。また、文部科学省（2018）から発行された「小学校プログラミング教育の手引（第二版）」では、「プログラミング教育はコンピュータを活用すること」が明記さ

れています。

　例えコンピュータを用いないでプログラミングを実践するとしても、コンピュータを用いてプログラミングをすることを前提として、関連性を示した上で実施することが書かれています。

第1章　総則

第2　教育課程の編成

2　教科等横断的な視点に立った資質・能力の育成

(1)　各学校においては、児童の発達の段階を考慮し、言語能力、情報活用能力（情報モラルを含む。）、問題発見・解決能力等の学習の基盤となる資質・能力を育成していくことができるよう、各教科等の特質を生かし、教科等横断的な視点から教育課程の編成を図るものとする。

第3　教育課程の実施と学習評価

1　主体的・対話的で深い学びの実現に向けた授業改善

(3)　第2の2の(1)に示す情報活用能力の育成を図るため、各学校において、コンピュータや情報通信ネットワークなどの情報手段を活用するために必要な環境を整え、これらを適切に活用した学習活動の充実を図ること。また、各種の統計資料や新聞、視聴覚教材や教育機器などの教材・教具の適切な活用を図ること。あわせて、各教科等の特質に応じて、次の学習活動を計画的に実施すること。

ア　児童がコンピュータで文字を入力するなどの学習の基盤として必要となる情報手段の基本的な操作を習得するための学習活動

イ　児童がプログラミングを体験しながら、コンピュータに意図した処理を行わせるために必要な論理的思考力を身に付けるための学習活動

第2章　各教科

第3節　算数

第3　指導計画の作成と内容の取扱い

2　第2の内容の取扱いについては、次の事項に配慮するものとする。

(2)　数量や図形についての感覚を豊かにしたり、表やグラフを用いて表現する力を高めたりするなどのため、必要な場面においてコンピュータなどを適切に活用すること。また、第1章総則の第3の1の(3)のイに掲げる

プログラミングを体験しながら論理的思考力を身に付けるための学習を行う場合には、児童の負担に配慮しつつ、例えば第2の各学年の内容〔第5学年〕の「B図形」の(1)における正多角形の作図を行う学習に関して、正確な繰り返し作業を行う必要があり、更に一部を変えることでいろいろな正多角形を同様に考えることができる場面などで取り扱うこと

第4節　理科

第3　指導計画の作成と内容の取扱い

2　第2の内容の取扱いについては、次の事項に配慮するものとする。

(2)　観察、実験などの指導に当たっては、指導内容に応じてコンピュータや情報通信ネットワークなどを適切に活用できるようにすること。また、第1章総則の第3の1の(3)のイに掲げるプログラミングを体験しながら論理的思考力を身に付けるための学習活動を行う場合には、児童の負担に配慮しつつ、例えば第2の各学年の内容の〔第6学年〕の「A物質・エネルギー」の(4)における電気の性質や働きを利用した道具があることを捉え学習など、与えた条件に応じて動作していることを考察し、更に条件を変えることにより、動作が変化することについて考える場面で取り扱うものとする。

第5章　総合的な学習の時間

第3　指導計画の作成と内容の取扱い

2　第2の内容の取扱いについては、次の事項に配慮するものとする。

(9)　情報に関する学習を行う際には、探究的な学習に取り組むことを通て、情報を収集・整理・発信したり、情報が日常生活や社会に与える影を考えたりするなどの学習活動が行われるようにすること。第1章総則第3の1の(3)のイに掲げるプログラミングを体験しながら論理的思考力身に付けるための学習活動を行う場合には、プログラミングを体験するとが、探究的な学習の過程に適切に位置付くようにすること。

●図5-15　新学習指導要領（プログラミング教育関係抜粋

1　小学校におけるプログラミング教育の分類

　2018年3月に、文部科学省から「小学校プログラミング教育の手引（第一版）」が発行されました。この手引には学習活動の分類が6つ示されています［図5-16］（文部科学省 2018c）。この分類にしたがって、プログラミング教育の特に理科に関わるA分類の学習活動について解説します。

A	学習指導要領に例示されている単元などで実施するもの
B	学習指導要領に例示されてはいないが、学習指導要領に示される各教科等の内容を指導する中で実施するもの
C	各学校の裁量により実施するもの（A、B及びD以外で、教育課程内で実施するもの）
D	クラブ活動など、特定の児童を対象として、教育過程内で実施するもの
E	学校を会場とするが、教育課程外のもの
F	学校外でのプログラミングの学習機会

●図5-16　小学校段階のプログラミングに関する学習活動の分類例

2　学習指導要領に例示されている単元等で実施する理科の授業

学習指導要領でプログラミング教育を確実に実施しなければならない教科単元は3つあり、①5年生算数の正多角形の単元、②6年生理科の電気の性質や働きの単元、③総合的な学習の時間における探究的な学習への位置づけ、になります。これは［図5-15］の記述であり、これらの単元では確実にプログラミングの授業を実施する必要があります。

②6年生理科の電気の性質や働きの単元では、身の回りの電化製品は回路に電流を流すことで光や音、熱や運動に変わるエネルギーをもっていることを踏まえ、電流による発熱や、電気を作ったりためたり、回路に流れる電流の長さを調べたりして、電気の性質や働きを学習する内容になっています。

こうした性質や働きをふまえ、大切な電気を上手に使うために、［図5-17］左の電球式の信号機よりも、右の発光ダイオード式の信号機のほう

電球式の信号機

発光ダイオード式の信号機

●図5-17　効果的な電気の利用（教科書例）

が電気を節約できる、という説明です（学校図書）。

　電気は主に石炭や石油、天然ガスといった地下資源によってエネルギーを作りだしていますから、無駄なく使う努力が必要であり、その一例が教科書に示されているということになります。身近な電化製品は無駄なく電気を使うために、どのような工夫がされているのでしょうか。

　例えばエアコンには温度センサーが搭載されていて、26度に設定すると、26度までは強めに冷たい風を出して、26度になった時点で穏やかな風に変わり、26度を保ち続けます。これは温度センサーがそのようにプログラムしているから、このようにエアコンが動作するわけです。

　また、最近では人感センサーが搭載されたエアコンも登場し、人がいるところには多く風を送り、その他には少なく風を送ることで、無駄なく効率的に人を冷やす工夫がされています。これも人感センサーによって効率的で無駄なく電気を消費できるようにプログラムされています。

　②令和2年度の理科の電気の性質や働きの単元では、照度センサーや人感センサーなどをこれまでの実験で用いてきた実験器具と組み合わせて、プログラミングを体験する学習に取り組みます。例えば、「家で使う電気を効率よくするためのプログラムを組む」ことを学習課題とした場合、「人が来たらライトがつく」というようなプログラミングをすれば、人感センサーが人を感知したときだけ作動するライトのプログラムを作ることができます。

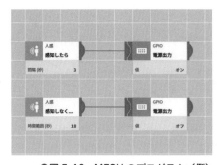

●図5-18　MESHのプログラム（例）

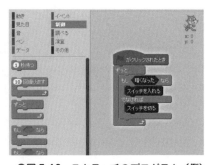

●図5-19　スクラッチのプログラム（例）

SONY のプログラミングツール「MESH」だと［図 5-18］のようなプログラムになり、microbit であれば［図 5-19］のようなプログラムになります。

また，［図 5-20］は、SONY のプログラミングツール「MESH」を活用して、「人感センサーに反応したときだけ扇風機が作動する」というプログラミングを体験している教員研修の様子です。小学校プログラミング教育を実施する上では、まずはこのように体験してプログラミングが理科に入る意味やその良さを実感していくことが大切です。

●図 5-20　活動の様子

3　理科のプログラミングで必要となる ICT 機器

　このようにプログラミングをするためには、これまでの実験器具に加え、センサーやコンピュータが必要になります。コンピュータは前述したとおり、新学習指導要領の実現に向けて整備が急速に進むと予測されますし、コンピュータ室や教室に設置されているコンピュータを活用することが想定されます。

　センサーについては、別途学校の予算で購入したり、教育委員会などで予算化された範囲で整備されたりすることが予測されます。プログラミング教育を推進する外部団体からの協力や助成金を用いて整備する方法もあります。

　一方で、こうした整備が滞っている自治体や学校については、コンピュータ上でプログラミングを体験し、画面上でシミュレーションすることができるアプリケーションを用いる必要があるでしょう。Web 上にはいくつもありますから、検索してみましょう。また、整備が滞ってプログラミング教育ができないというような事態にならないよう、新しい理科の教科書に準拠する形で、教科書会社から Web 上でシミュレーションが配信されています。

学図プラス
教科書 QR コード
教材(プログラミング)

●図 5-21　教科書 QR コードとプログラミング教材

○おわりに

　何度も繰り返しになりますが、情報活用能力は新学習指導要領おいて学習の基盤として位置づけられました。このことから ICT 環境整備は急務です。学校における ICT 環境整備の在り方に関する有識者会議 最終まとめ（文部科学省2017c）では、各学年に 1 学級規模のキーボード付きのタブレット端末を整備することが明記されました。また、学校の ICT 環境整備に対して 2018 年度から 2022 年までの 4 年間、毎年 1805 億円の地方財源措置を講じることとされました。したがって、今後、各学校にタブレット端末が随時導入されていくこととなります (文部科学省 2017d)。

　理科教育において、情報活用能力を育成する授業実践を見ていただいた通り、様々な場面で取り組めることでしょう。筆者個人の意見になりますが、他の教科と比較すれば、理科と情報活用能力、理科と ICT 活用、理科とプログラミング教育の親和性は極めて高いと考えています。教師自身の資質・能力に依存した授業ではなく、子供達が大人になって社会で活躍するとき、真に必要な力は何なのかを見極めて、授業実践に励んでほしいと願っています。

- 学校図書（2017）みんなと学ぶ小学校理科 6 年.

- 内閣府　人口動態について（2014）https://www5.cao.go.jp/keizai-shimon/kaigi/special/future/0214/shiryou_04.pdf

- 文部科学省（2013）OECD 国際成人力調査 調査結果の概要. http://www.mext.go.jp/b_menu/toukei/data/Others/__icsFiles/afieldfile/2013/11/07/1287165_1.pdf

- 文部科学省（2015）情報活用能力調査（小・中学校）調査結果別紙 問題調査結果及び質問紙. http://www.mext.go.jp/component/a_menu/education/detail/__icsFiles/afieldfile/2015/03/24/1356189_05_1.pdf

- 文部科学省（2015）情報活用能力育成のために. http://www.mext.go.jp/component/a_menu/education/micro_detail/__icsFiles/afieldfile/2018/08/07/1369631_5_1.pdf

- 文部科学省（2017a）小学校学習指導領総則編.

- 文部科学省（2017b）小学校学習指導要領解説理科編.

- 文部科学省（2017c）学校における ICT 環境整備の在り方に関する有識者会議 最終まとめ. http://www.mext.go.jp/component/b_menu/shingi/toushin/__icsFiles/afieldfile/2017/12/13/1388920_1.pdf

- 文部科学省（2017d）平成３０年度以降の学校における ICT 環境の整備方針について. http://www.mext.go.jp/component/a_menu/education/micro_detail/__icsFiles/afieldfile/2017/12/26/1399908_01_3.pdf

- 文部科学省（2018a）情報活用能力を育成するためのカリキュラム・マネジメントの在り方と授業デザイン. http://www.mext.go.jp/component/a_menu/education/micro_detail/__icsFiles/afieldfile/2019/01/28/1400884_1.pdf

- 文部科学省（2018b）小学校プログラミング教育に関する概要資料. http://www.mext.go.jp/component/a_menu/education/micro_detail/__icsFiles/afieldfile/2019/05/21/1416331_001.pdf

- 文部科学省（2018c）小学校プログラミング教育の手引（第一版）. http://www.mext.go.jp/a_menu/shotou/zyouhou/detail/1410886.htm

- 日本放送協会（2018）NHK for School. http://www.nhk.or.jp/school/

- 金子ひとみ，津田陽一郎，片平克弘，芦田実（2010）中学校理科「月の満ち欠け」の問題図の改善とその提示に関する研究. 埼玉大学教育学部附属教育実践総合センター紀要，9：1-10

- 小松祐貴，渡邊悠也，鬼木哲人，中野博幸，久保田善彦（2013）月の満ち欠けの理解を促す AR 教材の開発と評価. 科学教育研究，37(4)：307-316

- 上越 AR 研究会（2018）月の満ち欠け AR. https://sites.google.com/site/jouetsuargroups/

- 岡田大爾（2009）児童生徒の天文分野における空間認識に関する研究：1985 年当時の視点移動能力について. 地学教育，62(3)：79-88

- 佐藤和紀（2015）アクティブ・ラーニングを意識した一人一台のタブレット端末環境におけるメディア・リテラシー実践. 学習情報研究，246：32-33

5

第6章

国語科と理科

6

国語科と理科

6章

1 小学校における国語の授業時数はどのぐらいあるのか

　まずは小学校における国語の授業時数を見てみましょう。学校教育法施行規則（平成29年一部改訂）によると次のようになっています。参考までに週の授業時数を括弧内に示しておきました（35週で割り切れないものは小数点第2位を四捨五入）。

　国語の授業時数が他教科に比べて圧倒的に多いことに気づきます。低学年では週に9時間も国語の授業があります。これは、ほぼ毎日2時間、国語の授業があることを意味します。高学年でも毎日1時間は国語の授業があるのです。

●表6-1 小学校の年間授業数（週の授業数）

順序	1年	2年	3年	4年	5年	6年
国語	306(9)	315(9)	245(7)	245(7)	175(5)	175(5)
算数	136(4)	175(5)	175(5)	175(5)	175(5)	175(5)
理科			90(2.6)	105(3)	105(3)	105(3)
社会			70	90(2.9)	100(2.9)	105(3)

どうして小学校では、こんなにも国語の授業が多いのでしょうか。私たちが日常当たり前に使っている国語（言葉）について、改めてこんなにも多くの時間をかけて学ぶ必要は何でしょうか。それは言葉の働きと大きく関係しています。

　言葉にはいろいろな働きがあります。例えば「言葉で認識する」という働きです。私たちは言葉を通して物事を捉えているのです。

　また、「言葉で思考する」という働きもあります。例えば池にアメンボが浮いているのを見つけたときに、「どうしてアメンボはあんなに上手に水の上をすいすいと走れるんだろう？足に何か特別な仕組みがあるに違いない。」と考えたとします。これは、私たちが無意識のうちに頭の中で言葉を使って物事を考えて（思考して）いることにほかなりません。

　さらには「言葉で伝達する」という働きもあります。私たちは毎日、当たり前のように自分の思ったことや考えたことを言葉で表現し、家族や友達に伝えていますね。

　このように私たちは言葉で物事を捉え、言葉で考え、言葉で伝えています。ですから言葉の力を身につけ、言葉の力を磨いていけば、認識力、思考力、表現力が高まっていくことになるのです。そして、この言葉の力はすべての教科の土台となる大切な力です。

　そこで、その言葉の力を育てる中核教科としての国語科という教科があり、前のページの表 6-1 で示した通り、すべての教科の中で最も多くの授業時数が割り当てられているということなのです。

知っていると かっこいい KEYword

国語教育の歴史　～国語科はいつからあるの？～

　　明治5年に発布された学制には、まだ「国語科」という教科はありません
でした。国語に関係する科目として、**綴字**（カナヅカヒ）、**習字**（テナラヒ）、**単語**（コトバ）、**会話**（コトバヅカヒ）、**読本**、**書牘**（ショトク）、**文法**の7科目が
あげられていました。

　　国語科が教科として成立したのは、明治33年に小学校令が改正され新小
学校令となったときです。施行規則には国語科の教科内容として読ミ方、書キ方、
綴り方、話シ方などが説明されています。

Ⅱ　学習指導要領における国語科の目標と内容

1 「見方・考え方」を働かせるとは

　学習指導要領では、子どもたちに育成する資質・能力を三つの柱で整理してい
ます。

○知識・技能

○思考力・判断力・表現力等

○学びに向かう力・人間性

そして、すべての教科の目標及び内容もこの三つの柱で示されています。

国語科でも、育成を目指す資質・能力を三つの柱で整理し、目標を三つの柱に対
応させて示しています。

	言葉による見方・考え方を働かせ、言語活動を通して、国語で正確に理解し適切に表現する資質・能力を次のとおり育成することを目指す。
知識及び技能	(1)日常生活に必要な国語について、その特質を理解し適切に使うことができるようにする。
思考力、判断力、表現力等	(2)日常生活における人との関わりの中で伝え合う力を高め、思考力や想像力を養う。
学びに向かう力、人間性等	(3)言葉がもつよさを認識するとともに、言語感覚を養い、国語の大切さを自覚し、国語を尊重してその能力の向上を図る態度を養う。

この目標を整理すると次のようになります。

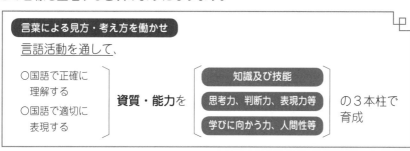

　目標の冒頭部には「言葉による見方・考え方を働かせ…」という表現が使われています。平成29年版の学習指導要領では、各教科とも目標の冒頭部分に「見方・考え方を働かせ…」と書かれています。

○**国語**　**言葉**による見方・考え方を働かせ…

○**社会**　**社会的**な見方・考え方を働かせ…

○**算数**　**数学的**な見方・考え方を働かせ…

○**理科**　**理科**の見方・考え方を働かせ…

　そこでまず、国語科の「見方・考え方」を考える前に、各教科を学ぶ過程で働かせる「見方・考え方」とはどのようなものかを考えてみることにします。

　「小学校学習指導要領解説総則編」では次のように解説しています。

> 「どのような視点で物事を捉え，どのような考え方で思考していくのか」という，その教科ならではの物事を捉える視点や考え方である。(p.4)

　「見方・考え方」とは、他教科と違うその教科独自の物事を捉える視点や考え方であり、各教科の学習対象へのアプローチの仕方であると考えられます。また、「なぜその教科を学ぶのか」という各教科を学ぶ意義や必要性がここには含まれています。

　では、国語科ならではの物事を捉える視点や考え方とは何でしょう。それは「言葉による見方・考え方」です。しかし、さらなる問いが生まれます。「言葉による見方・考え方」とは何かという問いです。このことについて「小学校学習指導要領解説国語編」では次のように解説しています。

> 言葉による見方・考え方を働かせるとは，児童が学習の中で，対象と言葉，言葉と言葉との関係を，言葉の意味，働き，使い方等に着目して捉えたり問い直したりして，言葉への自覚を高めることであると考えられる。(p.12)

　少しわかりにくいかもしれません。「見方」と「考え方」がはっきりと分けて書かれていないため、それぞれがどのようなものか捉えにくいと思います。そこで上の解説文を次のように２つに分けて考えてみましょう。

言葉による見方
● 言葉の意味、働き、使い方に着目すること

言葉による考え方
● （言葉による見方を生かして）対象と言葉、言葉と言葉との関係を捉えたり問い直したりすること

「見方」と「考え方」が少しは整理できたでしょう。

　しかし、まだピンときませんね。そこで、説明文教材を例に、より具体的に考えてみましょう。

　４年生に『アメンボはにん者か』（学校図書）という説明文教材があります。アメンボが忍者のように水面に浮かんですいすい走れる理由について説明した文章です。１円玉や針が表面張力によって水に浮く実験を通して、アメンボが水面に浮く秘密を解明していく科学読み物です。

　子どもたちはまず、題名の「アメンボはにん者か」という問いにひきつけられ、「アメンボ」と「にん者」それぞれの姿を想像し、アメンボとにん者の共通点を考えるでしょう。

　また、「どうしてアメンボは、あんなにうまく水面にうかんで走ることができるのでしょうか。」という一文が、筆者が読者に投げかけた問いであることに気づく子もいるでしょう。

　そして子どもたちは、「表面張力」という難しい言葉に驚きながらも、その意味を１円玉と針の「実験」から一生懸命に理解していきます。

　これらの姿は、言葉の意味、働き、使い方に着目した「言葉による見方」を働かせている具体的な場面と言えるでしょう。

　このような「言葉による見方」を生かしながら、次第に「問い」の段落や、問いに答えている段落、実験が詳しく書かれている段落、筆者の考えがまとめられている段落など、段落には役割があることや、形式段落が複数の意味段落にまとめられることを発見していきます。そして、改めて段落相互の関係をおさえながら、筆者の説明の仕方や文章構成に目を向けていくようになります。これらの姿が、言葉、文、段落の関係を捉えたり問い直したりする「言葉による考え方」を働かせた姿ということができます。

2 国語科で育成する資質・能力

　国語科では、前述した「見方・考え方」を働かせながら、言語活動を通して、国語で正確に理解し適切に表現する資質・能力を育成することになります。

　ここで、育成する資質・能力が２つあることを確認しておきましょう。（ここでは資質・能力を「力」という言葉に置き換えておさえておきます。）

　〇国語で正確に理解する力

　〇国語で適切に表現する力

この２つの力の表記の順序にも意味があります。理解→表現という順序です。もちろん理解する力と表現する力は連続的かつ同時的に機能するものですが、表現する内容となる自分の考えを形成するには、まずは国語で表現された様々な事物、経験、思い、考え等を理解することが必要であるという意味です。

それではここで、３つの柱で整理された資質・能力についてみていきましょう。

　１つ目の柱は「知識・技能」です。

> 日常生活に必要な国語について，その特質を理解し適切に使うことができるようにする。

　日常生活の様々な場面で活用できる、生きて働く「知識及び技能」を習得させることがポイントです。

　２つ目の柱は「思考力・判断力・表現力等」です。

> 日常生活における人との関わりの中で伝え合う力を高め，思考力や想像力を養う。

　ここでいう思考力や想像力とは、論理的に思考する力や豊かに想像する力のことを指しています。特に「論理的に思考する力」は今の子どもたちの弱点であり、論理的思考力の育成が国語科でも強く求められています。

３つ目の柱は「学びに向かう力・人間性」です。

> 言葉がもつよさを認識するとともに，言語感覚を養い，国語の大切さを自
> 覚し，国語を尊重してその能力の向上を図る態度を養う。

　言語感覚とは、言葉で理解したり表現したりする際の、正誤・適否・美醜など
についての感覚のことです。子どもたちが話したり書いたりするときに、相
手や場面に応じてどのような言葉を選んで表現することが適切かを直観的に判
断したり、文章を読むときに、言葉が醸し出す味わいを感覚的に捉えたりする
ことができるようになることを目指します。これはそう簡単にはできることで
はありません。継続的に粘り強く指導することが求められます。

3 学習指導要領における国語科の全体の構成

　国語科の全体の構成は以下の通りです。国語科という教科がどのように組み
立てられているか、その全体像を概観することができます。

```
第1　教科目標
第2　各学年の目標及び内容（低・中・高）
　1　目標
　2　内容
　〔知識及び技能〕
　　(1)言葉の特徴や使い方に関する事項
　　(2)情報の扱い方に関する事項
　　(3)我が国の言語文化に関する事項
　〔思考力、表現力、判断力等〕
　　A　話すこと・聞くこと
　　B　書くこと
　　C　読むこと
第3　指導計画の作成と内容の取扱い
別表　学年別漢字配当表
```

理科の構成と見比べて、共通点や相違点を見つけてみましょう。
（例：国語科は2学年ずつまとめて表記している。）
それぞれの教科の特徴が見えてきますね。

　まず、6年間を通しての国語科の教科目標が掲げられ、それを受けて「第2 各学年の目標及び内容」が示されています。この「各学年の目標及び内容」がどのように構成されているかを頭に入れておくと、6年間の国語科の指導内容が理解しやすくなります。

　次に、「2　内容」は〔知識及び技能〕と〔思考力、表現力、判断力等〕の2つの柱で構成されています。これは、国語科の教科目標が、国語科で育成する資質・能力を「知識及び技能」、「思考力、判断力、表現力等」、「学びに向かう力、人間性等」の3つの柱で整理されたことをふまえ、そのうちの2つの柱について示しているということになります。

　「1　目標」は教科目標と同様に3つの柱で示されていますが、「2　内容」では〔知識及び技能〕と〔思考力、表現力、判断力等〕の2つの柱でしか示されていません。3つ目の「学びに向かう力、人間性等」は示されていないことに注意しましょう。これは「学びに向かう力、人間性等」は、それ自体が重要な資質・能力であるとともに、〔知識及び技能〕や〔思考力、表現力、判断力等〕として内容に示された資質・能力を身につける上でも極めて重要な役割を担うという考えからです。

　「2　内容」の1つ目の〔知識及び技能〕は、されてらに細分化され、（1）、（2）、（3）の3つの事項で構成されています。2つ目の〔思考力、表現力、判断力等〕も「A　話すこと・聞くこと」、「B　書くこと」、「C　読むこと」の3領域で構成されています。

　この〔知識及び技能〕と〔思考力、表現力、判断力等〕の2つは、別々に分けて指導することを示すものでも、〔知識及び技能〕を習得させてから〔思考力、表現力、判断力等〕を身につけさせるという指導の順序性を示すものでもありません。両者を関連させながら指導することに留意しましょう。

1 中教審「答申」に示された、学力や国語科の課題

　平成 28 年 12 月 21 日に示された中央教育審議会の「幼稚園、小学校、中学校、高等学校及び特別支援学校の学習指導要領等の改善及び必要な方策について（答申）」（以下、「答申」という。）では、子どもたちの学力に関する課題を次のように指摘しています。（下線は筆者）

○学力に関する調査においては，判断の根拠や理由を明確にしながら自分の考えを述べたり，実験結果を分析して解釈・考察し説明したりすることなどについて課題が指摘されている。（p.6）

○教科書の文章を読み解けていないとの調査結果もあるところであり，文章で表された情報を的確に理解し，自分の考えの形成に生かしていけるようにすることは喫緊の課題である。（p.7）

　また、全国学力・学習状況調査の結果から、現在の国語科の課題を次のように指摘しています。（下線は筆者）

全国学力・学習状況調査等の結果によると，小学校では，文における主語を捉えることや文の構成を理解したり表現の工夫を捉えたりすること，目的に応じて文章を要約したり複数の情報を関連付けて理解を深めたりすることなどに課題があることが明らかになっている。中学校では，伝えたい内容や自分の考えについて根拠を明確にして書いたり話したりすることや，複数の資料から適切な情報を得てそれらを比較したり関連付けたりすること，文章を読んで根拠の明確さや論理の展開，表現の仕方等について評価することなどに課題があることが明らかになっている。（p.124）

　これらの指摘を見ると、「根拠や理由を明確にする」、「分析、解釈、考察、説明」、「文章の構成」、「複数の情報の関連付け」、「比較したり関係付けたりする」、「論理の展開」などの言葉が示す通り、子どもたちの**論理的思考力**に課題があることに気づかされます。

　もちろん論理的思考力は国語科だけで育成するものではありません。算数や理科や社会でも育成しなくてはなりません。しかし、私たちが思考をするときに言葉を使って思考するということを考えれば、言葉の力を育てる国語科が論理的思考力の育成に大きな役割を担わなくてはならないことは明らかです。

2　国語科と論理的思考力　〜「情報の扱い方に関する事項」の新設〜

　学習指導要領の国語科の指導事項の中に、論理的思考力に関係する言葉が数多く見られます。それらを各学年、領域ごとにまとめてみました。

●表6-3　指導要領の中にある論理的思考力に関する言葉

低学年	「**話すこと・聞くこと**」…必要な事柄を選ぶ・事柄の順序を考える 「**書くこと**」…事柄の順序 「**読むこと**」…時間的な順序や事柄の順序
中学年	「**話すこと・聞くこと**」…比較、分類・理由や事例 「**書くこと**」…比較、分類・考えとそれを支える理由や事例の関係 「**読むこと**」…考えとそれを支える理由や事例の関係
高学年	「**話すこと・聞くこと**」…分類、関係づけ・事実と感想、意見との区別 「**書くこと**」…分類、関係づけ・筋道の通った文章・事実と感想、意見との区別 「**読むこと**」…事実と感想、意見などとの関係・論の進め方

　これらの指導事項をみると、前の節で紹介した、子どもたちの弱点である論理的思考力とかなり重なっていることがわかります。

　また，平成29年版の学習指導要領で新設された「情報の扱い方に関する事項」（〔知識及び技能〕の2つ目の事項）も論理的思考力と大きくかかわっています。

　まずは「学習指導要領解説国語編」（以下、「解説」という。）に書かれている新設の経緯を見てみましょう。

急速に情報化が進展する社会において，様々な媒体の中から必要な情報を取り出したり，情報同士の関係を分かりやすく整理したり，発信したい情報を様々な手段で表現したりすることが求められている。一方，中央教育審議会答申において，「教科書の文章を読み解けていないとの調査結果もあるところであり，文章で表された情報を的確に理解し，自分の考えの形成に生かしていけるようにすることは喫緊の課題である。」と指摘されているところである。

―中略―　このような情報の扱い方に関する「知識及び技能」は国語科において育成すべき重要な資質・能力の一つである。今回の改訂では，これらの資質・能力の育成に向け，「情報の扱い方に関する事項」を新設した。(p.8)

私たちが暮らす情報化社会において、子どもたちに情報の扱い方を具体的に指導することが急務であるということです。そして、新設された「情報の扱い方に関する事項」は

「ア情報と情報との関係」、「イ情報の整理」の二つの内容で構成され、低学年から具体的、段階的に指導するようになっています。その指導内容は次の通りです。（下線は筆者）

●表 6-4　情報の扱い方に関する指導内容

第１学年及び第２学年	第３年及び第４学年	第５学年及び第６学年
ア <u>共通、相違、事柄の順序</u>など<u>情報と情報との関係</u>について理解すること。	ア <u>考えとそれを支える理由や事例、全体と中心</u>など<u>情報と情報との関係</u>について理解すること。	ア <u>原因と結果</u>など<u>情報と情報との関係</u>について理解すること。
	イ <u>比較や分類</u>の仕方、必要な語句などの書き留め方、引用の仕方や出典の示し方、辞書や事典の使い方を 理解し使うこと。	イ <u>情報と情報との関係付けの仕方</u>、図などによる<u>語句と語句との関係</u>の表し方を理解し使うこと。

　下線部の言葉は、今まで論理的思考力とつながりの強い言葉として紹介したものとほとんど同じですね。ここでも論理的思考力の育成が強く意識されています。つまり、国語科の指導が論理的思考力の育成に直結しているということです。このことを強く意識して指導に当たることが大切です。

Ⅳ　国語科と理科との関連

1　国語科「言語活動」と理科

　すでに確認したように、学習指導要領国語科の目標では、国語科で育成する資質・能力は言語活動を通して行うことになっています。
　それを受けて、各学年の3領域（「話すこと・聞くこと」、「書くこと」、「読むこと」）の内容には、（1）に指導事項が、（2）には（1）の指導をする際の言語活動例が示されています。この言語活動例の中には、理科の授業で行う活動と共通するものが数多く見られます。特に「書くこと」の指導における言語活動例に多く見られます。ここではそれらを見てみることにしましょう。（下線は筆者）

●表6-5　「書くこと」の言語活動例に見られる資質・能力

第1学年及び第2学年	第3年及び第4学年	第5学年及び第6学年
ア　身近なことや経験したことを報告したり、観察したことを記録したりするなど、見聞きしたことを書く活動。	ア　調べたことをまとめて報告するなど、事実やそれを基に考えたことを書く活動。	ア　事象を説明したり意見を述べたりするなど、考えたことや伝えたいことを書く活動。

　「観察したことを記録する」「事実やそれを基に考えたことを書く」「事象を説明する」などの活動は、理科でも当然、行われている活動です。これらの言語活動を通して国語科で身に付けた「書くこと」の力は、理科の授業でもすぐに活用することができます。

5年生の国語の教科書に『調べて書こう』という教材があります（学校図書5年）。この教材は、高学年の「書くこと」の指導事項「ア、イ、ウ、エ」を指導するために用意された教材です。

ア 目的や意図に応じて、感じたことや考えたことなどから書くことを選び、集めた材料を分類したり関係付けたりして、伝えたいことを明確にすること。

イ 筋道の通った文章となるように、文章全体の構成や展開を考えること。

ウ 目的や意図に応じて簡単に書いたり詳しく書いたりするとともに、事実と感想、意見とを区別して書いたりするなど、自分の考えが伝わるように書き表し方を工夫すること。

エ 引用したり、図表やグラフなどを用いたりして、自分の考えが伝わるように書き表し方を工夫すること。

教材の冒頭には「調べたことについて、図表を使いながら、事実と意見を区別して書きましょう」という学習のめあてが掲げられています。そして、この学習をするための言語活動として「レポート作成」が組まれています。レポート作成の手順は次のように示されています。

---

①調べるテーマを決めよう
②調べ方を決めよう
③調べて分かったことを整理しよう
④レポートの構成を考えよう
⑤レポートを書こう

これらの手順は、理科のレポート作成の手順と共通するところがあります。そして、④の「レポートの構成」は次のようになっています。

テーマ
①調べようと思ったわけ
②調べたこと
③調べて分かったこと（図表を入れる）
④感想

　国語で既にこのような手順と構成でレポート作成を経験していれば、理科のレポート作成のときにも、この書き方を活用しながら書くことができます。夏休みの自由研究をまとめるときにも活用できると思います。

　この教材では、レポートのテーマを「身近な言葉について疑問に思うこと」の中から探させていますが、テーマはなにも国語の領域に関連したものでなければいけないということはありません。指導事項のア、イ、ウ、エが学習できるのならば、理科の学習で興味を持ったことをテーマにしても構わないのです。

　例えば、5年生の「流れる水のはたらき」の学習をきっかけに、自分たちの地域に流れるいろいろな川を調べてレポートにまとめることも可能でしょう。また、6年生の「地層」の学習で岩石や化石に興味を持った子が、実際に採集した石を図鑑で調べたり、化石を辞典で調べたりしてレポートにまとめることも、国語科の立派な「書くこと」の学習として成立するでしょう。

　いずれにせよ、指導者が教科横断的な視点を持ち、子どもの興味・関心を刺激し、子どもが主体的に学習できるように単元を構成していかなくてはなりません。年度初めに各教科の単元を俯瞰しながら、ぜひとも国語と理科を関連させた授業作りに挑戦してみてください。

2 語彙指導と理科

　平成29年版の学習指導要領では〔知識及び技能〕の指導事項に「語彙」の事項が新設されました。語彙指導の改善・充実をねらってのことです。

　新設の背景を「解説」では次のように説明しています。（下線は筆者）

　　語彙指導の改善・充実 中央教育審議会答申において、「小学校低学年の学力差の大きな背景に語彙の量と質の違いがある」と指摘されているように、語彙は，全ての教科等における資質・能力の育成や学習の基盤となる言語能力を支える重要な要素である。このため，語彙を豊かにする指導の

改善・充実を図っている。

　語彙を豊かにするとは，<u>自分の語彙を量と質の両面から充実させること</u>である。具体的には，意味を理解している<u>語句の数を増やす</u>だけでなく，<u>話や文章の中で使いこなせる語句を増やす</u>とともに，語句と語句との関係，語句の構成や変化などへの理解を通して，<u>語句の意味や使い方に対する認識を深め，語彙の質を高めること</u>である。このことを踏まえ，各学年において，指導の<u>重点となる語句のまとまりを示す</u>とともに，語句への理解を深める<u>指導事項を系統化</u>して示した。(p.8)

注目すべきは次の点です。

　○児童の学力差の背景に、語彙の質と量の違いが関係していること

　○語彙はすべての教科の学習を支える重要な要素であること

　○理解している語句の数を増やすだけでなく、使いこなせる語句を増やすこと

　○語彙を量と質の両面から充実させることが必要であること

　○語彙指導の系統化を図ったこと。

　もちろん、言葉の学習である国語科が語彙指導の中核をなすことは当然ですが、国語科で抱え込んでしまうのでは、語彙指導の改善・充実の成果は上がらないでしょう。

　国語科と他教科が連携することで、大きな成果が得られるものと考えます。

　まずは、国語科における語彙指導の内容を確認しておきましょう。（下線は筆者）

●表6-6　国語の語彙指導

第1学年及び第2学年	第3年及び第4学年	第5学年及び第6学年
身近なことを表す語句の量を増し、話や文章の中で使うとともに、言葉には意味による語句のまとまりがあることに気付き、語彙を豊かにすること。	様子や行動、気持ちや性格を表す語句の量を増し、話や文章の中で使うとともに、言葉には性質や役割による語句のまとまりが あることを理解し、語彙を豊かにすること。	思考に関わる語句の量を増し、話や文章の中で使うとともに、語句と語句との関係、語句の構成や変化について理解し、語彙を豊かにすること。また、語感や言葉の使い方に対する 感覚を意識して、語や語句を使うこと。

「身近なことを表す語句」、「様子や行動、気持ちや性格を表す語句」、「思考に関わる語句」と各学年で指導する語句のまとまりが示されています。しかしこれらはあくまでも指導の重点とする語句のまとまりを示したものであり、これ以外の指導をしてはいけないという意味ではありません。むしろいろいろな学習場面で、多様な語句を取り上げることが重要ではないでしょうか。

　また、語彙指導においては、ついつい、いろいろな語句に触れることに注力しがちですが、語句のまとまりや、語句と語句との関係に気づかせることも忘れないように注意しなければなりません。

　さて、ここで改めて、各学年の指導内容を見てみましょう。
「身近なことを表す語句（低学年）」、「様子や行動、気持ちや性格を表す語句（中学年）」、「思考に関わる語句（高学年）」などの量を増やす指導は、到底、国語科だけでは限界があります。国語の教科書に出てくる語句に触れるだけでは不十分だということはすぐにわかるでしょう。

　他教科には、その教科ならではの語句、その教科でなければ触れることのできない語句、その教科で習得する学習用語や専門用語などがあります。国語科と他教科が「語彙の質と量を高めるのだ」という共通理解のもとで意識的に指導に当たれば効果は何倍にも大きくなること間違いなしです。

第3学年	●太陽の光を<u>さえぎる</u>ものがあると、かげは太陽の<u>反対がわ</u>にできます。 ●チョウは、たまごから<u>よう虫</u>、そして<u>さなぎ</u>になって<u>せい虫</u>になります。
第4学年	●<u>とじこめた</u>空気に力を加えると、空気は<u>おしちぢめられ</u>、<u>体積が小さく</u>なります。 ●水は、水面や地面などいろいろなものの<u>表面</u>から、目に見えない<u>水じょう気</u>となって、空気中に出ていきます、このことをじょう発といいます。
第5学年	●ふりこが<u>1往復する時間</u>は、<u>ふりこの長さによって</u>変わります。
第6学年	●はき出した空気は、吸いこむ前の空気と<u>比べて</u>、酸素の<u>体積の割合が減り</u>、二酸化炭素の<u>体積の割合が大きく</u>なっています。

　理科の教科書に出てくる言葉には、国語とはまた違った領域や分野のものがあります。上のような言葉を理科の教科書（学校図書）から見つけてみました。（下線は筆者）

　どうですか、国語の教科書の詩や物語文などの文学作品で使われている言葉とは感じが違いますね。文学作品の言葉が感覚的、情緒的であるのに対し、理科で使われている語句は、事実を一つ一つ正確に押さえていて、他の言葉に置き換えることができない厳しさがあります。また、「○○ならば○○である」、「○○と○○を比べると…」など、思考にかかわる論理的な言い回しも使われています。これらは理科でしか触れることのできないものでしょう。

　国語科のみならず理科の授業においても、教師は語句に敏感になり、意識的に指導を行えば、子どもたちの語彙が量と質の両面において充実してくるでしょう。

あまからコラム

国語と理科をつなぐ授業づくり

　「ほたるの一生」「ネコのひげ」「冬眠する動物たち」「アメンボはにん者か」「『本物の森』で未来を守る」。これらは国語の教科書（学校図書）に載っている説明文教材の題名です。国語の教科書には、理科的な題材を扱った説明文がたくさんあります。これらの教材を使って何を学ぶのでしょうか。

　国語の授業では、例えば次のようなことに着目させながら授業をします。

- ●どのような文章構成で書かれているか　　どういう順序で説明するか
- ●筆者が一番伝えたいことは何か　　何を一番伝えたいか
- ●読者に分かりやすく伝えるための工夫はされているか　　どう伝えるか
- ●筆者の考えに賛成できるか　　相手の意見を踏まえて考えられるか

　子どもたちは、もちろん書かれている理科的な内容に驚きや発見、疑問や興味を持ちながら文章を読み進めることでしょう。この理科的な好奇心を大切にしながら、文章表現や筆者の論理展開に目を向けさせることが大切です。そして、これらの力を育てることにより、更に理科の表現力も豊かになるのです。

第7章

7

道徳と理科

道徳と理科

7章

1 「特別の教科 道徳」について考えよう

　これまで行われていた「道徳の時間」は、「特別の教科 道徳」（以降、道徳科と略記）となりました。現在、小学校では 2018（平成 30）年 4 月から、教科としての道徳科の授業が行われています。中学校でも 2019（平成 31）年 4 月から道徳科が完全実施されています。道徳科はこれまでの「道徳の時間」のように、学校の教育活動全体としての道徳教育の「要」であることに変わりはありませんが、教材は従来の副読本や読み物資料だけでなく、検定教科書が使用されており、教科になったことで記述式評価も導入されました。

　ここでは、従来の道徳教育と何が変わるのか見ていきたいと思います。大きな変更点としては、「読む道徳」から「考え、議論する道徳」への転換だと言われています。これまでの「道徳の時間」では、読み物教材を中心とした心情の読み取りに偏った指導が行われがちでした。このような人物の心情や感情を推察させるだけの授業では、子どもたちは教師が求める「模範解答」をあらかじめ予測してしまい、授業の形骸化やマンネリ化を招きかねません。もちろん、心情を理解する授業も大切ですが、道徳の授業では実生活で子どもたちが直面する現代的課題（例えば、いじめ問題や情報モラルの問題）に対処するため、自分自身の問題と捉え、ときに意見が対立するような場面にも向き合い、「考え、

議論する」授業が必要とされています。

　それでは具体的に、小学校を例に新学習指導要領の道徳教育の目標を見てみましょう。

※道徳教育の目標

> 　道徳教育は，教育基本法及び学校教育法に定められた教育の根本精神に基づき，<u>自己の生き方を考え</u>，主体的な判断の下に行動し，自立した人間として他者と共によりよく生きるための基盤となる道徳性を養うことを目標とする。　　　　● 中学校版では下線部が「人間としての生き方を考え」

　これは、学校における全体的な道徳教育の目標となります。各教科、外国語活動、総合的な学習の時間および特別活動の指導を通じて行う道徳教育も、道徳教育の要としての「道徳科」の指導も、基本的にはこの目標を目指して行われます。次に「道徳科」の目標を見てみましょう。

※道徳科の目標

> 　第1章総則の第1の2の（2）に示す道徳教育の目標に基づき，よりよく生きるための基盤となる道徳性を養うため，道徳的諸価値についての理解を基に，自己を見つめ，<u>物事を多面的・多角的に考え，自己の生き方についての</u>考えを深める学習を通して，道徳的な判断力，心情，実践意欲と態度を育てる。　● 中学校版では下線部が「物事を広い視野から多面的・多角的に考え，人間としての生き方について」

　ここで注目しておきたいのは、道徳教育の目標と道徳科の目標が「よりよく生きるための基盤となる道徳性を養う」ものと統一されたことです。これまでは別々に立てられていた目標が一本化されることによって、育成すべき資質がより明確になり、理解されやすい形になったと言えます。

　ただし、ここで「道徳性」の定義が問題になるのではないでしょうか。『小学校学習指導要領（平成29年告示）解説　特別の教科　道徳編』によると、「道徳性」とは、「人間としてよりよく生きようとする人格的特性であり、道徳教育は道徳性を構成する諸様相である道徳的判断力、道徳的心情、道徳的実践意欲と態度を養うこと」とあります。この道徳的判断力とは例えば、善悪を判断する能力です。また、道徳的心情とは善を行うことを喜び、悪を憎む感情です。そして、この道徳的判断力や心情を基盤として、道徳的価値を子どもたちが自覚し、実現しようとする意欲や態度を養うことが目指されているわけです。

2　具体的な指導方法について考えよう

　小・中学校では、新学習指導要領で「主体的・対話的で深い学び」というキーワードが掲げられ、そのための指導方法の改善が求められています。道徳の授業においても、「問題解決的な学習」や「体験的な学習」などを取り入れ、指導方法の工夫を行うことが示されています。では、道徳の授業における指導方法の改善とは、具体的にどのように進めていけば良いのかを考えてみましょう。ここでは、先進的な取り組みを実施している千葉大学教育学部附属中学校（以下、千葉大附属中と略記）の事例を見ておきたいと思います。

● 千葉大学教育学部附属中学校での実践事例

○ **主題名：**「きまりはないけれど…」Ｃ－10 遵法精神・公徳心

○ **教材名：**「ポケモンゲットできるのはいいけれど」

　「ポケモン 困った出没」（朝日新聞、2016 年 7 月 31 日）

　「ポケモン 寺社どないしょ」（朝日新聞、2016 年 7 月 28 日）

○ **ねらい：**決まったルールがない中で、自分がどう行動するかを考え、公
　　　　　共の場でのマナーについて考えさせる。

○ **展　開：**

・ポケモンＧＯについて、どんなことが話題になっているのかについて
　確認する。

・自作資料を読み、駅に出現したレアポケモンをとるための主人公の行
　動についての問題場面を確認し、その行動に対してどう思うかを問う。

・ポケモンが削除された新聞記事から、なぜその場所で削除されたかを
　考える。

・お台場でレアポケモンが出現した際の混乱の様子の動画を視聴する。

◎明確なきまりのない状況の中で、私たちはどのように行動すればよい
　か（中心発問）。

●鹿瀬みさ、嵩田陽一、渡辺明日子、加藤幸太、小橋陽一
「特別の教科『道徳』における授業の在り方について」『千
葉大学教育学部附属中学校研究紀要』第 48 巻、2018 年。

　千葉大附属中では、大ブームを引き起こしたゲーム「Pokémon GO」にまつわる問題から着想を得て、自作教材を作成し授業を行いました。このゲームは現実空間がゲームの舞台となることから、そのブームの加熱とともに、歩きスマホやながら運転による交通への支障など社会問題が起きました。この実践の特色は、はっきりとしたルールがないなかで、生徒自らがどのように判断して行動するのかを考えさせることをねらいとしています。授業では「どのよう

に行動すればよいか」という中心発問が行われ、単なる登場人物への心情理解にとどまるのではなく、生徒たち自身の価値観が表出できるよう工夫がなされています。また、指導案の共有や授業を公開することで、教員同士が道徳の授業への意識を高めることにも配慮がなされています。

　道徳科の授業においては、特別な「型」があるわけではありません。生徒自らが道徳的な課題を自らの問題として主体的に捉え、能動的かつ協同的、対話的な学習活動を通して問題解決ができることを目指しています。

3　道徳科の「評価」について考えよう

　新学習指導要領では、「第3章 特別の教科 道徳」の「第3 指導計画の作成と内容の取扱い」の4において、「児童（生徒）の学習状況や道徳性に係る成長の様子を継続的に把握し、指導に生かすよう努める必要がある。ただし、数値などによる評価は行わないものとする。」と記されています（括弧内は中学校版）。これは、道徳科の評価を行わないとしているのではありません。道徳科において養うべき道徳性は、「児童生徒の人格全体に関わるものであり、数値などによって不用意に評価してはならないことを特に明記したもの」（前出・解説書）だからです。道徳科の授業では、児童生徒の学習状況や成長の様子を適切に把握し評価することが求められます。ただし、道徳性は、「極めて多様な児童（生徒）の人格全体に関わるものであることから」、「他の児童（生徒）との比較による評価ではなく、児童（生徒）がいかに成長したかを積極的に受け止めて認め、励ます個人内評価として記述式で行う」（前出・解説書）ことが求められているのです。

　道徳科の学習評価については、文部科学省が2016（平成28）年7月に出した「学習指導要領の一部改正に伴う小学校、中学校及び特別支援学校小学部・中学部における児童生徒の学習評価及び指導要録の改善等について」（※特別支援学校（知的障害）高等部における道徳科の学習評価等についても、同通知に準ずる）によって、次のように記されています。

※道徳科の学習評価

1　道徳科の学習評価に関する基本的な考え方について

　道徳科の評価を行うに当たっては，小・中学校学習指導要領等第3章の児童生徒の「学習状況や道徳性に係る成長の様子を継続的に把握し，指導に生かすよう努める必要がある。ただし，数値などによる評価は行わないものとする」との規定の趣旨や，「道徳に係る教育課程の改善等について（答申）」（平成26年10月21日中央教育審議会）の「道徳性の評価の基盤には，教員と児童生徒との人格的な触れ合いによる共感的な理解が存在することが重要」であり，道徳性の評価は「児童生徒が自らの成長を実感し，更に意欲的に取り組もうとするきっかけとなるような評価を目指すべき」との評価に当たっての考え方等を十分に踏まえる必要がある。具体的には以下の点に留意し，学習活動における児童生徒の「学習状況や道徳性に係る成長の様子」を，観点別評価ではなく個人内評価として丁寧に見取り，記述で表現することが適切である。

(1)　児童生徒の人格そのものに働きかけ，道徳性を養うことを目標とする道徳科の評価としては，育むべき資質・能力を観点別に分節し，学習状況を分析的に捉えることは妥当ではないこと。

(2)　このため，道徳科については，「道徳的諸価値についての理解を基に，自己を見つめ，物事を（広い視野から）多面的・多角的に考え，自己（人間として）の生き方についての考えを深める」という学習活動における児童生徒の具体的な取組状況を，一定のまとまりの中で，児童生徒が学習の見通しをもって振り返る場面を適切に設定しつつ見取ることが求められること。

(3)　他の児童生徒との比較による評価ではなく，児童生徒がいかに成長したかを積極的に受け止めて認め，励ます個人内評価として記述式で行うこと。

(4) 個々の内容項目ごとではなく，大くくりなまとまりを踏まえた評価とすること。

(5) その際，特に道徳教育の質的転換を図るという今回の道徳の特別教科化の趣旨を踏まえれば，特に，学習活動において児童生徒がより多面的・多角的な見方へと発展しているか，道徳的価値の理解を自分自身との関わりの中で深めているかといった点を重視することが求められること。

●文部科学省『学習指導要領の一部改正に伴う小学校、中学校及び特別支援学校小学部・中学部における児童生徒の学習評価及び指導要録の改善等について』2016（平成28）年7月

評価のポイントとしては、

①児童生徒の学習の過程や成果などの記録を計画的にファイル等に集積して学習状況を把握すること（ポートフォリオ評価等）

②1回の授業のなかで全ての児童生徒について評価を意識してよい変容を見取ろうとすることは困難であるため、年間35単位時間の授業という長い期間のなかでそれぞれの児童生徒の変容を見取ることを心掛けるようにすること

③教員同士で互いに授業を公開し合うなど、チームとして取り組むことにより、児童生徒の理解が深まり、変容を確実につかむことができるようにすること

などが挙げられます。基本的には、児童生徒一人ひとりの学習状況を把握し、認めて励ますような個人内評価を中心に記述していく評価方法が求められています。

1 理科における道徳教育の位置づけ

1 理科と道徳教育との関連（小学校）

　ここでは、道徳教育と理科教育の関連性について説明します。学習指導要領解説の第2章「理科の目標及び内容」では、次のように示されています。

　児童は，植物の栽培や昆虫の飼育という体験活動を通して，その成長を喜んだり，昆虫の活動の不思議さや面白さを感じたりする。また，植物や昆虫を大切に育てていたにもかかわらず枯れてしまったり，死んでしまったりするような体験をすることもあり，植物の栽培や昆虫の飼育などの意義を児童に振り返らせることにより，<u>生物を愛護しようとする態度</u>が育まれてくる。また，植物の結実の過程や動物の発生や成長について観察したり，調べたりする中で，生命の連続性や神秘性に思いをはせたり，自分自身を含む動植物は，互いにつながっており，周囲の環境との関係の中で生きていることを考えたりすることを通して，<u>生命を尊重しようとする態度</u>が育まれてくる。

●文部科学省『小学校学習指導要領（平成29年告示）解説 理科編』(p.18)

　「理科の目標及び内容」において見られる「生物を愛護」、「生命を尊重」しようとする態度の育成は、道徳科における「道徳性」の養成と深いつながりをもっています。では、具体的に学習指導要領ではどのように解説されているのでしょうか。第4章「指導計画の作成と内容の取扱い」においては、次のように示されています。第1章総則の第1の2の（2）では、「学校における道徳教育は、特別の教科である道徳を要として学校の教育活動全体を通じ

て行うものであり、道徳科はもとより、各教科、外国語活動、総合的な学習の時間及び特別活動のそれぞれの特質に応じて、児童の発達の段階を考慮して、適切な指導を行うこと」と規定されています。

> （4）第1章総則の第1の2の（2）に示す道徳教育の目標に基づき，道徳科などとの関連を考慮しながら，第3章特別の教科道徳の第2に示す内容について，理科の特質に応じて適切な指導をすること。
>
> ●文部科学省『小学校学習指導要領（平成29年告示）解説 理科編』（p.97）

　この文言は、理科の指導においては、その特質に応じて、道徳について適切に指導する必要があることを示しています。理科における道徳教育の指導は、学習活動や学習態度への配慮、教師の態度や行動による感化とともに、理科と道徳教育との関連を明確に意識しながら、適切な指導を行う必要があります。例えば、栽培や飼育などの体験活動を通して自然を愛する心情を育てることは、生命を尊重し、自然環境の保全に寄与する態度の育成につながります。また、見通しをもって観察、実験を行うことや、問題解決の力を育てることは、道徳的判断力や真理を大切にしようとする態度の育成にも資するものです。

　理科教育では、道徳教育の要としての道徳科の指導との関連を考慮する必要があります。理科で扱った内容や教材のなかで適切なものを、道徳科に活用することが効果的な場合もあります。また、道徳科で取り上げたことに関係のある内容や教材を理科で扱う場合には、道徳科における指導の成果を生かすように工夫することも考えられます。そのためにも、理科の年間指導計画の作成などに際して、道徳教育の全体計画との関連、指導の内容および時期等に配慮し、両者が相互に効果を高め合うようにすることが大切です。

2　理科と道徳教育との関連（中学校）

　小学校と同じく、中学校においても理科の指導は、その特質に応じて、道徳について適切に指導する必要があることを示しています。

　（6）第1章総則の第1の2の（2）に示す道徳教育の目標に基づき，道徳科などとの関連を考慮しながら，第3章特別の教科道徳の第2に示す内容について，理科の特質に応じて適切な指導をすること。

●文部科学省『中学校学習指導要領（平成29年告示）解説 理科編』(p.119)

　中学校学習指導要領においては、目標を「自然の事物・現象に関わり、理科の見方・考え方を働かせ、見通しをもって観察、実験を行うことなどを通して、自然の事物・現象を科学的に探究するために必要な資質・能力を次のとおり育成することを目指す。」とあります。このうち「学びに向かう力、人間性等」についての目標は、「自然の事物・現象に進んで関わり、科学的に探究しようとする態度を養う。」と示してあります。では、どのように道徳教育と関連してくるのでしょうか。自然の事物・現象を調べる活動を通して、生物相互の関係や自然界のつり合いについて考えさせ、自然と人間との関わりを認識させることは、生命を尊重し、自然環境の保全に寄与する態度の育成につながります。また、見通しをもって観察、実験を行うことや、科学的に探究する力を育て、科学的に探究しようとする態度を養うことは、道徳的判断力や真理を大切にしようとする態度の育成にも資するものです。

❷ 道徳教育の視点を取り入れた理科教育の充実

　平成 27 年改訂の『小学校学習指導要領解説 特別の教科 道徳編』では、主として生命や自然、崇高なものとの関わりに関することの「生命の尊さ」において、「多くの生命のつながりの中にある」が加えられ、生命の連続性が強調されています。また、同じく中学校学習指導要領においても、生命のかけがえのなさについて理解を深められるようにすることが求められています。理科教育では、道徳教育の要としての道徳科の指導との関連を考慮する必要があります。ここでは、道徳教育の視点を取り入れた理科教育の充実について考えてみたいと思います（津幡道夫「4 理科における道徳教育」小島宏 編『各教科・領域等における道徳教育の進め方の実際』教育出版、2010 年）。

●授業の構成と展開

　理科授業では、児童生徒が自らのイメージや考えを生かして学習を進めることが大切です。このような学習方法は、児童生徒に人間個人としての価値の尊さを認識させると共に、友達を含む多くの人の考えを尊重する態度の育成につながります。

●教材・教具などの取り扱い方

　理科の代表的な活動である観察・実験においては、教材や教具など、どれ一つ欠けても期待する結果を得ることができません。観察・実験における着実で丁寧な取り扱いの態度は、児童生徒が日常的に取り扱う物への接し方に大きな影響を与えます。すなわち、教師の物への愛情は、児童生徒の物への感謝の念などの形成に大きな影響を与えることになります。

●真理を求める心と生き方

　自然の事物・現象に親しみ、そのなかに多様な美しさを見いだすこと、偉大さや神秘さを感じ取ることは理科の目標です。それは真理を尊び、自然や崇高なものに畏敬の念を持つ心を育てるものであり、人類にとって価値の高

いものを求めて生きようとする、道徳教育においても重要な学習となります。したがって、自然現象とそれを扱う教材・教具などを単に利用するだけの理科教育ではなく、人間の生活を支えてくれている大切なものであるという考え方が育つような取り扱いが大切となります。

● **地球全体という視野で求められる道徳性**

　現在、人類が世界的な規模で直面している環境問題については、すべての児童生徒が科学的で確かな認識を持てるようにすることが、理科教育の極めて重要な課題です。今後、道徳科と理科教育においては、「自然愛護」「環境保全」「後世につなぐ」「国際貢献」など、「社会の持続可能な発展」という視点が重要となります。

❸ 道徳教育と理科教育の視点から 「生命」を考える

　最近、在来種を滅ぼす危険がある外来生物が増えた池の水を全部抜くという民放テレビ局の番組が人気のようです。多くの番組が低視聴率に悩むなか、同番組は高視聴率を記録し、月一回のレギュラー番組にまでなりました。周辺住民が多数集まり協力して地域の問題を解決するその一方で、しばしば、その手法の問題点が取り沙汰されました。『週刊新潮』（2018年8月9日号）によると、千葉県の寺院の池を舞台に地元の小学生が参加した放送では、「この池に巣くう影の支配者が出たー」「ヤング隊、総動員でブルーギル（外来魚）の駆除に掛かる」といった大仰なナレーションを合図にブルーギルの捕獲が行われました。「子どもたちに命を奪うという実感はないようで、まるでお祭りイベントに興じるかのよう。仕舞には、水も張っていないバケツに、山のように入った魚の映像が流れたのである。」と説明されています。もちろん、どこまでが事実かは定かではあり

ませんし、番組を批判したいわけではありません。「外来種※」に対する注目が集まる現在、ここでは、道徳教育と理科教育の視点から「生命」について考える手がかりを提示してみたいと思います。

アメリカザリガニ

知っているとかっこいい KEYword

外来種

外来種という用語は、「国内外問わず人為的に元々生息していた場所から移されたもの」を意味します。一方、法律においては明治期以降に国外から持ち込まれた外国産の生物を指します。

あまからコラム

「在来種」と「外来種」

　「在来種」はもともとその地域に生息していた生物種のことです。他方で、「外来種」とはもともとその地域に生息していなかったのに、人間の活動によって他の地域から連れてこられた生き物たちのことを指します。また、「外来種」であっても、長期間にわたってその地域に生息し生態系に溶け込むことによって、いずれ「帰化種」と呼ばれるようになるそうです。日本では、2005年に在来生態系の確保を目的とする「特定外来生物による生態系等に係る被害の防止に関する法律」（「外来生物法」や「外来種被害防止法」と略される）が施行されました。同時に国民がとるべき姿勢としては、「悪影響を及ぼすかもしれない外来生物をむやみに日本に入れない」、「飼っている外来生物を野外に捨てない」、「野外にすでにいる外来生物は他地域に拡げない」ことを謳った外来生物被害予防三原則が作成、閣議決定されています。

※タンポポの外来種と在来種の見分け方は p.266

令和元年までの学習指導要領理科では、外来種が在来種の「生物多様性※」の保全に影響を及ぼすという学習内容は扱われていませんでした。そのため、児童生徒の在来種や外来種に関する知識は十分

知っているとかっこいい　KEYword
生物多様性

生物多様性とは様々な生態系に、様々な種が、様々な遺伝子を有して生きていることを意味します。

に習得されているとは言えないのが現状ではないでしょうか。こうした状況のなか、身近な大人やメディアが「外来種＝悪」というメッセージを知らず知らずのうちに発信することで、児童生徒が安易に「外来種だから駆除されて当然」と考えたとしても不思議ではありません。

　そこで、学校教育においては「外来種問題」の取り扱いの現状やそれに関する課題を把握しておくと共に、道徳教育の大きなテーマである「生命」についても考えさせる必要があると思います。なぜなら、道徳教育では内容項目において、「生命が多くの生命のつながりの中にあるかけがえのないものであることを理解し、生命を尊重すること。」とあるからです。例えば、道徳科の授業において、児童生徒から「なぜ、大切で尊い命なのに、外来種の命を奪うのですか。」という素朴な疑問（いや、哲学的な問い）が出た場合、どのように答えるのでしょうか。「外来種（＝悪者）だから駆除してもよい」という受け答えでは、児童生徒が納得するはずもありませんし、道徳科の教育内容を達成することなど到底できません。ましてや、「人に害を及ぼすから排除してもよい」、「日本の固有種でないから排除してもよい」といった指導は、差別や排外主義を助長する危険性を孕んでおり、道徳教育においては控えるべきです。

　近年、サイエンスライターのエマ・マリスは、外来種駆除が主流とされる現状に対して、「科学的にも、外来種のなかには極めて品行方正で無害なもの、あるいは有益なものさえあることがわかってきている。だから、本来はいない『はず』の場所にいるからという理由だけで、外来種を駆逐することに時間と金を使うことは、もっと建設的な自然保護計画に投入し得る時間と金を無駄にすることだ」

と述べています（エマ・マリス『「自然」という幻想』草思社、2018年）。こうした視点を踏まえ、今一度、「生命」とは何か、守るべき「自然の姿」とは何かを考えてみる必要があるのではないでしょうか。そして道徳教育との関連を図りながら、理科教育では何が在来種で、何が外来種なのかの識別だけでなく、豊かな生物多様性が維持されてこそ、人類は豊かな「生態系サービス※」を受けることができるといった内容をわかりやすく伝えることが重要だと思います。こうした理科教育での学習は、道徳教育の内容項目にある「自然の偉大さを知り、自然環境を大切にすること。」（中学校では「自然の崇高さを知り、自然環境を大切にすることの意義を理解し、進んで自然の愛護に努めること」）にも関連しており、深い相互理解を得ることにつながります。

知っているとかっこいい **KEYword**

生態系サービス

生態系サービスとは、生物・生態系に由来し、そこから得られる人類の利益になる機能のことです。具体的には次の4つのサービスに分類することができます。

①供給サービス：人間の生活に重要な資源を供給するサービス。（食料、繊維、燃料、木材、水など）

②調整サービス：生態系が、自然のプロセスのなかで環境を制御するサービス。（森林が土砂崩れを防いでくれていることや汚水を浄化するなど）

③文化的サービス：人間が自然とふれることで精神的な癒やしや美的な喜びを与えてくれるサービス。（ハイキングやバードウォッチングなどのレクリエーション）

④基盤サービス：前述した3つのサービスを支え、自然環境維持の根幹となるサービスを意味します。（水の循環や植物の光合成など）

Ⅲ 持続可能な社会をどのように実現するのか

■ 「ESD」教育を核とした持続可能な社会

　ESD と　は、「**E**ducation for **S**ustainable **D**evelopment」の頭文字をとったもので、「持続可能な開発のための教育」と訳されています。ESD は、2002 年に南アフリカ共和国のヨハネスブルグで開催された「持続可能な開発に関する世界首脳会議（ヨハネスブルグサミット）」で、日本政府が国内 NGO とともに提案した「国連・持続可能な開発のための教育の 10 年（DESD）」が採択されたことによって注目

●図7-1　ESD で育みたい力
文部科学省 HP
http://www.esd-jpnatcom.mext.go.jp/about/
index.html

されるようになりました。文部科学省によると、ESD とは「地球に存在する人間を含めた命ある生物が、遠い未来までその営みを続けていくために、これらの課題を自らの問題として捉え、一人ひとりが自分にできることを考え、実践していくこと（think globally,act locally）を身につけ、課題解決につながる価値観や行動を生み出し、持続可能な社会を創造していくことを目指す学習や活動」のことであり、「持続可能な社会づくりの担い手を育む教育」と定義されています（文部科学省 HP　http://www.esd-jpnatcom.mext.go.jp/about/index.html）。

知っているとかっこいい　KEYword

ESD の 視 点 に 立 っ た 教 育

ESD で育みたい力としては、①持続可能な開発に関する価値観（人間の尊重、多様性の尊重、非排他性、機会均等、環境の尊重等）、②体系的な思考力（問題や現象の背景の理解、多面的かつ総合的なものの見方）、③代替案の思考力（批判力）、④データや情報の分析能力、⑤コミュニケーション能力、⑥リーダーシップの向上などが挙げられている（文部科学省 HP　http://www.esd-jpnatcom.mext.go.jp/about/index.html）。

　近年、世界各国では環境破壊、貧困問題、テロの脅威、気候変動、自然災害など、様々な問題が起きています。このような厳しい時代を生きる子どもたちに対しては、ESD の視点に立った教育※が求められています。

　理科や道徳科の新学習指導要領において、ESD（「持続可能な社会」）は次のように記されています。

※各分野の目標及び内容

　ここでは，第 1 分野と第 2 分野の学習を生かし，科学技術の発展と人間生活との関わり方，自然と人間の関わり方について多面的，総合的に捉えさせ，自然環境の保全と科学技術の利用の在り方について科学的に考察させ，持続可能な社会をつくっていくことが重要であることを認識させることがねらいである。

●文部科学省『中学校学習指導要領（平成 29 年告示）解説理科編』（p.67）

※内容項目の指導の観点

　指導に当たっては，自然環境と人間との関わりから，人間の生活を豊かにすることを優先し，十分な思慮や節度を欠いて自然と接してきたことに気付かせたい。その上で，人間も自然の中で生かされていることを自分の体験を基に考えられるようにすることが必要である。人間と自然や動植物と

> の共存の在り方を積極的に考え，自分にできる範囲で自然環境を大切にし，
> <u>持続可能な社会</u>の実現に努めようとする態度を育むことが望まれる。
>
> ●文部科学省『小学校学習指導要領（平成29年告示）解説 特別の教科 道徳編』(p.66)

　理科や道徳科の新学習指導要領には、ESD が目指す「持続可能な社会」とい
う視点が盛り込まれていることがわかります。そのため、ESD 教育では多様な
教材の開発や教材の特質を踏まえた創意工夫のある授業が期待されています。例
えば、理科は環境教育やエネルギー教育、生物多様性などで ESD と深く関わる
科目であり、科学的知識を学ぶことだけにとどまらず、「生きる力」や道徳的価
値にかかわる学習が重要です。道徳科においては、「自然愛護」や「環境保全」
など理科教育と関連するテーマを、ESD の視点で統合的に再構築することで、
よりいっそう実効性のある授業を創造することが可能となります。

❷ ESD や AL の導入が授業を変える

　理科や道徳科の授業では、教育方法をどのように変えていく必要があるのでしょ
うか。その一つの契機となるのが、近年、教育界の話題となっている「主体的・
対話的で深い学び」（いわゆる「アクティブ・ラーニング」、以降 AL と略記）の
導入でしょう。文部科学省は AL について、「教員による一方向的な講義形式の教
育とは異なり、学修者の能動的な学修への参加を取り入れた教授・学習法の総称。
学修者が能動的に学修することによって、認知的、倫理的、社会的能力、教養、知識、
経験を含めた汎用的能力の育成を図る。」と説明しています（文部科学省 HP「用
語集」）。周知のことではありますが、AL は教員による講義形式を否定している
わけではなく、ましてや授業中に児童生徒が動き回ったり、喋ったりする状況を
作り出すことを目的としたものではありません。例えば、講義形式の授業であっ
ても、児童生徒が自らの意見や疑問をもち、考えをノートに整理しながら学習事

項の関係性や全体像を把握したりする場合は、"能動的な学修"への参加となり得るのです。

　2020年から実施されている新学習指導要領では、ALを強く推進する方針を打ち出していることは知られていますが、ESDについてはほとんど注目されていないのが現状ではないでしょうか。しかし、ESDの普及促進に取り組んでいる日本ユネスコ国内委員会※は、「ESDの実践で取り組まれてきた学習内容や方法は、新学習指導要領等に示された『主体的・対話的で深い学び』の視点からの授業改善という改訂の方向性にも資するものであり」、「ESDの導入により、体験、探究、そして問題解決により重点を置いた学習スタイルへの変容が見られ、その結果、より学習者主体の参加型の学習を可能にしています。」と説明しています（パンフレット「ユネスコスクールと持続可能な開発のための教育（ESD）―今日よりいいアースへの学び」）。すなわち、ALとESDとは個別的な実践に留まるものではなく、相互関連を持ちながら教育現場で展開されていくことが望ましいのです。

ここからは、道徳科を事例にして、ESDを視野に入れた授業をどのように構想するのかを考えてみたいと思います。

知っているとかっこいい　KEYword
日本ユネスコ国内委員会

「ユネスコ活動に関する法律」に基づき、文部科学省内に置かれる特別の機関。

❸ ESDを視野に入れた授業づくり

　日本ではESDの推進拠点である「ユネスコスクール」を中心に、様々な実践やそれを支えるカリキュラムの開発が行われてきました。文部科学省によると、ユネスコスクールとは、「ユネスコ憲章に示されたユネスコの理念を実現するため、平和や国際的な連携を実践する学校」とされています。現在、世界180か国以上の国・地域で11,000校以上のユネスコスクールがあります。

【ESD の視点に立った学習指導の目標】

教科等の学習活動を進める中で、
「持続可能な社会づくりに関わる課題を見出し、
それらを解決するために**必要な能力や態度**を身に付ける」ことを通して、
持続可能な社会の形成者として
ふさわしい資質や能力を養う。

【持続可能な社会づくり
の構成概念】（例）

Ⅰ 多様性
Ⅱ 相互性
Ⅲ 有限性
Ⅳ 公平性
Ⅴ 連携性
Ⅵ 責任性　など

【ESD の視点に立った学習指導で重視する能力・態度】（例）

❶ 批判的に考える力
❷ 未来像を予測して計画を立てる力
❸ 多面的、総合的に考える力
❹ コミュニケーションを行う力
❺ 他者と協力する態度
❻ つながりを尊重する態度
❼ 進んで参加する態度　など

【ESD の視点に立った学習指導を進める上で
の留意事項】

❶ 教材のつながり
❷ 人のつながり
❸ 能力・態度のつながり

教科等の授業設計・授業改善

●図7-2　ESD の視点に立った学習指導の目標
国立教育政策研究所『学校における持続可能な発展のための教育（ESD）に関する
研究〔最終報告書〕』国立教育政策研究所教育課程研究センター，2012 年，p.4

　日本国内の加盟校数は、「国連・持続可能な開発のための教育の 10 年（DESD）」
が始まった2005（平成 17）年から飛躍的に増加し、2018（平成 30）年時点で1,116
校（2018 年 10 月現在）となり、一か国当たりの加盟校数としては世界最大とさ
れています。ESD の視点に立った学習指導を行うために、学校ではどのような能
力・態度を育成する必要があるのでしょうか。国立教育政策研究所がまとめた『学
校における持続可能な発展のための教育（ESD）に関する研究〔最終報告書〕』（以
降、『最終報告書』と略記）においては、ESD の視点に立った学習指導の目標と

して「持続可能な社会づくりの構成概念」および「ESD の視点に立った学習指導
で重視する能力・態度」が掲げられています（図 7-2）。ESD の視点に立った学
習指導を進める際、授業者は 6 つの構成概念を参考としながら、自らの授業がど
の概念の理解を深めるものとなっているのかを考える必要があります。また、提
示された 7 つの能力・態度を参考にして、地域の実情や生徒の発達段階に応じた
授業をデザインしていくことが大切です。

　さて、ESD 実践は教育現場においてどのように取り組まれているのでしょうか。
まだ取り組みを始めていない学校では、様々な理由から ESD 導入へのハードルが
高いと感じているのかもしれません。しかし、ユネスコスクール加盟校の多くは、
有名な教育研究校ばかりではなく、教師が児童生徒や地域の抱える課題と真摯に
向き合い、試行錯誤を重ねながら ESD 実践を創造しているのです。ここでは、加
盟校である北九州市立早鞆中学校（以降、早鞆中と略記）の ESD 実践の事例を
紹介します。

　早鞆中は、2013（平成 25）年度、国立教育政策研究所の教育課程研究指定を
受け、ESD の視点に立った取組や教科指導の実践研究を行ってきました。数年前
までは、北九州市の中学校のなかでも教育環境に問題を抱えた学校であり、当時
の教職員は気苦労が絶えなかったそうです。こうした状況のなか早鞆中は、「ESD
の視点に立った『心の育ち』を支える教育活動の推進」を掲げ、教員と生徒たち
が力を合わせて学校の変革を目指しています。まず同校では、『最終報告書』で例
示された 7 つの態度・能力に基づいた目標を設定して、ESD の視点に立った学習
指導を展開するための「年間カリキュラム」（「早鞆中 ESD カレンダー」）を年度
当初に作成しています。ここでは、各教科担当者が「年間指導計画」のなかの学
習する単元や題材に、学習指導要領を参考にして重視する 7 つの態度・能力のうち、
どの能力・態度を重点的に指導していくのかを示しています。

　3 年生の ESD の視点を生かした道徳授業（内容項目：感謝、生命尊重、社会貢
献、人類の幸福）では、導入で生徒の生活で起こり得る「給食の残食」について
取り上げ、「食料の大切さを身近に感じさせ」ています。その後、展開においては

「ハゲワシと少女」の写真と「ケビンカーターさんの告白」の両資料（南アフリカ共和国のカメラマンであるケビンカーター氏が、スーダンの飢餓地域を取材したときの写真とその後の手記）をもとに、ケビンカーター氏の思いにせまり、表面的な「命の大切さ」という価値で終わるのではなく、命を大切にすることとはどういう事なのか、個人の感情だけでなく社会全体に貢献するための考えや行動とはどういうものなのか、などについて葛藤や心の変化に着目した指導を試みています。授業後の生徒の感想からは、「世界ではまだまだ私たちの生活があたりまえではないところもあると思います。だからこそ、食べ物は大切にしようと思うことができているんだと思います。」、「助け合って生きていくのが平和のための大事なことだと思う。みんながつながっているからこそ、人は生きていけると思う。」など、ESD の視点から命の尊厳や世界平和、社会貢献などについて深く考えた様子を読み取ることができます。

学年	1学期					2学期				3学期		
	4月	5月	6月	7月	8月	9月	10月	11月	12月	1月	2月	3月
I			D 植物の体のつくりとはたらき			G 物質の状態変化	A 光の性質				B 地震	F 地層
II	B いろいろな化学変化	A 化学変化と物質の質量				E 行動のしくみ	B 生物の進化			G 気象観測	C 前線の通過と天気の変化	
III	B 物体の運動		B 自然界のつりあい				C 天体の1年の動き			F 自然環境と人間のかかわり	G くらしを支える科学技術	C 大切エネルギー資源

●表7-1
上：平成26年度早鞆中 ESD カレンダー
下：ESD の視点に立った学習指導で重視する
　　能力・態度の例（上と対応）
※早鞆中 HP（右 QR）より引用

A	批判的に思考・判断する力
B	未来像を予測して計画を立てる力
C	多面的，総合的に考える力
D	コミュニケーションを行う力
E	他者と協力する態度
F	つながりを尊重する態度
G	責任を重んじる態度

総苞片

ニホンタンポポ　　　　セイヨウタンポポ

（総苞片が反り返っている）

第**8**章

特別支援教育と
理科教育

8

特別支援教育と理科教育

8章

Ⅰ　発達障害を理解する

　　これを読んでいただいている先生方の教室には、発達障害のあるお子さんや診断は受けていないけれども、合理的な配慮を必要としているお子さんなど様々な生徒さんの指導に日々取り組まれていることと思います。

　　ここではそんな先生方の今の取り組みを、発達障害という視点からお話させていただき素敵な支援をさらに増やしていただけるようにしたいと考えています。

発達障害の理解と支援を　ざっくり　まとめると…

①発達障害の**現状**を理解する

②特別支援と**合理的配慮**を理解する

③発達障害の**特性**を知る

④ほめて伸ばす**ポジティブ支援**を実践する

⑤**具体的な支援**方法を実践する

⑥**個別の教育支援計画**を書く

⑦**すでに素敵な指導をしている**ことに気づく

1 発達障害の現状を理解する

1　これまでの発達障害者支援法について

　まずは、少しだけかたいお話です。発達障害者支援法は平成 17 年 4 月に施行され、これまで様々な制度のはざまにあった発達障害が支援の対象となりました。また、平成 28 年 5 月には「発達障害者支援法の一部を改正する法律」が成立しています。

POINT　●発達障害者支援法では…

　発達障害を定義「発達障害者とは、発達障害（自閉症、アスペルガー症候群その他の広汎性発達障害、学習障害、注意欠陥多動性障害などの脳機能の障害で、通常低年齢で発現する障害）がある者であって、発達障害及び社会的障壁により日常生活または社会生活に制限を受けるもの」

●「発達障害者支援法」については○○ページ

　この章では現場の学校で指導をされている先生方の教室にいる生徒さんをイメージし、発達障害者支援法の定義にある生徒さんや、診断はないけれども支援を必要としている生徒さんをあわせて「気になる子」と表現していきます。

POINT　●クラスの中の気になる子をイメージしてみましょう

気になる子 ＝ **発達障害の診断があってもなくても，支援を受けると伸びる子**

2　教室の中の気になる子の現状

　文部科学省では平成24年度に調査を行い、学級担任を含む複数の教員により判断されたと回答された発達障害（ＬＤ・ＡＤＨＤ・高機能自閉症等）の可能性のある児童生徒は6.5％程度という結果がでています。通常学級が35人と仮定すると、各学級に2人から3人程度の生徒さんが在籍していることになりますが、私が学校訪問で授業を参観させていただいたり、現場の先生方と意見交換をさせていただく中ではもう少し多い印象もあります。

　気になる子は普通学級のみではなく、様々な学校現場で支援を受けています。特別支援学級を利用している生徒さん（視覚障害、肢体不自由、自閉症・情緒障害、聴覚障害、病弱・身体虚弱、知的障害、言語障害）の数が、平成19年度と比較し2.1倍に増えています。小中学校における自閉症・情緒障害の特別支援学級を利用している生徒さんは110,737人になっています。

　通級による指導を受けている生徒さん（注意欠陥多動性障害、学習障害、自閉症、情緒障害、難聴、弱視、肢体不自由及び病弱・身体虚弱、言語障害）は、108,946人になります。

　このような現状から先生方が取り組まれている特別支援はもはや「特別」ではなくなってきています。通常の学級の中でも特別支援が求められていますが、決してすぐに今までと違う指導方法を取り入れなければ対応できない、というものではありません。すでに先生方が実践されている取り組みの中には、意識的・無意識的に関わらず素敵な指導がたくさんあります。本章ではすでに先生方が実践されている素敵な指導に、先生方が気付いていただけるきっかけになればと思っています。

発達障害者支援法

平成 17 年 4 月に施行され、平成 28 年 5 月に「発達障害者支援法の一部を改正する法律」が成立しています。発達障害者（児を含む）に対する障害の定義と発達障害への理解の促進、発達生活全般にわたる支援の促進、発達障害者支援を担当する部局相互の緊密な連携の確保、関係機関との協力体制の整備等が主な趣旨となっています。

教育においては、年齢及び能力に応じ、かつその特性を踏まえた十分な教育を受けられるようにするため、必要な措置として他の児童と共に教育を受けられるよう配慮しつつ、適切な教育的支援を行うこと。個別の教育支援計画の作成及び個別の指導に関する計画の作成の推進。いじめの防止等のための対策の推進、があげられています。（文部科学省）

2 特別支援と合理的配慮を理解する

8

1 特別支援と合理的配慮

平成 28 年 4 月に「障害を理由とする差別の解消の推進に関する法律（障害者差別解消法）」が施行されました。この法律では合理的な配慮をすることが求められています。合理的配慮と言われてしまうと、何か大変な労力をかけて支援や準備をしないといけない、と思ってしまうかもしれませんが教室で普段の授業の準備の中で合理的配慮を取り入れていくことは十分可能ですし、すでに気づかずに合理的配慮をしているかもしれません。このあとに、具体的な支援にふれていきたいと思います。

知っていると かっこいい KEYword

障害を理由とする差別の解消の推進に関する法律 （障害者差別解消法）

障害者差別解消法は、全ての国民が、障害の有無によって分け隔てられることなく、相互に人格と個性を尊重し合いながら共生する社会の実現に向け、障害を理由とする差別の解消を推進することを目的として、平成28年4月に施行されました。（厚生労働省）

　たとえば学校では、こんな「合理的配慮」があります。読み書きが困難なお子さまには、タブレットや拡大教科書、音声読み上げソフトの使用など。集中が困難なお子さまには、テストの別室受験、担任や加配職員の近くの座席に座るなど。指示理解が困難なお子さまには、指示を一つずつ出す、順番がかわるカードの指示などです。

　行政機関や学校には①障害を理由とする不当な差別的取り扱い禁止と、②合理的配慮の提供義務が課されており、公立学校等は①②ともに法的義務、私立学校等は①法的義務、②努力義務となっています。（引用：LITALICO　学校での「合理的配慮」ハンドブックを一部改変）

小学校学習指導要領及び中学校学習要領（平成29年3月）で求められている特別支援（文部科学省）

・個々の児童生徒の障害の状態等に応じた指導内容や指導方法の工夫を組織的かつ継続的に行う。

・特別支援学級及び通級による指導に関する教育課程編成の基本的な考え方を示す。

・家庭、地域及び医療や福祉、保健、労働等の業務を行う関係機関との連携を図り、長期的な視点での児童への教育的支援を行うために、個別の教育支援計画を作成、活用に努める。また、各教科等の指導に当たって、個々の児童生徒の実態を的確に把握し、個別の指導計画を作成、活用に努める。特に、特別支援学級に在籍する児童生徒や通級による指導を受ける児童生徒については、個別の教育支援計画及び個別の指導計画を全員作成。

・各教科等に学習上の困難に応じた指導内容や指導方法の工夫。

・障害者理解教育、心のバリアフリーのための交流及び共同学習。

あまからコラム

クラスの中で個別支援ばかりはできません

　気になる子の個別支援はとても大切です。ただ、その前提には授業の流れが途切れず、教室全体が落ち着いて授業を受けられる環境が大切です。

　私がたくさんの先生の授業を参観させていただいた中で、成功している授業作りとしては、たとえば全体に教示をしていきます。その中で一旦教示が最後までいって、生徒さんがノートに書き込みをはじめた段階において、机間指導で気になる子に個別支援をするといったことが成功しています。

　反対に失敗をしている例としては、先生が全体に教示をしている途中で「○○くん（さん）きいていますか？今は□ページの解き方を説明していますよ。」などの個別支援をはさみすぎてしまうと、せっかく集中して先生のお話しを聞いていた生徒さんの集中力が途切れてしまうことにもなりますので、まずは全体の授業の流れを個別支援を「意識しすぎて」途切れさせないことが大切です。

8

❸ 発達障害の特性を知る

1　特性の理解

　気になる子を支援する時には、やはりその子その子の特性をしっかり知っている、理解していることが一番大切です。それができていれば先生方がされている指導のほとんどは成功する、または限りなく成功に近づくことがたくさん出てくると思います。

●それぞれの障害の特性

自閉症スペクトラム症

自閉症 …知的な遅れを伴うこともある
- 言葉の発達の遅れ
- コミュニケーションの障害
- 対人関係・社会性の障害
- パターン化した行動、こだわり

広範性発達障害

アスペルガー症候群
- 基本的に言葉の発達の遅れはない
- コミュニケーションの障害
- 対人関係・社会性の障害
- パターン化した行動、興味・関心の偏り
- 不器用（言語発達に比べて）

注意欠如・多動性障害（ADHD）
- 不注意（集中できない）
- 多動・多弁（じっとしていられない）
- 衝動的に行動する（考えるよりも先に動く）

学習障害（LD）
- 「読む」「書く」「計算する」等の能力が、全体的な知的発達に比べて極端に苦手

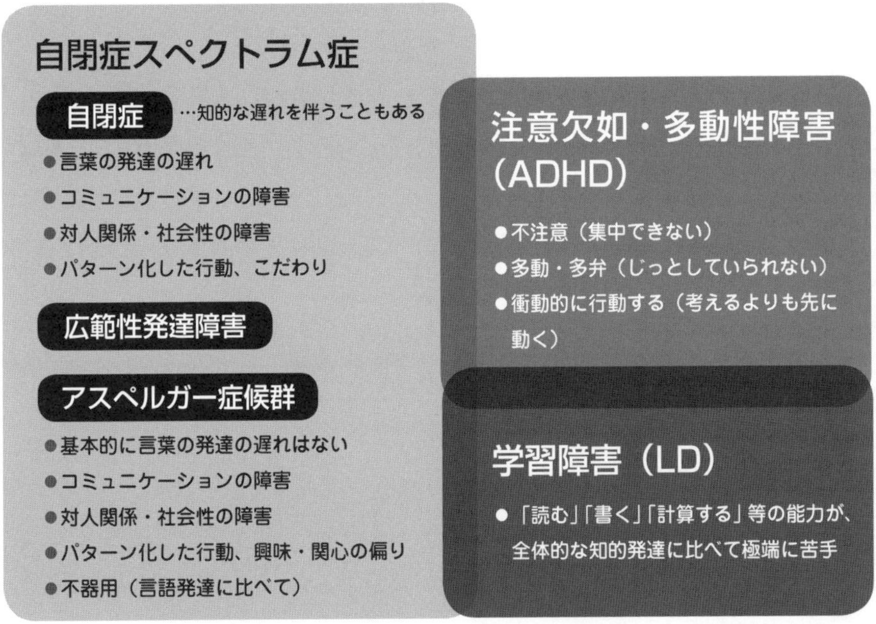

●図8-1 それぞれの障害の特性

　現在発達障害の名称は過渡期になっており、ＤＳＭ-5（詳細は用語解説）が導入され、医療等では自閉スペクトラム症（自閉症、広汎性発達障害、アスペルガー症候群）が使われ始めています。学習障害（ＬＤ）に関しても、教育的定義と医学的定義においても多少異なります。本章では詳細に触れることは

できませんが、教育的定義については文部科学省のホームページ等、医学的定義についてはDSM-5やICD-10等を参照していただくことをお勧めします。

POINT ●私の気になる子のイメージは…

- ●コミュニケーションと社会性の苦手さ
- ●強いこだわりや興味関心のかたより
- ●感覚過敏または鈍感さ
- ●運動面（おおきい運動・ちいさい運動）の不器用さ

Ⅱ ポジティブ支援を実践するには

1 ほめて伸ばすポジティブ支援を実践しよう

1 ほめてみましょう－ポジティブ支援の基本の基本①－

　特別支援の基本の基本は、きちんとほめるで伸ばすポジティブ支援だと考えています。特に気になる子は失敗や叱られることが多くなりがちで、自己肯定感を保つことがとても難しいことが多くなってしまいやすいのが現状です。まずはしっかりできているところをほめて伸ばしてもらうことで、苦手なことへもチャレンジがしやすくなります。

　ほめ方にも少しだけ工夫があると、先生のほめたい気持ちがより伝わりやすくなります。たとえば、片付けをすることを支援したい場合、片付け始めた段階で「今日はやる気だね」「片付けはじめたね」とほめてください。全部を片付け終わってからほめようとすると、最後まで片付けられずほめられないことも多くなってしまいます。まずは、行動のはじめをほめて、その後ほめるタイミングを徐々にかえる工夫が有効です。

●スモールステップでほめてみませんか

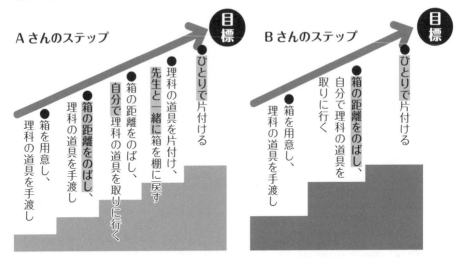

●図8-2 スモールステップの例

　また、もうひとつ私がほめる時に気をつけていることがあります。それは「余計な一言をつけない」ことです。私の失敗例としては片づけをしている子に、「片付けはじめたね」とほめた後に一言「明日もやってくれるといいな」「今日はめずらしいね」と言ってしまい、気になる子のやる気を下げてしまったことがありました。この失敗例では私の余計な一言は「ほめ」ではなく、「明日もやるようにという要求」や「今日はたまたまだねというメッセージ」として、気になる子に伝わってしまい失敗しました。ほめる時には、その時に良い行動だけをほめる、を徹底することが大切だと思います。

2　児童、家庭、担任を孤立させない支援
　　－ポジティブ支援の基本の基本②－

　気になる子の指導や支援は、場合によってはすぐに結果が見えにくいこともあるため、児童、家庭、担任のそれぞれが孤立しやすい状況が生まれやすい時期もあります。そんな時に、「気になる子の特性が難しいから」「家庭が協力し

てくれないから」「担任が理解してくれないから」と悪者探しをしても良い結果には決してつながりません。まずは、児童、家庭、担任が気になる子の良いところ、できているところ、をみんなで見つけて、そこを伸ばす支援計画を作成していくことが何より大切です。

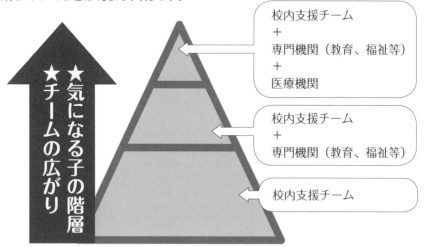

校内支援チーム
＋
専門機関（教育、福祉等）
＋
医療機関

校内支援チーム
＋
専門機関（教育、福祉等）

校内支援チーム

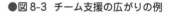

●図8-3　チーム支援の広がりの例

あまからコラム

気になる子ばかり ほめてられません

　通常学級を35人と想定すると、気になる子ばかりに指導をすることはできない現状があると思います。まずは気になる子だけではなく、35人すべての子のよいところを「ほめる」ことを意識されることをお勧めします。そうすることで、気になる子だけではなく、どの生徒さんも自分の良いところをほめられることで授業へのモチベーションが高くなると思います。さらにクラス全員を個別に意識的にほめることで、「○○くん（さん）だけ、あのぐらいでほめられてズルい」といった不満も減らせるのではないかと思います。

② 具体的な支援方法を実践しよう

1　具体的な支援－支援の基本－

　気になる子への支援方法でもっとも大切なことは、発達障害の様態やあらわれは一様ではないために、それぞれ各々の状況に合わせた個別の支援が必要になることです。気になる子の特性を理解した上で有効な方法を下記に挙げていきます。

●支援の基本:11 のコツ

①感覚の過敏・極端に強いこだわりへの配慮が必要です。

②短く具体的で分かり易い言葉で指示することが大切です。あいまいな表現は具体的なイメージを持ちにくくする（難しくする）ので使わないようにします。

③絵・写真・文字等の目で見て分かる（視覚支援）ようにスケジュールや手順や教材を示し、その課題の見通しが立ちやすいようにします。

④穏やかな声で話し、笑顔で接し、安心できる環境を作ります。

⑤叱責や否定的な表現の指導は効果が得られず、むしろ信頼関係を損ない二次障害の要因にもなります。肯定的な表現の指導は有効です。どうすれば良かったのか具体的な行動を身につけることができます。

⑥生徒に聴覚過敏がある場合、特に大きな声や音は肯定的であれ否定的であれ苦痛に感じます。先生がクラスメイトを叱責する声も大きな負担になります。

⑦生徒に視覚過敏がある場合、座席の位置（前側か後ろ側か、廊下側か窓側か）、視野の範囲などに配慮することで、授業に集中しやすい環境を整えることができます。

⑧スモールステップでできたことをほめ、認めていくことが有効です。課題に対する動機付けを高めると同時に、自己肯定感を高めることになります。

⑨ルール作り、行動表や工程表にシールを貼り、できたら○（まる）をつけ
ることによって、「ほめられること」を目で見て分かり易く（視覚化）す
ることが有効です。

⑩具体的に分かり易い目標設定や課題設定をすることで、課題の理解が深ま
ります。

⑪読み書きの困難さについては、アセスメントを丁寧に行い、特性に合わせ
た教材や学び方の工夫が有効です。

2 具体的な支援例

● 1：手順表

気になる子は、言葉のみによる指示だけ
では見通しを立てて行動する、行動を開始
することが苦手な場合があります。これは
意図せず聞いていないことや、聞いていて
も指示が長文になると理解できないといい
うことがあります。

このような場合には、活動内容や見通し
を表や図にして提示することが、子どもの
活動への理解を促します。学校では黒板横
や予定黒板などで、1日のスケジュールや
教科ごとの見通しをしめすことも有効で
す。

スケジュールや手順表などを先生と一
緒に作成したり、教科書のチェックボック
スなどを利用することも有効です。自分で
チェックをすることで、どこまで活動がす
んでいるかが分り易くなります。

● 図 8-4 アルコールランプの使い方

ものを温めるとき

✓ ① 置く
平らな安定したところへ置く。

✓ ② ふたを取る
ランプの下をおさえ，ふたを取る。
● ふたは，横にふせて置いておく。

✓ ③ 火をつける
ランプの下をおさえ，しんの下の方から火を近づける。

✓ ④ 温める
ランプをゆっくりと，三きゃくの下にすべらせるようにして，入れる。

✓ ⑤ 火を消す
ランプの下をおさえ，ななめ上からふたをかぶせて火を消す。
火が消えたら一度ふたを取る。冷えたらもう一度ふたをする。

● 2：活動（課題）の内容説明

　視覚支援が有効です。視覚的に活動内容を提示することで、理解を促すことができます。また、視覚的に提示されることで、自分が今何の活動をやっているのか、どこが分かっており、どこが先生の指導を必要としているのか、といったことの理解が深まります。

　また視覚支援とあわせて、先生がスケジュールを読み聞かせることで、視覚と聴覚の両方から情報が入り理解につながりやすくなります。

```
おゆのいれかた

①ぐんてをりょうてにはめる
②きゅうすをしっかりともつ
③ゆっくりとそそぐ
④5ふんまつ
 ・あついからさわらないようにちゅうい
⑤おゆをまるいすいそうにすてる
⑥水どうの水でコップをひやす
 タオルでコップをふく
⑦席にもどり
 じぶんのなまえがかいてあるところにコップをおく
```

●図 8-5　スモールステップの視覚支援

● 3：指示理解の促し方

　気になる子は、視覚からの情報が理解しやすい子、また聴覚からの情報が理解しやすい子など様々です。特性としては言葉の指示に対して、集中力を保つ時間が短い、聞いていても長文での指示は理解しにくいといったことがあります。また、あいまいな表現を理解して行動に移すことが難しい場合があります。

言葉の指示をする時には、なるべく短く簡潔に箇条書きを伝えるイメージで指示を出すと理解が促されます。たとえば、「ちゃんと座って」というあいまいな指示よりは、「座る」という行動はどういうことか視覚的に提示します。ジェスチャーなどを用いて、生徒の注目を先生に向けることも有効です。

　視覚から情報を得ること、見て理解することは得意であり視覚支援を用いた指示が、児童の理解を大きく促します。具体的には、物・写真・絵・イラスト・書かれた文字・単語や文章を板書で提示する、プリントで配布するといった工夫が挙げられます。

かっこいいすわりかた **4**つのポイント

1. せぼねはまっすぐ
2. おしりはいすのいちばんうしろ
3. ては、ふとももうえ
4. おへそと目は、はなしているひとにむける

●図8-6　よい行動を伝える時の視覚支援

● 4：ルールの説明・伝え方

　気になる子は、周囲の環境を把握することに時間がかかるため、「わざとルールを守らない」のではなく、周囲の状況が把握できていないために、「結果ルールを守れない」ことがあります。

　たとえば移動教室で理科室を利用する場合には、クラスメイトは理科室を使用する場合には、休み時間に移動を完了しているという暗黙のルールを理解していますが、気になる子は事前にルールを説明されていないと理解が難しい場合があります。また、理科室内などでも座る位置が普段の教室と違うと混乱したり、いろいろな物や出来事に興味があり、実験器具等を目の前に

すると、先生の許可がある前に触ってしまう、といったことがあります。

　このような場合に、特性を理解したルールの伝え方をする必要があります。否定的な表現を用いた伝え方（例えば「どうして、まだ移動していないの？」「実験器具をまだ触ってはいけません！」）は、どうすれば良かったのか具体的な指示ではないため、児童が自信を失くしてしまうことにしかつながりません。

　具体的な説明としては、事前にルールを説明する、文書にして視覚的に提示する（例えば、「理科実験の前の休み時間は、理科室に移動して待ちます」「理科教材は机の上に置いておきます。先生の指示があるまで触りません」「○時○分から理科教材は使います」といったことを事前に説明する、文書や板書で視覚的に伝える）ことが効果的であり、肯定的な表現や提示方法であるため自己肯定感を低めることがありません。ルールを守れた時に、ほめることで「守ることができた！」という自信と自己肯定感を高めることもできます。

●図8-7　伝え方の例

● 5：強い興味関心への配慮の仕方

　気になる子は、興味や関心が強く（限局されているため）、決まった本、道具、玩具などから手を離す、次の活動に移る、といったことが苦手な場合があります。手順やスケジュールにこだわり、急な変更に対応することが苦手です。下記では本を読むことに強い関心がある場合の例を挙げていきます。

(1) こだわりのある物を手に持っている場合

　手から無理に取り上げることは、効果的ではなく生徒の混乱を招きます

・徐々に遠ざけるようにしましょう

　手に本を持っている→机の上に置く→ロッカーに片付ける→ランドセル・カバンに入れる、といったスモールステップで支援をします。まずは、手元から机の上に置く、を目標に支援します。

・本を読むことができる時間を決めて、必ず読めることを保証しましょう。事前に本を読むことができる時間を、視覚的に提示して口頭で説明して伝えます。「朝の会が始まるまで読めます」「○時間目のチャイムが鳴るまで読めます」「○時○分から△時△分まで読めます」など、本を読むことができる時間をなるべく具体的に伝える必要があります。

(2) 手順やスケジュールにこだわりがある場合

・日頃から手順やスケジュールを表やメモにするなど視覚的に示し、見通しを持ちやすいようにします。

・手順やスケジュールが変更になる場合、日頃と異なる場合には、できるだけ事前に、なるべく早く絵・写真・文字・文章などを用いて、丁寧に説明をすることが有効です。

●図 8-8　見通しを持たせやすい伝え方の例

● 6：思い通りにいかなく混乱してしまった場合の配慮の仕方

　理科指導や課題を行う時に、児童によっては思い描いていた通りにいかず、時には混乱をしてどうして良いか分からなくなってしまう、という場面が見られます。こういった場合には、事前に児童に先生や周囲に援助を求める方法を教えることが有効です。

　「手伝ってください」「やってください」「教えてください」などの援助を求める言葉をつかえるようにする、あらかじめ文字カードやメモにしてそれを渡せば援助が得られる、ジェスチャー（挙手をすればすぐに先生が対応する）などの方法を教えることが効果的です。

　混乱をして場合によっては場にそぐわない行動を示す場合もあります。しかしその行動は生徒が「困っている」「援助をしてほしい」ということを表しているサインであるため、何に困っているのかを丁寧に考え、原因を取り除ける方法を生徒に教えることが大切です。

　失敗をしてもやり直しができることを伝え、安心感を持たせることが大切です。

こまったときのおたすけカード
こまったときは、先生におしえてね☆

てつだってください。

トイレにいきたいです。

どうやったらいいですか？

●図8-9　ヘルプカード・SOSカードの例

あまからコラム

どうしても苦手なことが多くなってしまう気になる子について、他の子にどう説明したら良いですか？

　まず絶対NG（してはいけないこと）なことは、先生が診断名を生徒にかってに伝えることです。診断名は本人が診断名を理解し本人が伝えても良いと判断できる年齢になってはじめて本人が他者に伝えるものです（保護者が支援者に配慮を希望するために、診断名を伝える場合は除きます）。

　そこで提案ですが、努力している、または頑張っている面を強調して伝えるのはどうでしょうか？たとえば、授業中に離席をしてしまう子の場合、学級の生徒さんに「授業中は座って授業を受けることが○（まる）です。□□くん（さん）は席を立っちゃうこともあるけど、みんなと座って授業を受けられるように先生と練習中だから、みんなも心の中で応援してね。」などの説明です。ここでポイントはただ「応援してね」と伝えると生徒さんの中には「□□くん（さん）座って」など頑張って声かけをしてくれる子が出てきますが、気になる子にとっては、他の生徒さんからの声かけが場面によっては不快な聴覚刺激として入ってきて、より集中が途切れたり先生と他の生徒さんの声かけの内容やトーンが違うことで大きく混乱をすることがあります。ですので、あくまで指示や支援をするのは先生なので、みんなは「心の中で応援してね」という表現が良いかなと思います。

● 7：活動の禁止や中断の伝え方

気になる子は、課題（特に好きな課題、得意な課題や実験など）に対して、集中力を発揮することができます。集中をしすぎてなかなか好きな課題や実験を中止や中断できない場合もあります。

①目の前にある課題を中止や中断することは苦手です。それを行わない時間は課題を手の届かない場所や視界に入らない場所に置く、などの環境側の調整が必要です。

②始める前に時計や数を示して、終わりの時間やタイミングを児童と確認します。

③終了の10分前や5分前に「終わり」の予告をします。また、「あといくつで、おしまいです」という全体への予告や個別に予告することも良いでしょう。タイマーなどをクラス全体で使用すると、クラスメイトも見通しが立ちやすくなります。

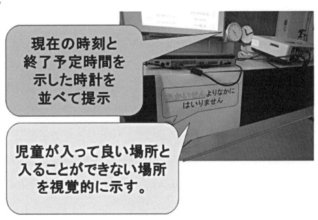

●図8-10　活動の禁止や中断の伝え方の例

● 8：感覚過敏（聴覚）への支援

聴覚の感覚過敏がある生徒へ支援をする場合には、以下のような配慮を必要とします。大きな音（例えば、運動会のピストル音や避難訓練のサイレン）

や学校における特定の音や生活音（例えば、チャイムの音、音楽における楽器の音）に、拒否反応を示す児童がいます。

　大きな音については、他の方法に置き換える（例えば、運動会のピストル音は笛に替える）ことができます。耳栓、ノイズキャンセリング・ヘッドフォン、イヤマフなどを使用することで安心して学校生活を送ることができます。

　学校における生活音等については、少しずつ慣れていくことも大切です。例えば、チャイムの場合は「〇時〇分にチャイムが鳴るよ」と直前に予告をして、慣れてきたら予告時間をあけていく、耳を塞ぐ、といった嫌な音から回避する方法があることを教えましょう。

● 9：感覚過敏（視覚）への支援

　視覚の感覚過敏がある生徒へ支援する場合には、以下のような配慮を必要とします。

　先生やクラスメイトが目の前を通るだけでも、急に目の前に飛び出してきたと感じる生徒がいます。場合によってはクラスメイトがわざと進路のじゃまをした、クラスメイトがわざと使おうと思っていた理科実験の道具を先に使った、と感じる生徒もいます。

　支援としては、クラス全体の対人関係のマナーとして、急に人前を横切らない、「前を通ります」と言う、道具については「先に使うね」「先に貸して」とお互いに声をかけ合う、といった指導が有効です。個々の生徒に対しては人が横切ることがあっても故意ではないこと、理科実験の道具を先に使いたい場合には、その意図をクラスメイトに伝える、といった方法を学ぶことで、視覚の感覚過敏による行き違いを減らすことができます。

　座席の位置を工夫することによって、授業中に先生の話しや黒板に集中しやすい環境を調整することが可能です。席を一番前にする、窓側にする、廊下側にする、理科に関係のない掲示物を極力減らして教室内ではなく廊下に掲示するなど生徒の特性にあった環境調整をしましょう。

● 10：複数の生徒で理科教材を共有する場合の支援

　気になる子は、好きな勉強や課題、理科実験などに関してはとても集中して参加することができます。ただ、集中しすぎているため、周囲の状況を把握しにくい（目に入りにくい）場合があります。

　たとえば、理科教材を共有する場合にも、課題に集中しているため、または自分なりの実験道具を使うタイミングをイメージしているため、クラスメイトに先に使われて困ってしまう、クラスメイトが使っている途中の道具を断りなく使ってしまうといった様子が見られることがあります。

　教材や道具の貸し借りについては、視覚的にルールを提示する、事前に先生やクラスメイトとロールプレーイング（役割実演）で練習やリハーサルを行う、といった支援によって、教材や道具の貸し借りや共有をスムーズに行うことができます。

● 11：課題への見通しをたて集中時間を保持する支援

(1) 授業や課題の内容（進行）について、見通しをたてて参加や行動をすることが得意ではないことが多いです。「いつ」「どこで」「どれくらいに、何をするのか」を明確に具体的に指示することで、見通しをたてて授業参加することができます。

(2) 苦手な活動の場合には、終わったら「休み時間」「自由に○分実験をして良い」「好きな活動（本を読む等）をしても良い」というような、見通しを伝えることで集中力の持続時間を保つことができます。

(3) 課題設定が生徒によっては少し高く、ひとりでは課題遂行が困難なため、集中力が途切れてしまうことがあります。支援を求めるカードを作ってみましょう。「手伝ってくください」「もう１回言ってください」「分からないから教えてください」など、カードで支援を求められるようになると、課題への負担感や拒否感が少なくなります。

⑷ 課題が難しい場合、量が多い場合に集中力が途切れてしまうことが多くあります。課題の難易度を下げる、量を減らすなど、児童に合わせた課題設定にして、徐々に難易度を上げる、量を増やす、といったスモールステップの指導が有効です。また、スモールステップの指導は、生徒も負担感や拒否感を持ちにくく、課題へのモチベーションを保つ効果もあります。課題ができた時におおいにほめることで、生徒はより高い達成感を感じることができます。花丸やシールなど先生の声かけによる「ほめ」と並行して視覚的にほめることも効果を高めます。

3　読み書きに困難さがある生徒への指導

　学習場面において困難さを示す子の中には学習障害（ＬＤ）や読み書きに困難さがある子（ディスレクシア）などがいます。学習障害（ＬＤ）は教育的定義と医学的定義では少し異なりますが、文部科学省の定義を以下に引用します。（平成 11 年 7 月の「学習障害児に対する指導について（報告）抜粋」）

　学習障害とは、基本的に全般的な知的発達に遅れはないが、聞く、話す、読む、書く、計算する又は推論する能力のうち特定のものの習得と使用に著しい困難を示す様々な状態を指すものである。

　学習障害は、その原因として、中枢神経系に何らかの機能障害があると推定されるが、視覚障害、聴覚障害、知的障害、情緒障害などの障害や、環境的な要因が直接の原因となるものではない。

　学習障害（ＬＤ）への支援では、小学校における早期支援がその後の中学校以降の学習の困難さを軽減させ、学習面の理解を後押しし学校での自尊感情や自己肯定感を保つことができます。

　学校で適切な支援がなされるためには、アセスメントを丁寧にとりその生徒にあった支援を考えなければなりません。

　アセスメントのための書籍が複数出版されています。そういったアセスメントを活用しながら個別支援計画等を作成して支援をすることが有効です。

あまからコラム

ほめることの大切さはわかります。
でも怒ってはいけないのでしょうか？

　気になる子はその特性上どうしても失敗経験が多くなってしまいます（たとえば指示の聞きもらしが多いなど）。ですので、基本はできることをほめてスモールステップで伸ばす、を徹底してほしいと思います。その上で怒ること、叱ることも大切です。

　怒る、叱る場面ではいくつか気を付けるポイントがあります。例として小学校6年生の気になる子が廊下を走っている場面を考えてみたいと思います。

　この場面でNG（してはいけない）声かけとしては、NG例「廊下を走ってはいけなことぐらい、小学校1年生でも知っていますよ！」「何回言っても分かんないんだね！どうして分からないの！」「そんなことなら、中学校には行けません！幼稚園に戻ってもらいますよ！」といったその子の感情や情緒を傷つけたり、人格や人権を否定する表現は絶対にしてはいけません。理解できないばかりではなく、他者から強く否定されたところだけが強く残り場合によっては不登校などの二次障害のきっかけにもなる可能性が高まります。

　ポイントはやってほしい、してほしいことを「行動」で伝えることです。この例の場面では、「廊下を走ると、人や物にぶつかり○○くん（さん）や他の人がケガをする可能性があるから、歩いてわたります。」とOK行動を伝えるようにしてください。その時の先生の表情は「すごくこわい顔」でも「笑顔」でもなく、おだやかにたんたんとしっかりルールを伝える感じがグッドだと思います。

4 個別の支援計画の作成と活用

　個別の支援計画を作成して支援を行っている学校が、当たり前になってきています。

　個別の支援計画の書式はいろいろとあると思いますが、「大変な時間と労力をかけて作ったけど、そのまま生徒の個人ファイルで保管されまったく活用されていない」といったこともあるのではないでしょうか。個別の支援計画は「立派」な「見た目の良い」そして「使われない」ものをつくることが目的ではありません。現実的にスモールステップでも成功できそうな支援を、具体的に簡潔に箇条書きにしていくだけでも十分活用できます。

　個別の支援計画の書式はいろいろとあると思いますが、校内や学年で「チーム」になって個別の支援計画を作成することが効果的だと思います。個別の支援計画を作成する時に、クラスの気になる子の得意なところや苦手なところは担任の先生が一番丁寧に書くことができると思います。支援目標や具体的な支援方法は、学年や校内でアイデアをお互いに出し合うことで、複数の効果的な方法が見つかりやすくなると思います。アイデアを出し合うポイントとしては時間を決める（たとえば、15 分など）出たアイデアに関しては批判な批評をせずにまずは多くのアイデアを出す。その上で実行可能性が高い支援方法を決めていくことが有効です。特別支援教育コーディネーターの先生や特別支援学級の先生などもアイデアを豊富にお持ちのことが多いので、ぜひいろいろなお立場の先生が「チーム」にはいられることをおすすめします。

8

あまからコラム

学校でおこっていることを、保護者にどう伝え連携したら良いか困っています。

　本文でも触れましたように、気になる子を支援する場合に本人、保護者、担任が個々に孤立して頑張っても成果が出ないことがよくあります。本人、保護者、担任、学校、場合によっては関係支援機関がチームになって支援することが大切になります。

　まずは、学校で本人ができていることを伝えるのが良いと思います。その上で課題となっている行動を先生がしてくれている支援とセットにして伝えることが有効です。たとえば例として、小学校3年生で算数のテスト中に分からない問題があると、怒ってテストを破いてしまう子の場合、保護者の方には「算数のテストで難しい問題が出ると、怒って破いてしまうことがあります。なので、本人とじっくり相談して破きたくなったら先生を呼ぶ練習をすることにしました。この方法を試して2週間になりますが、今の算数のテストは破いてしまうことがありますが、3回に1回くらいは我慢できることもあるし、破く時にも一瞬ちらっと先生の方を向くようになっているので、引き続き支援していきたいと思います。家庭でもうまくいきそうな方法があったらぜひ教えてください。」のように、先生の支援が100％成功していなくても、先生が気になる子が困っている場面で支援をしてくれている事実が保護者の信頼と安心につながります。

　その上で学校以外の関係機関につながってほしい場合には、上記の伝え方に加えて保護者には「学校も保護者とともに外部の支援機関とも本人が伸びやすい指導方法を見つけていきたいので、ぜひ保護者にもご協力をいただきたいです。可能でしたらぜひ○○センターに相談に行ってみてください。」などの勧め方も「課題となる行動＋先生の現在の支援」を丁寧に伝えることを繰り返すことで、保護者が聞いてくれる可能性が広がると思います。

あまからコラム

特別支援ってむずかしい？

　「特別支援はむずかしい」というイメージを、きちんと知るプロセスを経ていけば減らしていけると思います。

　学級には6.5%の気になる子がいること、そのため特別支援はもはや「特別」ではないことに気づくこと→具体的に伝える、板書で見通しを立てた授業をする、などすでに現在先生方が学級の中で実践されていることの多くが特別支援であることに気づくこと→しっかりほめて、しっかり叱るといったことも、どの子に対しても有効であることを知ること→その中でどうしても難しい生徒さんに関しては発達障害の特性を理解し、担任ひとりではなく学年や学校全体で支援を考える事→場合によっては外部の支援機関ともつながること。など一例ですが、担任の先生がすべて頑張らないと！と思ってしまうと、「特別支援」は難しいです。しかし、今やっている授業にすでに特別支援が入っていること、段階によって特別支援はチームで支援することが有効であることを知ることで、「特別支援」はむずかしいものではなくなりますし、先生の頑張りで生徒さんが笑顔で学校に来られていることにいっぱい気づけると思います。

　なにより、気になる子も先生方もひとりで頑張らない！が基本です。

8

第9章

小学校理科と中学校理科とのつながり

⑨

9章 小学校理科と中学校理科とのつながり

小学校理科と中学校理科の
共通点と相違点を**ざっくり**まとめると…

　小学校理科の学びが中学校理科にどのようにつながるのか、
中学校や高等学校の理科での課題は何かなどを知ることで、
小学校第 3 学年から中学校第 3 学年までの 7 年間の学びを、
一人一人の子供に対して円滑で充実したものにする。

Ⅰ 平成 29 年版学習指導要領で中学校理科はどのように変わるか

1 四つの柱の趣旨とその変化
「エネルギー」「粒子」「生命」「地球」領域ごとの変化

　平成 20 年版の学習指導要領解説　理科編から理科の内容の系統が示される
ようになりました。「エネルギー」「粒子」「生命」「地球」の 4 つの柱には、も
う一段細かいサブの柱が示されています。

領域の柱		サブの柱			
エネルギー	H20	エネルギーの見方	エネルギーの変換と保存	エネルギー資源の有効利用	
	H29	エネルギーの捉え方	エネルギーの変換と保存	エネルギー資源の有効利用	
粒 子	変化無し	粒子の存在	粒子の結合	粒子の保存性	粒子のもつエネルギー
生 命	H20	生物の構造と機能	生物の多様性と共通性	生命の連続性	生物と環境のかかわり
	H29	生物の構造と機能		生命の連続性	生物と環境の関わり
地 球	H20	地球の内部	地球の表面	地球の周辺	
	H29	地球の内部と地表面の変動	地球の大気と水の循環	地球と天体の運動	

●表 9-1 学習指導要領の領域ごとにみた内容の柱の変化

　平成 29 年版では、特に「地球」の柱のサブの柱の変更が大きいです。平成 20 年版で「地球の内部」は「地球の内部と地表面の変動」に、「地球の表面」は「地球の大気と水の循環」に、「地球の周辺」は「地球と天体の運動」に変更されました。言葉は少し難しくなりましたが、それぞれのサブの柱でどのような学習が行われるのかわかりやすくなったと思います。

　また、生命の柱では、「生物の多様性と共通性」というサブの柱がなくなりました。これは「生物の多様性と共通性」は、「生命」の柱の中心的な見方の一つなので、どのような学習内容でもある程度意識しておいてほしいものなので、サブの柱からは消えたと考えることができます。これらのサブの柱も、それぞれの柱の学習内容を学習する際の視点になるもので、解説には明確には示されていませんが、理科の「見方」としても使えるようなものとなっています。実際、「生命」の柱の「生物の構造と機能」などは、本書の第 2 章の 33 〜 34 ページで詳しく説明しています。

9

2 中学校の学習項目の変化（小との関連を踏まえて）

　中学校での学習項目の変化について、第1分野、第2分野に分けてみていきましょう。

1　第1分野（「エネルギー」「粒子」の柱）の変化

　まず、第1分野で改善・充実が図られた内容としては、<u>「放射線に関する内容」</u>があげられます。平成20年版で第3学年に放射線に関する内容はありましたが、平成29年版では第2学年でもその内容を扱うことになりました。

　また、移行された主な内容としては、小学校第6学年にあった<u>「電気による発熱」</u>の内容は、中学校第2学年「(3)電流とその利用」の中でまとめて扱われることになっています。また、<u>圧力</u>については、平成20年版では第1学年で扱っていましたが、第3学年の「(5)電流とその利用」の「㋐　水中の物体に働く力」の中で水圧について学ぶこととなりました。また、第2学年の第2分野「(4)気象とその変化」の「(ア)㋐　気象要素」で、<u>大気圧</u>について学習することになりました

2　第2分野（「生命」「地球」の柱）の変化

　第2分野で、改善・充実が図られた内容としては、一つは<u>「自然災害に関する内容」</u>で全学年において学習することになりました。平成20年版でも第3学年の「(7)イ　自然の恵みと災害」で自然災害や自然の恵みについての学習を行っていましたが、平成29年版では第1学年「(2)(エ)自然の恵みと火山災害・地震災害」において、第2学年「(4)(エ)自然の恵みと気象災害」においても、自然災害について学習することができるようになりました。もう1点は、<u>「生物の分類の仕方に関する内容」</u>です。生物学などの学問で分類された体系を学ぶ前に、そもそも分類するということはどういうことなのか、分類す

るということにはどのような意義があるのかを生徒が体験的に学ぶようにしています。研究者がどのように生き物を分類していくのか、分類するときの矛盾点や困難点に気付いたり、その矛盾点や困難点をどのように解決していったりするのか等を少し経験するような学習内容で、画期的な学習内容といえます。

　次に、「生命」の柱については、大きな変化があります。平成20年版では、第1学年で植物の学習、その学習の仕方を受けて、第2学年では動物の学習をしていました。平成29年版では、<u>第1学年でも第2学年でも植物動物の両方を学びます。</u>ただし、第1学年では、主につくりに注目して、外部形態の観察を中心に学習を進めます。第2学年では、器官等の内部の働きにも注目して、体の各部の機能に関連して実験を行いながら学習を進めるようにしています。

　また、平成20年版では、第1学年の「地球」の「(1) イ 地層の重なりと過去の様子」での化石の学習を踏まえて、第2学年で「(3) エ　生物の変遷と進化」の中で生物の変遷、進化が起こったという事実について学んでいました。平成29年版では、第2学年ではなく、第3学年の(5)において遺伝の項目の後に<u>「ウ生物の種類の多様性と進化」</u>という学習項目がつくられて、進化によって多様性が生み出されてきたということについても学習できるようになっています。

● **第一分野は、**

- 第2学年でも放射線に関する内容を扱う。
- 「電気による発熱」が、小学校6年 ➡ 中学校2学年「(3) 電流とその利用」へ
- 第1学年「圧力」➡第3学年「水圧」、第2学年「大気圧」へ

● **第二分野は、**

- 全学年で「自然災害に関する内容」を扱う。
- 「生物の分類の仕方に関する内容」を扱う。
- 1年で生物、2年で動物 ➡ 1、2年両方で植物動物両方を扱う。
  （1年はつくり、2年は機能）
- 2学年「生物の変遷と進化」➡ 3年「生物の種類の多様性と進化」

❸ 学年目標の設定

1　小中の学年目標

　小学校では，理科の場合，学年目標というものが設定されていました。平成
20 年版では，問題解決の能力として，第 3 学年には比較，第 4 学年には関係
付け，第 5 学年には条件制御，第 6 学年では推論が位置付けられていました。
平成 29 年版では，例えば「思考力，判断力，表現力等」の資質・能力として，

小学校

　第3学年 では，（比較しながら調べる活動を通して）

　自然の事物・現象について追究する中で，差異点や共通点を基に，問
　題を見いだし，表現すること。

　第4学年 では，（関係付けて調べる活動を通して）

　自然の事物・現象について追究する中で，既習の内容や生活経験を基に，
　根拠のある予想や仮説を発想し，表現すること。

　第5学年 では，（条件を制御しながら調べる活動を通して）

　自然の事物・現象について追究する中で，予想や仮説を基に，解決の
　方法を発想し，表現すること。

　第6学年 では，（多面的に調べる活動を通して）

　自然の事物・現象について追究する中で，より妥当な考えをつくりだし，
　表現すること。

が位置付けられました。

　これを受けて，中学校学習指導要領解説理科編において，3 年間を通じて計
画的に，科学的に探究するために必要な資質・能力を育成するために，各学年
で主に重視する探究の学習過程の例を次のように整理しています。

中学校	
第1学年	自然の事物・現象に進んで関わり，その中から問題を見いだす
第2学年	解決する方法を立案し，その結果を分析して解釈する
第3学年	探究の過程を振り返る

「思考力，判断力，表現力等」の資質・能力の育成の観点からもう少し具体的に示すと，

第1学年では，問題を見いだし見通しをもって観察，実験などを行い，【規則性，関係性，共通点や相違点，分類するための観点や基準】を見いだして表現すること。

第2学年では，見通しをもって解決する方法を立案して観察，実験などを行い，その結果を分析して解釈し，【規則性や関係性】を見いだして表現すること。

第3学年では，見通しをもって観察，実験などを行い，その結果（や資料）を分析して解釈し，【特徴，規則性，関係性】を見いだして表現すること。また，探究の過程を振り返ること。

また，中学校においては，「エネルギー」「粒子」（主として，いわゆる第1分野）で育てる資質・能力が，「生命」「地球」（主として，いわゆる第2分野）とで，大きく異なることがあることから，第3学年の「(7)(イ)自然環境の保全と科学技術の利用」においては，明示的に「エネルギー」「粒子」では，「見通しをもって観察，実験などを行い，その結果を分析して解釈するとともに，自然環境の保全と科学技術の利用の在り方について，科学的に考察して判断すること。」と表し，「生命」「地球」では，「観察，実験などを行い，自然環境の保全と科学技術の利用の在り方について，科学的に考察して判断すること。」と育成すべき「思考力，判断力，表現力等」の資質・能力を示しています。

Ⅱ 小学校理科の内容が中学校理科にどのように生かされるか

❶ 見方・考え方の生かし方（「生命」の例）

　第2章では、「粒子」の柱を中心に37〜38ページで、実体的な見方というのが小学校から中学校・高等学校にどのようにつながっていくのか例示しました。ここでは、「生命」の柱を例にとって、小学校での見方が中学校や高等学校にどのようにつながっていくのか見ていくことにしましょう。

1　生命の柱での「見方」の用い方

　理科の学習内容については、4つの柱「エネルギー」「粒子」「生命」「地球」からなっているのはご存じかと思います（p.297 表 9-1 参照）。ここでは、生命の柱での「見方」の働かせ方の例をみてみましょう。

　小学校第3学年の「昆虫の成長と体のつくり」には、昆虫の仲間、昆虫の育ち方、昆虫の住みかなどの内容が考えられます。昆虫を見る際にも様々な視点がありますが、生命の柱の見方である「共通性・多様性」に着目すると、昆虫と昆虫以外の生き物との相違点や共通点、同じ昆虫でも昆虫同士での相違点や共通点という視点で昆虫について深めていくことが考えられます。このような見方を児童に意識させるために、フレーズ化して、例えば「同じ・違うメガネ」をかけてみようと呼びかけることが考えられます。（私の研究室のゼミ生は、「おもしろメガネ」をかけると児童に伝えていました）

　児童は、この特殊な「同じ・違うメガネ」をかけて昆虫の共通している部分、異なる部分にしっかり着目して、観察を行うようになるでしょう。最初は、教師がこの「見方」を児童に示すことになると思いますが、図 9-1 のようにだんだんと児童生徒がこの「見方」を使えるようにしていくことが大切なのです。

単元を構成して、授業の中で「見方」を使う場面を用意しておけば、児童の方から「同じ・違うメガネをかけてみたら、先生、チョウと同じようにトンボにも４枚のはねがあったけど、はねの形や模様が全然違っていたよ」などと発言をするようになってくるでしょう。教師が何も言わなくても、児童が自らメガネをかけて見るようにしていくことが求められるのです。本当にメガネをかけているわけではないけど、メガネを意識すると見えてくるものがあると児童生徒が気付いてくれるようになることが大切なのです。

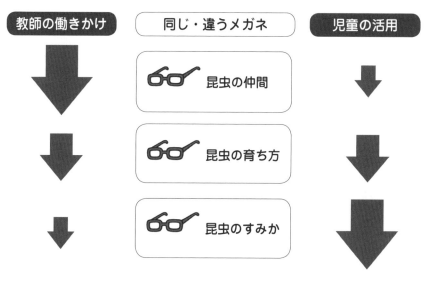

●図 9-1 同じ・違うメガネの経時的な変化例

　図には、一つの単元の中で段々とメガネが児童に活用されていく様子を示していますが、これが年間の中で、あるいは学年を超えて、さらには校種を超えて発展していくのです。例えば、中学校第１学年の動物や植物の分類のところで、「同じ・違うメガネ」をかけてみれば、脊椎動物にはみんな背骨が

あるという点では同じだけど、海で泳ぐものがいたり、空を飛んだり、地上を走ったりと生息環境は違うものがいることに気付きやすくなります。また、同様に第2学年では、例えば心臓の働きの学習で「同じ・違うメガネ」で見れば、心臓は血液を運ぶ際のポンプとして働いていることは同じだけど、心室や心房の数や配置には違いがあるというようなことに目がいくかもしれません。このように繰り返しメガネ（見方）を使っていると観察が鋭くなってくることが想像されます。ですので、理科の学習について、年間を通したり、学年を超えて眺めたり、先の校種の学習を見たりすることで全体像が明確になってくるでしょう。

　この「共通性・多様性」という見方は、小学校だけなく、中学校でも高等学校でも、生物の柱においては有効な見方です。そもそもこの見方は、生物が共通の祖先から進化してきたということに由来するからです。共通の祖先から進化してきたので、例えば、細胞からできているなど、生物にはどこか共通なところがあります。一方で、多様な環境に適応したことで生き延びている現在の種はそれぞれの環境に適したつくりや機能を持っていることになります。環境が多様であるが上に、そのつくりや機能も極めて多様になっているのです。

　理科の見方の説明には、「生命」を柱とする領域では，「主として共通性・多様性の視点で捉えること」という例示が示されています。児童が生き物や生命現象を見る際に、「共通性・多様性の視点で捉える」ためには、どのような言葉かけをすればよいでしょうか。児童が実際に使える、使ってみようと思うようなフレーズを作っておくことが大切になります。ここでは、「同じ・違うメガネ」という言葉を使いましたが、校種や児童生徒の実態に応じて使ってみたくなる、そして印象に残るフレーズを授業で使用することが大切になってくると思います。

2　生命の柱での「考え方」の用い方

　第3学年のB区分 (1) ア (イ)「昆虫の成長と体のつくり」の「考え方」については、B区分の生命領域の内容ということもあり、「自然の事物・現象に対する気付き，問題の設定，予想や仮説の設定，検証計画の立案，観察・実験の実施，結果の処理，考察，結論の導出」という問題解決の過程の後半部分の「観察・実験の実施，結果の処理，考察，結論の導出」を中心に据えるとよいでしょう。その問題解決の過程の中で、比較することや関係付けることなどを中心に「考え方」を実際に活用させるとよいと思います。

　一方で、同じ生命領域でも、中学校第2学年の第2分野では、植物の光合成の学習やだ液の働きの学習を行います。「光合成をたくさんしている葉とそうでない葉があるのはどうしてか？」「だ液は何を分解しているんだろう？」などの疑問からスタートできる単元もあります。生徒の思考が探究の過程の7～8ステップを自然に経るような学習を組むことができる単元もあります。

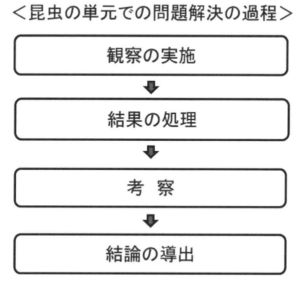

●図9-2 昆虫の単元での問題解決の過程

② 子供たちを主体的に問題解決に向かわせる

1　授業方法の工夫（4QS）

　理科の授業方法の一つとして４QSというものがあります。上越教育大学名
誉教授の小林辰至氏が提唱した理科授業の方法です。４QS仮説設定シート（ま
たは黒板上）で、４つの質問に答えながら、仮説を文章化して表し、それを検
証実験することで仮説が正しいかどうかを判定する方法です。

　４QSは、そもそもCothronらが自由研究の際に仮説を設定する際の４つの
問いに基づく方法”The Four Question Strategy”を元にして発展改良した
ものです。４QSでは、”The Four Question Strategy”での４つの問いは、
４つのSTEPとして置き換えられています。児童生徒の観察や教師の演示実
験等で、児童生徒が疑問をもち、その疑問には因果関係のありそうな場合、疑
問は「問題（課題）」として設定されます。このような問題（課題）において、
４QSは有効に機能します。

　疑問は、「問題（課題）」に設定し直すことが大切です。例えば、小学校第５
学年の電磁石の学習で、電磁石にクリップがついているところを児童に見せた
ら、「なんでクリップがついて落ちないのだろう」などという疑問があがるで
しょう。「なんで」という疑問は、幅広くとても便利なものですが、理科（科学）
としての問題（課題）としては、不向きになることもあります。「なんで」と
いう疑問であれば、「神様がそうしているから」という解答もありうるし、「素
粒子レベルまで含めて電磁石に磁力が生じる理由」を解答することもありえま
す。理科の範囲を超えていたり、どのレベルでの問題（課題）なのか明確では
なかったりするのです。

　そこで、一つの方法として、クリップのついている数の異なる「電磁石」を
左右に並べて示します。児童の頭の中では、「なんで左右のクリップの数が異
なるのか」という疑問も生じるでしょう。この疑問は「どうすればクリップの

つく数を増やすことができるか」とか「何がクリップのつく数を変えているのか」という問題（課題）に置き換えることができますね。そして、このような問題（課題）であれば、児童が実験で自らの考え（仮説）を実験で確かめることが可能となります。

4QS というのは、児童生徒の疑問（多くの場合「なぜ」）を「何が」とか「どのように」というものに置き換えて問題（課題）とするところから始まります。そして、その後、4QS 仮説設定シートの STEP を意識して進めると、実験や観察によって検証できる仮説（作業仮説）を設定させることができるのです。

2　4QS の特徴

4QS 仮説設定シートに向くのは、扱う自然事象に因果関係がある教材を含む単元です。因果関係というのは、「原因と結果」の関係です。「この結果が起きるのは、これが原因だ」と教師サイドはわかっていても、児童生徒側は知らないか、知っていたとしてもあやふやであるような場合が最適になります。

4QS を用いての授業で大切なことは、4QS はどの理科の授業でも使えるものではないということです。ある意味有効に使える単元で用いるということが大切です。有効に利用できる単元というのは、

①因果関係が明確にある

②原因と考えられるものが複数想定される

③反応の有無が明確だったり、数値で表せたりするなど、結果が明確である

例えば、振り子の学習などは、4QS 向きです。すなわち、①振り子のふれは速くなったり遅くなったりするのを子供たちは知っているので、そのふれの速さを決める原因があることを子供でも想像できます。次に、ふれの原因となるものとして、②振り子のふれの角度、振り子の重りの重さ、振り子のひもの長さなど原因として考えられるものが複数あります。そして、振り子のふれは、③1分間に何回振れたとか、10往復するのに何秒かかったかと数値で示すこ

とも可能です。このように上記に示した①〜③の条件をすべて満たすため、振り子は4QSに向く単元といえます。

　4QSを実施する際のシートは、いくつか改良を加えられてものも紹介されていますが、およそ以下のようなものです。

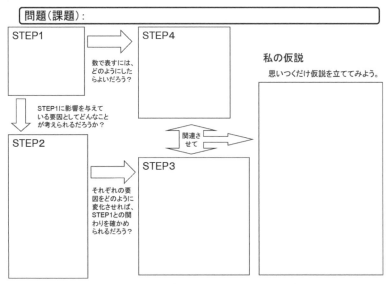

●図9-3　4QS仮説設定シート（『探究する資質・能力を育む理科教育』P.37より）

　4QS仮説設定シートを使用して授業ができるのは、小学校の場合第5学年、第6学年と思ってもらうのがよいでしょう。実際、第5学年では「種子の発芽」「インゲンマメの成長」「結実（花粉の働き）」「流れる川の働き（土のけずられ方）」「振り子の一往復する時間」「電磁石の強さ」ぐらいです。第6学年でも、燃焼の学習で「ろうそくが燃え続ける時間」「だ液とでんぷん」「葉ででんぷんができるかどうか」「てこのつり合うときの決まり」「ためた電気の量」などでは4QSが有効に使えると考えられます。繰り返しになりますが、4QS向きの単元においてその効果を発揮する指導法です。どの単元にも使えるものではありません。

3 4QS による授業の展開の概要

　具体的な授業実践の方法などについては、『探究する資質・能力を育む理科教育』（大学教育出版）または『平成29年改訂　中学校教育課程実践講座　理科』（ぎょうせい）をご覧ください。

　ここでは、第5学年の電磁石の単元での4QS仮説設定シートを利用しての授業展開の概要を示してみます。

● a）「自然の事物・現象に対する気付き」の段階

　「なぜ電磁石にクリップがつくのだろう」「どうして電磁石によってくっつくクリップの数が違うんだろう」というような疑問が起きるように教師が仕掛けます。児童に電磁石を与えて自由試行させて疑問を生じさせる方法もあるでしょう。教師の方が演示して強い電磁石と弱い電磁石が存在することに気付かせる方法もあると思います。

● b）問題の設定の段階

　児童が抱いた疑問を理科（実験）で解決できるような「問題（課題）」にしていく段階です。電磁石の場合なら、「どうすればもっと強い電磁石をつくることができるか」とか「何が（何を変えると）もっと強い電磁石になるのか」というような問題（課題）を児童が設定してくれればしめたものです。

　そして、この電磁石の問題（課題）では、注目すべき要因は何になるでしょうか（どういう変化がおきるのかを意識させます）。電磁石の場合は、電磁石の強さとなるでしょう。ですので、STEP 1には、そのキーワードである「電磁石の強さ」などの言葉を書き入れます。「強い電磁石」とか「強力な電磁石」といった言葉でももちろん大丈夫です。電磁石の強さは、条件を変化させることで、変化します。いわゆる「変数」と言われるものです。条件を変化させることで、それに伴って結果（強さ）が変動するので、「従属変数」といわれることもあります。一方、条件も変化させることができるので「変数」とみることができます。ただし、条件の方は実験者の方で自ら設定することもできる変

数なので「独立変数」と言われることがあります。ですから、電磁石の学習の場合は、電磁石の強さが「従属変数」ということになります。

● c）予想や仮説の設定，検証計画の立案の段階

4QSの場合、この二つの段階も4QS仮説設定シート上で行われます。STEP 2には、電磁石の強さ（「従属変数」）に影響を与えそうな条件（「独立変数」）を児童に考えてもらいます。例えば、電池に着目した場合、乾電池の数などはすぐに候補としてあがるでしょう。それ以外でも、電池の種類（単一、単二、単三等）やメーカーによる電池の種類（マクセル、パナソニック、富士通等）などをあげる児童もいるかもしれません。導線に着目した場合は、導線の巻き数、導線の種類を変えるとか、導線の巻き方などがあがってくるかもしれません。鉄心に注目した場合は、鉄心の長さや太さ、鉄じゃない金属にしてみるなどがあがるかもしれません。ストローに着目した場合には、ストローの長さや径の太さなどをあげる児童もいるかもしれません。STEP 3では、このSTEP 2であげた条件を具体的にどのように変化させるかを記述してもらいます。例えば、乾電池の数とSTEP 2に書いた場合には、STEP 3では、乾電池を1つ、2つ、3つにする。導線の巻き数であれば、少ない（50回）、少し多い（100回）、かなり多い（200回）といった具合です。

STEP 4は、STEP 1で決めた従属変数を具体的にどのように測定したり、数えたりするかを記入する欄になります。この段階を児童に考えさせる場合、負荷がかかることもあります。その場合には、教科書を参考にさせたり、単元によっては教師が方法を指定してしまったりすることも考えられます。

電磁石の強さでいえば、教師が演示した場合にはクリップがくっつく様子を示しているので、クリップのくっつく数という回答はでやすいかもしれません。後は、クリップと電磁石との距離という答えもあるかもしれません。ただし、クリップと電磁石の距離だとほとんど差を見いだせないので、実際には仮説を検証する際には難しくなります。また、児童ごと、班ごとにSTEP 4の方法が異なると正確な比較ができないことにもなるので、STEP 4はクラスで統

一した方が無難です。STEP 1の後に、STEP 2に行くか、STEP 1の後すぐにSTEP 4に行くか、これは選択することが可能です。

① STEP 1 → STEP 2 → STEP 3 → STEP 4

② STEP 1 → STEP 4 → STEP 2 → STEP 3

このどちらかの流れで4QS仮説設定シートを作成していくことになると思います。

STEP 3とSTEP 4が記入されたら、この両者を関連付けると、実験で検証できる（作業）仮説が設定できるのが4QSのよいところです。電磁石の場合なら、STEP 4の「クリップのくっつく数」とSTEP 3に書かれた記述、たとえば「電池の数を1つ、2つ、3つと増やす」とを組み合わせて、「電池の数を1つ、2つ、3つと増やすと、クリップのくっつく数が増える」という仮説を立てることができます。仮説は、「〜すれば（すると）、〜となる（だろう）。」のように表現できます。

● d）観察・実験の実施の段階

そして、いよいよ実験の開始です。自分で仮説を立て、実験の見通しができているので、材料がそろえてあれば児童でも班ごとに自主的に実験することも可能になっているようです。多少不親切でも児童にやり切らせると、先生に依存しなくなり、自立的に行動ができるようになります。そのためには、すぐに指示をせず児童に考えさせたり、待ったりすることが大切です。

● e）結果の処理

実験結果を表とかグラフなどにまとめる段階です。時間があれば、1回だけの結果だけでなく、2、3度繰り返して実施させることも大切です。繰り返し実験しても同じ結果となる、再現性があることの確認はとても大切だからです。

● f）考察，結論の導出の段階

すでに自分たちの仮説があるので、仮説が正しかったのかどうかを結果から判断します。電磁石の例でいえば、「乾電池を1つ、2つ、3つと増やすと、

平均（3回）でクリップの数は6.3個（667）、7.7個（887）、9.3個（10
99）と増えた。だから、電池の数を増やすと電磁石の強さは増すと考えら
れる。」のように結論をまとめることが考えられます。

あまからコラム（仮題）

4QS 仮説設定シートの 仮説の書き方

　4QS 仮説設定シートの仮説の書き方には、2通りあます。電磁石の例でい
うと、STEP 2で「乾電池の数」、STEP 4で「くっつくクリップの数」とした
場合、「乾電池の数を増やすと、くっつくクリップの数が増える」と結果に重
きをおいた書き方と、「乾電池の数を増やすと、電磁石の強さが増す」と結論
を見据えての書き方の2通りです。

　提案者である小林辰至氏の著書ではどちらの記述もあり、どちらも否定はさ
れていません。ただ、筆者の考えでは、2つの点で結果に重きをおいた前者を
推薦したいと思います。その理由は、まず第1に児童が実験の結果を前者の方
がしっかり見ようとするからです。STEP 1には「電磁石の強さ」とあり、こ
の従属変数のことを調べているので、このことも意識はしてほしい面もありま
すが、やはり目の前に実験にまずは集中することが児童にとっては大切と考え
るからです。第2に、4QS 仮説設定シートには、「STEP 3 と STEP 4を関連
させて」とあるので、STEP 4に記されている言葉をそのまま用いて仮説を立
てる方がより自然であると思うからです。

3 評価で授業を変える

1　ゴールの見通しを示す

　前述の**1**で示した事例（昆虫の単元）では、児童に育成すべき資質・能力が育ったかどうかを確認するために、最終課題も設定しています。その単元の最終課題は「まだ発見されていないおもしろこん虫をつくってみよう」というもので、ものづくりにつながる課題を示しました。粘土を使って、頭部、胸部、腹部をつくり、あしについてはモールをつかって、オリジナルの昆虫を児童はつくります。作ったオリジナル昆虫をじっくり見ることで、学習指導要領に示されたア（イ）の「昆虫の成体は頭、胸及び腹からできていること」が理解できているかを評価することができます。

　また、オリジナル昆虫の製作にあたっては、児童に設計図を作成してもらうのですが、設計図を描くワークシートには、そのオリジナル昆虫の成長の過程、生育環境などを記入する欄もつくってあります。この欄への記述から、学習指導要領に示されたイの「昆虫やの成長のきまり」や「身の回りと生物と環境との関わり」について児童がどのような問題を見いだし、それを表現しているかを読み取ることができると思われます。児童が製作したおもしろ昆虫の作品やワークシートの記述の状況から、学習指導要領に示された以下の資質・能力の実現状況を把握しようとしているのです。

> ア（イ）昆虫の育ち方には一定の順序があること。また，昆虫の成体は頭，
> 　　　　胸及び腹からできていること。
> イ　身の回りの生物の様子について追究する中で，差異点や共通点を基に，
> 　　身の回りと生物と環境との関わり，昆虫や植物の成長のきまり，体のつ
> 　　くりについての問題を見いだし，表現すること。

　今回の学習指導要領では、授業の改善についても具体的な提案がなされています。「主体的で対話的で深い学び」などがそれにあたります。深い学びを実現するためには、子供たちの学習活動が、①理科の資質・能力の育成に繋がっているか常に点検する必要があります。そして、子供たちが主体的に自然事象に関わっていく環境を設定する中で、②子供自身がどのような見方・考え方を働かせればよいのか自覚（メタ認知の力）しながら、自然の事物・現象にかかわっているかを見ていく必要があります。学びに向かう力・人間性の観点からは、その身に付けた資質・能力をその後の学習や日常生活などの場面で活用しようとしているかという把握も必要となってきています。

　授業を本当に改善するならば、評価についても改善していくことが必要なのです。

2　「深い学び」を実現するためには

　第1章のp.25-26で深い学びにおいては、

・知識を相互に関連付けてより深く理解したり、

・情報を精査して考えを形成したり、

・問題を見いだして解決策を考えたり、

・思いや考えを基に創造したり

などの姿が児童に見られることが大切だと述べました。また、深い学びの前提として、教科の「見方・考え方」を働かせることの重要性が強調されています。実際、中央教育委審議会の答申でも、『次の学習や日常生活などにおける問題発見・解決の場面において、獲得した資質・能力に支えられた「見方・考え方」を働かせることによって「深い学び」につながっていくものと考えられる』と示されています。さらに、当然のこととして、単元の終了時には育成すべき資質・能力を子供たちに育成できているかどうかが深い学びの授業の鍵になります。

　となると、単元を構想する際に、どの場面で理科の見方を働かせることができるか、問題解決の過程でどのような考え方を使うことになるかをイメージし

ておくことが大切になります。そして、その「見方・考え方」はどの学年のどの単元で使ったことがあるか、この学習の後にはどの学年のどの単元で使うことになりそうかについても意識しておきたいところです。大切なことは、教師に言われて気付くのではなく、児童が自ら自覚的に「見方・考え方」を使うというゴールの姿です。単元の最初や学年の低い段階では、教師が「見方・考え方」の使い方を具体的に示すことがあっても、繰り返し使ううちに児童の方から「見方・考え方」を自然と使っている姿なのです。そして、その「見方・考え方」を次の学習や日常生活に活用したり、自ら直面した問題解決の場面で働かせていたりする姿なのです。

参考 参考文献

- 『探究する資質・能力を育む理科教育』（大学教育出版） 小林辰至編著
- 『平成 29 年改訂　中学校教育課程実践講座　理科』（ぎょうせい） 小林辰至編著
- 『平成 30 年度　課題研究成果報告書　VOL.11』（常葉大学大学院　初等教育高度実践研究科）上田学　pp.15-28
- 『幼稚園、小学校、中学校、高等学校及び特別支援学校の学習指導要領等の改善及び必要な方策等について（答申）』中央教育審議会（平成 28 年 12 月）

おわりに

● 「和」を乱す子ども … どのように指導すればいいんだろう？

　勝手な行動をするとお友達が困るでしょ!!と叱責した後に、「みんなで生活するときは
ルールを守りなさい」「約束が守れないなら静かに見ていなさい」「みんなと同じように
しなさい」「仲良くしなさい」「協力してやりなさい」「話し合って解決しなさい」などな
ど「命令」や「指令」を出せばいいのでしょうか？「禁止」「制限」「指示」で抑圧すれば手っ
取り早いですよね？

　理科の場合は、観察、実験を行うことなどを通して授業を展開していきます。様々な
実験器具や機器を使います 。だからこそ 、「安全を第一に」「事故防止を最優先に」考え
なければなりません。「和」を乱す子どもがビーカーを投げたらどうしますか？希塩酸を
撒き散らしたらどうしますか？火の付いたアルコールランプを倒したらどうしますか？
あなたが責任をとれますか？

● 「誰一人取り残さない教育」… 知識を無理矢理暗記させる教育？

　すべての人に包摂的かつ公正な質の高い教育を確保し、生涯学習の機会を促進するっ
ていうのが「SDG's」の目標 4〔教育〕なんです。そして、よく耳にすると思いますが、
「誰一人取り残さない」のが日本の（国家戦略としての）実施指針です。令和 2 年度から
実施の小学校学習指導要領、そりゃあもう内容豊富ですよ。その全て目標について・全
ての子どもに（少なくとも「B」レベルまで）理解・到達させていくことが教員の使命に
なるのでしょうか？「誰一人取り残さない教育」、あなたならどうしますか？

　理科は先生の準備がたいへんです。全員に実験や観察をさせるためには相当の労力＋
能力が必要になります。誰一人取り残さないようにするには、教科書の「まとめ」を暗
記させる方が時間的効率も知識の定着率も高いはずです。同時に、過去の学力調査問題
に何度も取り組ませれば見掛けの力になるはずです。実験等も映像を見せたり AR や VR
を活用したりすれば、安心安全に「疑似体験」が可能です。これこそ新しい時代の理科
授業ではないでしょうか？

●困るのは当然、だからこその「寄せ合い」です。

　そんな悩みや葛藤を抱えながらも、日々の「理科」を展開できる先生になってほしいと思います。理科より国語が心配？ ICT の活用が難しそう？ 道徳がわからない？ 特別支援に自信がない？ プログラミングがちんぷんかんぷん？

　そういうときは「人に頼る（本書を読む）」のがベストです。

　同僚でも先輩でも上司でも、誰でも構いませんから泣きつきましょう。頼りなく見える人にも甘えてみましょう。チームで子どもを育てる、組織で問題に対処する、それぞれが心を寄せ合うことで学校を運営しているわけですから、あなたの応援だってお茶の子さいさい朝飯前の余裕のよっちゃんですよ。

◎心を寄せ合うってどういうことなのか、わかりましたか？

　心を寄せ合う＝「協調」するということです。小学校理科は、学校・学級で「みんなと学ぶ」のです。いろいろな知識や技能を身に付けた仲間（同志）がパーティを組むからこそ、相乗効果でレベルアップ！＝資質・能力を磨き合うのです。

　当然、小学校理科の学力を身に付けるだけでなく、他教科等の学力も活かし高め深め、また、集団の中で生きていくための協調性や社会性を養いながら「生きる力」「人間力」を培っていくのです。

　主体的で対話的で←主体は客体と対になるから価値付けられるし、対話も一人では成立しませんよね。お互いを尊重し合いながらも冷静に意見をぶつけ合う、温かい心と優しい言葉でより良い解決法を探っていく、そして、みんなで成し遂げたときの成就感・達成感・満足感を共有する＝だから、心を寄せ合う Beautiful Harmony なんですね。

　令和の未来を築く明日の先生はあなたです‼ がんばってください‼

　最後に、学校図書 編修部（小学校理科担当）の野口恵美さんに深く深く感謝いたします。編集者としての野口さんの知恵と情熱と根性がなければ、この本が「令和る」ことはなかったでしょう。本当にありがとうございました。

2020 年 3 月 11 日　　小田切　真

執筆者

■ 小田切　真　Makoto Odagiri　**3,4**章

常葉大学 教育学部 教授 / 副学長

● 1961 年生まれ。兵庫教育大学大学院修了。常葉学園大学教育学部附属橘小学校教諭、常葉学園大学専任講師・同助教授（准教授）を経て、2009 年 4 月から現職。小学校理科教科書編集委員（学校図書）。
● 著書：『言語力の育成を重視した みんながわかる理科教育法』（編著 学校図書）、『授業に活かす！理科教育法小学校編』（編著 東京書籍）、『絵本たのしい化学 1 たべもの編 . 料理の世界は、魔法がいっぱい』（共同出版）、『おもしろ実験・ものづくり事典』（共著 東京書籍）、など

■ 稲葉　俊彦　Toshihiko Inaba　**8**章

社会福祉法人 ^{恩賜}^{財団} 済生会支部　静岡県済生会
静岡市発達障害者支援センター「きらり」　主幹

● 1976 年生まれ。社会福祉士。筑波大学大学院教育研究科修了。千葉県内の知的障害者更生施設において支援員、グループホームにおいてサービス管理責任者を経て、2007 年 10 月から現職。小学校理科教科書特別支援監修（学校図書）。

■ 佐藤　和紀　Kazunori Sato　**5**章

信州大学 教育学部 准教授
信州大学教育学部附属次世代型学び研究開発センター

● 1980 年生まれ。東北大学大学院情報科学研究科修了・博士（情報科学）。東京都公立小学校教諭、常葉大学教育学部・専任講師等を経て、2022 年 4 月より現職。文部科学省「GIGA スクール構想に基づく1人 1 台端末の円滑な利活用に関する調査協力者会議」委員，同「教育の情報化に関する手引」執筆協力者，同 ICT 活用教育アドバイザー等。小学校理科教科書編集委員（学校図書）。
● 著書：『ICT 活用の理論と実践：DX 時代の教師をめざして』（共著 北大路書房），『GIGA のつまずきに徹底対応！1人1 台端末活用パーフェクト Q&A』（共著 明治図書出版）など

■ 鈴木　和正　Kazumasa Suzuki　**7**章
常葉大学 教育学部 准教授

● 1986 年生まれ。広島大学大学院博士後期課程修了。博士（教育学）。
　常葉大学助教・専任講師を経て、2018 年 4 月から現職。

● 著書：『日本の教育史を学ぶ』（共著 東信堂）、『幼児教育方法論』（共
　　　著 学文社）、『基礎からわかる教育課程論』（共著 大学図書出版）、
　　　『やさしく学ぶ教育原理』（共著ミネルヴァ書房）など

■ 田代　直幸　Naoyuki Tashiro　**1,2,9**章
常葉大学大学院 教授

● 公立高等学校の教諭を 16 年間。その後、国立教育政策研究所で理科
　の教育課程調査官を 12 年間勤め、2014 年 4 月から常葉大学に勤務。
　趣味は、旅行で、特に島を訪れること。そして、ドラマや映画が好き。
　小学校理科・中学校科学教科書編集委員（学校図書）
● 著書：『中学校学習指導要領（平成 29 年告示）解説　理科編』（協力
　　　者・学校図書）、『初等理科教育』（第 1 章執筆・ミネルヴァ書房）、
　　　『SDGs と環境教育』（編著・学文社）、『中学校理科　9 つの
　　　視点でアクティブ・ラーニング』（編著・東洋館出版社）

■ 中村　孝一　Koichi Nakamura　**6**章
常葉大学大学院 教授／図書館長

● 早稲田大学大学院教育学研究科修了。常葉学園大学教育学部附属橘小
　学校教諭、常葉学園大学講師・同助教授（准教授）、常葉大学教授を経て、
　2018 年 4 月から現職。小学校国語教科書編集委員（学校図書）。
　小学校学習指導要領（平成 29 年告示）解説国語編「学習指導要領等
　の改善に係る検討に必要な専門的作業等協力者」。
● 著書：『小学校新学習指導要領の展開国語編』（共著　明治図書）『新しい
　　　授業の提案Ⅰ 楽しい授業はこう創る』（共著　さくら社）『「スイミー」
　　　の言語技術教育』（共著　明治図書）など

令和の時代を拓く
心を寄せ合う理科教育法

令和2年4月10日　初版第1刷発行
令和4年4月 1日　　第2刷発行

編 著　小田切　真
発行者　芹澤　克明
発行所　学校図書株式会社
　　　　〒101-0063　東京都千代田区神田淡路町 2-23-1
　　　　電話　03 - 6285 - 2927
　　　　FAX 03 - 6285 - 2928
　　　　URL http://www.gakuto.co.jp

ISBN978-4-7625-0239-2　C3037